Springer-Lehrbuch

Springer
Berlin
Heidelberg
New York
Barcelona
Hongkong
London
Mailand
Paris
Singapur
Tokio

Bernhard Bauer   Riitta Höllerer

Übersetzung objektorientierter Programmiersprachen

Konzepte, abstrakte Maschinen und Praktikum „Java-Compiler"

Mit 29 Abbildungen

Springer

Dr. Bernhard Bauer

Siemens AG, ZT IK 6
Otto-Hahn-Ring 6
D-81739 München

Riitta Höllerer

Technische Universität München
Institut für Informatik
Arcisstrasse 21
D-80290 München

ISBN 3-540-64256-0 Springer-Verlag Berlin Heidelberg New York

Die Deutsche Bibliothek – CIP-Einheitsaufnahme
Bauer, Bernhard: Übersetzung objektorientierter Programmiersprachen:
Konzepte, abstrakte Maschinen und Praktikum „Java-Compiler"/
Bernhard Bauer; Riitta Höllerer
Berlin; Heidelberg; New York; Barcelona; Budapest; Hongkong; London;
Mailand; Paris; Singapur; Tokio: Springer
(Springer-Lehrbuch)
ISBN 3-540-64256-0

Umschlaggestaltung: design & production GmbH, Heidelberg
Satz: Reproduktionsfertige Vorlagen der Autoren
SPIN: 10673211   45/3142 543210   Gedruckt auf säurefreiem Papier

Für Barbara

B. B.

Für Karlheinz, Tuulikki, Erja

R. H.

Vorwort

In diesem Buch werden an Hand mehrerer objektorientierter Programmiersprachen die Konzepte der Übersetzung dieser Sprachklasse dargestellt. Am Beispiel der Sprache Java wird in einem Praxisteil die Spezifikation eines Übersetzers entwickelt. Diese Spezifikation kann als Eingabe für einen Übersetzergenerator verwendet werden, der daraus ein ablauffähiges C-Programm generiert.

Es werden zunächst die Konzepte objektorientierter Programmiersprachen vorgestellt und sodann die Übersetzung dieser Konzepte behandelt. Die Übersetzung dieser Programmiersprachen erfolgt üblicherweise nicht direkt in die Maschinensprache eines speziellen Prozessors, sondern in Code für eine abstrakte Maschine. Dazu wird eine einfache, leistungsfähige abstrakte Maschine vorgestellt und anschließend werden Erweiterungen diskutiert, die für die virtuelle Maschine der Programmiersprachen Smalltalk-80 und Java vorgenommen werden müssen. Da objektorientierte Programmiersprachen auf dem Konzept des Nachrichtenaustausches basieren, sind sie bzgl. des Laufzeitverhaltens ineffizienter als herkömmliche prozedurale Programmiersprachen. Deswegen werden Optimierungen in diesem Buch behandelt, die für objektorientierte Programmiersprachen möglich und notwendig sind, um ähnlich gute Laufzeiten wie bei den prozeduralen Programmiersprachen zu erzielen. Abschließend wird noch ein Ausblick auf erweiterte Übersetzungstechniken gegeben.

Der zweite Teil des Buches beschäftigt sich mit der konkreten Übersetzung von Java, d.h. mit der Praxis des Übersetzerbaus. Hier wird zunächst ein Überblick über die Programmiersprache Java und ihre virtuelle Maschine gegeben sowie eine Einführung in den Übersetzergenerator MAX. Anschließend wird die Übersetzung spezifiziert. Diese Spezifikation kann als Eingabe für das MAX-System verwendet werden. Es generiert daraus den C-Code für einen Compiler, der die Programmiersprache Java in den Code für die virtuelle Java-Maschine übersetzt; insbesondere erzeugt er dazu ein Klassenfile.

SUN, SUN Microsystems und Java sind Trademarks oder registrierte Trademarks von Sun Microsystems, Inc. Smalltalk-80 ist Trademark von Xerox Corporation.

Wir möchten uns an dieser Stelle bei Prof. Dr. Jürgen Eickel, Institut für Informatik der Technischen Universität München, bedanken, der es uns ermöglicht hat, die Vorlesung „Übersetzung objektorientierter Programmiersprachen" in Vertretung für ihn zu halten. Diese Vorlesung und das darauf aufbauende Compilerbau-Praktikum dienten als Grundlage für dieses Buch.

Darüber hinaus möchten wir uns bei allen Mitarbeitern und ehemaligen Mitarbeitern des Lehrstuhls Informatik II (Prof. Eickel) der Technischen Universität München bedanken, die uns bei der Entstehung dieses Buches unterstützt haben, insbesondere Hans Wittner, der durch die Rechnerbetreuung zum Gelingen des Praktikums beigetragen hat.

Unser ehemaliger Kollege Prof. Dr. Arnd Poetzsch-Heffter hat maßgeblich zu dem Entwurf und der Implementierung des MAX-Systems beigetragen.

Besonders verpflichtet sind wir den engagierten Studierenden, die an der Betreuung des Übersetzerbaupraktikums, an der Weiterentwicklung der Werkzeuge und an der Implementierung von Mustercompilern mitgewirkt haben, sowie den Teilnehmern des Praktikums des Übersetzerbaus im Sommersemester 1997 und der Vorlesungen im Wintersemester 1996/1997 und 1997/1998. Besonders erwähnen möchten wir Anna Fauser, Ralf S. Engelschall, Roland Haratsch, Aurel Huber, Christian Lang, Peter Müller und Bernhard Werner.

Außerdem danken wir dem Springer-Verlag, insbesondere Dr. Hans Wössner und seinem Team, für die gute Zusammenarbeit.

München, Juni 1998
Bernhard Bauer
Riitta Höllerer

Inhaltsverzeichnis

Teil 2: Praxis

**Teil 1
Theorie**

1 Einleitung

Der Bereich des Übersetzerbaus hat eine lange Tradition in der Informatik. Seine Grundlagen gehen zurück auf die Automatentheorie und die formalen Sprachen. In den letzten Jahren wurden die meisten Ergebnisse auf diesem Gebiet bei der Übersetzung objektorientierter Programmiersprachen erzielt.

Heutzutage ist es möglich, für objektorientierte Programmiersprachen fast genauso effizienten Code zu erzeugen wie für imperative Programmiersprachen. Damit sind sie auch für den industriellen Einsatz verwendbar. So wird z. B. einer der bekanntesten Vertreter der objektorientierten Programmiersprachen, Smalltalk-80, als COBOL der 90er Jahre gehandelt. Darüber hinaus wird C++ heute oft in neueren Software-Projekten eingesetzt. Mit der Entwicklung durch SUN und der rasanten Verbreitung der Programmiersprache Java haben die objektorientierten Sprachen insbesondere für Internet- und Intranet-Anwendungen an Bedeutung gewonnen.

Außerdem werden objektorientierte Methoden, wie z. B. OMT, UML und OOA für die Software-Modellierung verwendet. Diese Spezifikationen können am besten in einer objektorientierten Programmiersprache realisiert werden.

In diesem Buch wollen wir uns deswegen mit der Übersetzung objektorientierter Programmiersprachen beschäftigen. Auf der einen Seite geben wir einen Überblick über die wichtigsten Übersetzungstechniken, und auf der anderen Seite entwickeln wir für eine Untermenge von Java die Übersetzerspezifikation, wie sie zur Generierung eines Compilers verwendet werden kann. Darüber hinaus kann das Verständnis objektorientierter Sprachen dadurch verbessert werden, daß man ihre Übersetzung und Realisierung kennt.

In Abschnitt 1.1 wird auf die Übersetzung von Programmiersprachen allgemein eingegangen. Anschließend werden Objektorientiertheit und objektorientierte Programmiersprachen diskutiert (Abschnitt 1.2). Abschnitt 1.3 beschäftigt sich mit reinen und hybriden objektorientierten Programmiersprachen. Die Ideen der Programmiersprache Java von SUN folgen in Abschnitt 1.4. Am Ende dieser Einleitung wird ein Überblick über die einzelnen Kapitel gegeben (Abschnitt 1.5).

1.1 Übersetzung von Programmiersprachen

Bevor wir uns mit der Übersetzung von Programmiersprachen beschäftigen, betrachten wir zunächst die Charakterisierung von Programmiersprachen genauer.

Eine Programmiersprache $P = (Prog, I)$ besteht aus ihrer *Syntax* und ihrer *Semantik*, wobei

– *Prog* die Menge der syntaktisch korrekten Programme (Syntax) und
– *I*: *Prog × Eingaben → Ausgaben* eine Abbildung, die ein syntaktisch korrektes Programm *p*∈ *Prog* und Eingabewerte *e*∈ *Eingaben* auf seine Ausgaben *a*∈ *Ausgaben* abbildet,

ist. Hierbei beschreibt *Prog* rein syntaktische Objekte. Ein syntaktisch korrektes Programm *p*∈ *Prog* kann verschiedene Bedeutungen haben, z. B. kann bei einem Funktionsaufruf f(x, y) die Parameterübergabe als *call-by-value* oder als *call-by-reference* realisiert werden.

Umgekehrt kann es für dieselbe zu implementierende Funktion verschiedene Programme geben, z. B. eine iterative und eine rekursive Variante.

Das Übersetzungsproblem ist charakterisiert durch eine Funktion *comp*: *QS-Prog → ZS-Prog*, die Programme einer Quellsprache $QS = (QS\text{-}Prog, I_{QS})$ in Programme einer Zielsprache $ZS = (ZS\text{-}Prog, I_{ZS})$ abbildet:

comp: Programm in einer höheren Sprache (QS-Prog) (imperative, funktionale, objektorientierte Sprache) ⟶ Programm in einer maschinennahen Sprache (ZS-Sprache) (Assembler, Zwischensprache)

Eine höhere Programmiersprache (Quellsprache), beispielsweise eine imperative (z. B. C, Pascal), funktionale (z. B. SML, Gofer) oder objektorientierte (z. B. Java, C++, Smalltalk), wird in eine maschinennahe Programmiersprache (Zielsprache) übersetzt. Die Zielsprache kann dabei entweder der Befehlsvorrat einer realen Maschine, etwa eines RISC- oder Pentium-Prozessors, oder der Befehlsvorrat einer abstrakten Maschine sein, z. B. für die virtuelle Java-Maschine der Programmiersprache Java.

Somit beschreibt ein *Übersetzer* eine Abbildung von einem *Quellprogramm* in ein *Zielprogramm*. Ein *Quellprogramm* ist die Eingabe (d. h. die Zeichenreihe), die der Übersetzer verarbeitet, z. B. der Quelltext des Programms. Ein *Zielprogramm* ist die Ausgabe, die der Übersetzer erzeugt, falls das Programm vom Compiler akzeptiert wird, z. B. ein ausführbares Maschinenprogramm oder ein Programmtext einer anderen Programmiersprache.

Unter *Übersetzungszeit* verstehen wir die Zeit, in der der Übersetzungsvorgang abläuft. Alle Informationen und Größen, die zu dieser Zeit bestimmt werden können, heißen *statisch*.

Unter *Laufzeit* verstehen wir die Zeit, in der das Programm ausgeführt wird, also auf einer abstrakten oder realen Maschine abgearbeitet wird. Diejenigen Größen, die dem Übersetzer noch nicht bekannt sind, nennt man *dynamisch*. Um dynamische Aspekte zu behandeln, erzeugt der Compiler speziellen Code.

Ein Übersetzer muß vor allem folgenden Anforderungen gerecht werden:

– Die Übersetzung muß semantikerhaltend sein, d. h.,
  seien I_{QS} und I_{ZS} die Semantikabbildungen der Quell- bzw. Zielsprache mit

$$I_{QS}: QS\text{-}Prog × Eingaben → Ausgaben$$

I_{ZS}: *ZS-Prog* × *Eingaben* → *Ausgaben*,

dann muß für alle Programme *p* der Quellsprache und alle Eingaben *e* gelten:

$I_{QS}(p, e) = I_{ZS}(comp(p), e)$

- Es sollen möglichst effiziente Zielprogramme erzeugt werden, d. h., sowohl der Speicherplatzbedarf als auch die Ausführungszeit sollte möglichst gering sein.
- Die Übersetzung sollte sowohl Übersetzungszeitfehler als auch Laufzeitfehler behandeln können, d. h., treten zur Übersetzungszeit Fehler auf, so sollte der Compiler aussagekräftige Fehlermeldungen ausgeben. Ebenso sollten bei Laufzeitfehlern der Grund und die Fehlerstelle lokalisierbar sein. Dazu muß der Übersetzer zusätzlichen Code erzeugen.
- Es sollten Wahlmöglichkeiten zwischen schnellem Übersetzen und langsamerem Übersetzen zugunsten eines effizienten Codes bestehen. Schnelles Übersetzen ist vor allem während der Entwicklungs- und Testphase notwendig, um kurze *turnaround*-Zeiten, d. h. die Zeit zwischen Editieren, Übersetzen und Programm laufen lassen, zu erhalten. Optimierte Programme müssen dagegen für die Produktversion verwendet werden.
- Cross-Referenz-Tabellen sollten angelegt werden können. Damit ist es möglich festzustellen, welche Funktionen wo definiert worden sind und welche Funktionen welche andere Funktionen aufrufen. Somit kann auch die Modulabhängigkeit festgestellt werden.
- Debugging soll unterstützt werden, d. h., es sollten vor allem in der Testphase symbolische Informationen verfügbar sein, um somit z. B. mit dem Methodennamen valueOfExpr und nicht mit der vom Compiler vergebenen Adresse a7354 arbeiten zu können.

Ein Übersetzer besteht allgemein aus den in Abb. 1 dargestellten Phasen. Die Eingabe eines Übersetzers ist ein *Quellprogramm*, das als Zeichenreihe normalerweise in einer Datei abgespeichert ist. Die *lexikalische Analyse* dieser Zeichenreihe führt zur Ausgabe einer Symbolfolge, z. B. wird die Zeichenreihe ⌊3⌊+⌊5⌊*⌊7⌋ übersetzt in die Symbolfolge ⌊Int⌊Add⌊Int⌊Mult⌊Int⌋. Die lexikalische Analyse übernimmt ein *Scanner*. Die erzeugte Symbolfolge wird vom *Parser*, der die *syntaktische Analyse* vornimmt, weiterverarbeitet zu einem abstrakten Syntaxbaum. So wird z. B. aus der obigen Symbolfolge der Baum

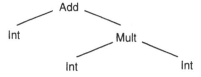

aufgebaut. Diese beiden Phasen können mit Standardwerkzeugen, wie etwa *lex* und *yacc*, durchgeführt werden. Die *semantische Analyse* kann durch attributierte Grammatiken realisiert werden. In dieser Phase wird z. B. der Typ von Ausdrücken berechnet, in unserem Beispiel der Typ Int.

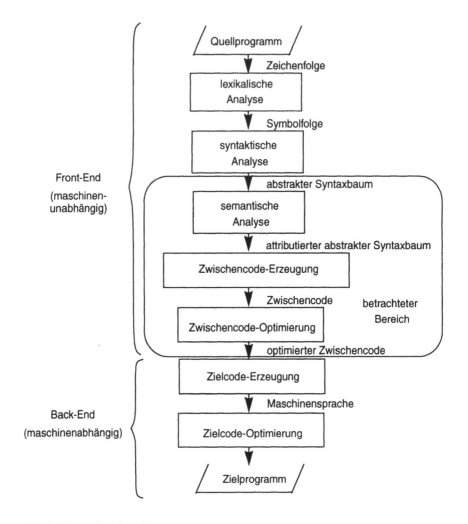

Abb. 1. Phasen eines Compilers

Außerdem wird überprüft, ob alle Identifikatoren deklariert sind und andere Aspekte, die sich aus der statischen Semantik der Programmiersprache ergeben, berücksichtigt wurden. Das Ergebnis dieser Phase ist der attributierte abstrakte Syntaxbaum. Die in dieser Phase berechneten Informationen werden anschließend zur *Zwischencode-Erzeugung* verwendet. Dieser Zwischencode kann entweder direkt in den *Zielcode* für einen realen Prozessor oder in den *Zielcode* für eine abstrakte Maschine übersetzt werden bzw. vorher noch *optimiert* werden. Außerdem ist es möglich, den erzeugten Zielcode zu optimieren, falls Code für eine spezielle Zielarchitektur verwendet wird (z. B. Schleifenparallelisierung bei parallelen Architekturen). Die Optimierungsphase nach der Zwischencode-Erzeugung ist im allgemeinen zielmaschinenunabhängig, während die Optimierung nach der Zielcode-Erzeugung zielmaschinenabhängig durchgeführt wird.

Die Phasen einschließlich der Codeoptimierung sind unabhängig von der Zielmaschine und werden *Front-End* genannt, die letzte Phase ist zielmaschinenabhängig und wird *Back-End* genannt, wobei auch noch zielmaschinenabhängige Optimierungen in dieser Phase durchgeführt werden können. Durch die Aufspaltung in maschinenunabhängige Zwischencode-Erzeugung und maschinenabhängige Zielcode-Erzeugung ist es möglich, bei n Quellsprachen und m Zielsprachen anstelle von $n*m$ Compilern nur $n+m$ Compiler zu entwickeln.

Bei direkter Übersetzung muß für jede Quellsprache ein Compiler für jede Zielsprache erzeugt werden, d. h. $n*m$ Compiler.

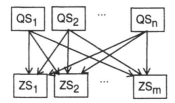

Abb. 2. $n*m$ Compiler

Wird dagegen jede Quellsprache in die gleiche Zwischensprache übersetzt und gibt es für diese Zwischensprache Übersetzer auf alle Zielmaschinen, so reichen $n+m$ Compiler aus:

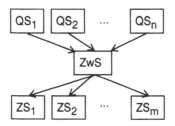

Abb. 3. $n+m$ Compiler

Dies ist die klassische Konzeption eines Compilers. Es gibt noch eine ganze Reihe anderer Phasenaufteilungen für Compiler. So gibt es Compiler, die *dynamische Übersetzung* unterstützen, d. h., der Compiler erzeugt erst dann Code, wenn eine Operation ausgeführt werden soll.

Außerdem gibt es *inkrementelle Übersetzer*, die bei Änderung von Programmteilen automatisch die Teile nachübersetzen, die durch die Programmänderung beeinflußt worden sind.

Wir werden uns in diesem Buch nur mit der semantischen Analyse und hier wiederum nur mit der Typisierung von objektorientierten Programmiersprachen, der Zwischencode-Erzeugung für abstrakte Maschinen sowie mit der Code-Optimierung beschäftigen. Die anderen Phasen unterscheiden sich nicht von denen der imperativen Programmiersprachen und können z. B. in [Aho et al. 88; Wilhelm, Maurer 97] nachgelesen werden.

Außer Übersetzern, die ein Programm der Quellsprache in ein Programm der Zielsprache übersetzen, gibt es noch *Interpreter*. Ein Interpreter nimmt ein Programm der Quellsprache als Eingabe sowie die Eingaben für das Programm und liefert als Ergebnis die Ausgaben des Programms, ohne es in den Maschinencode des Rechners zu übersetzen. Ein Interpreter ist somit eine Funktion

interpret: *Prog* × *Eingaben* → *Ausgaben*

Somit kann ein Interpreter als eine Beschreibung der (operationellen) Semantik einer Programmiersprache angesehen werden. Programme, die von einem Interpreter abgearbeitet werden, sind in der Regel langsamer als übersetzte Programme. Dafür fällt die Übersetzungs- und Bindezeit weg. Interpreter werden vor allem in der Testphase von Programmen verwendet, um bessere *turn-around*-Zeiten zu erhalten.

1.2 Objektorientiertheit und objektorientierte Programmiersprachen

Neue Methoden des Programmentwurfs waren notwendig, nachdem sich Ende der sechziger Jahre zeigte, daß die bisher verwendeten Techniken nicht mehr ausreichten, um umfangreichere Programmsysteme korrekt zu erstellen (die sog. *Software-Krise*). Es kristallisierten sich einige Anforderungen heraus, die man an den Software-Entwurf stellte [Meyer 92]:

- *Modularisierung*, d. h., ein Software-System sollte aus kleineren Teilsystemen bestehen.
- *Wiederverwendung*, d. h., Module oder Funktionen/Prozeduren sollten einmal entwickelt und dann in mehreren Software-Projekten eingesetzt werden.
- *Erweiterbarkeit*, d. h., existierende Module sollten um neue Datenstrukturen und Funktionen/Prozeduren erweitert werden können.
- *Abstraktion* und *Kapselung*, d. h. es sollte verschiedene Sichtweisen auf ein Modul existieren, z. B. darf der Entwickler des Moduls alles ändern und ein Anwender des Moduls nur mit seiner Schnittstelle arbeiten.

Diese Anforderungen führten zur Entwicklung von neuen Methoden zum strukturierten und modularen Entwurf komplexer Systeme. Zu diesen Methoden gehörte unter anderem der Ansatz der objektorientierten Programmierung mit der ersten objektorientierten Programmiersprache SIMULA-67. In der Praxis geht man heute immer mehr zur objektorientierten Programmierung über, um modular aufgebaute, strukturierte Programme zu entwickeln. In diesen Sprachen stehen die Daten („Objekte") im Vordergrund, d. h., die Grundidee ist, komplexe Daten zu strukturieren und Operationen darauf festzulegen. Dabei wird vor allem die Wiederverwendung von bestehenden Programmteilen unterstützt, wodurch der Entwurf komplexer Programme weniger zeitaufwendig und fehleranfällig wird. Der objektorientierte Entwurf unterstützt bei der Software-Entwicklung sowohl den Top-Down-Ansatz als auch den Bottom-Up-Ansatz. Top-Down-Ansatz heißt, daß das System ausgehend vom gewünschten Produkt immer weiter zerlegt wird bis man auf der Implementierungsebene angekommen ist. Beim Bottom-Up-Ansatz werden einzelne (bereits) implementierte Module kombiniert, bis schließlich das komplette Produkt entwickelt ist.

Sowohl im Rahmen der objektorientierten Programmierung als auch im Bereich objektorientierter Datenbanken gibt es nicht *die* Definition von Objektorientiertheit. [Blair et al. 89] gibt einen guten Überblick über mögliche Definitionen der Objektorientiertheit.

Konzepte, die man aber in fast allen objektorientierten Programmiersprachen findet, sind:

- Objekte,
- Objektidentität,
- Abstraktionsmechanismen, d. h.
  - abstrakter Datentyp (ADT): objektbasiert + Kapselung + Geheimhaltung,
  - Klassenbildung,
  - Vererbung,
- spätes bzw. dynamisches Binden,
- Nachrichtenaustausch,
- Polymorphismus und
- automatische Speicherverwaltung.

Die meisten objektorientierten Programmiersprachen sind darüber hinaus zustandsbasiert und somit verwandt mit den imperativen Programmiersprachen, obwohl auch objektorientierte Erweiterungen funktionaler und logischer Programmiersprachen existieren.

Neben objektorientierten Programmiersprachen findet die Objektorientiertheit vor allem auch im Bereich der Datenbanken in den letzten Jahren zunehmend Zuspruch. Der Grund dafür liegt in dem Wunsch, komplexe, strukturierte Objekte der „realen Welt" zu modellieren und mit Datenbanksystemen verarbeiten zu können. Beispiele hierfür sind komplexe CAD-Objekte, die in einer Datenbank verwaltet werden sollen, oder Programm-Module mit zusätzlichen Informationen über Änderungen, Autor und so weiter. Mit relationalen Datenbanktechniken sind diese Daten schwer zu modellieren.

Im Gegensatz zu objektorientierten Programmiersprachen sind für objektorientierte Datenbanken darüber hinaus folgende Konzepte notwendig:

- Persistenz, d. h. dauerhafte Speicherung der Daten,
- Synchronisation, d. h. Synchronisierung der Zugriffe auf die Datenbank,
- Recovery, d. h., es muß bei auftretenden Fehlern möglich sein, einen konsistenten Zustand der Datenbank zurückzusetzen,
- Integrität, d. h., die Datenintegrität muß erhalten bleiben,
- Abfragesprachen, d. h., es muß deklarative Anfragesprachen geben,
- Autorisierung, d. h., es müssen Möglichkeiten der Zugangsberechtigung unterstützt werden,
- Erweiterbarkeit, d. h., es müssen bestehende Datenbanksysteme erweitert werden können, und

– Schemaänderungen, d. h., es muß Möglichkeiten geben das bestehende Datenbankschema zu ändern.

Diese Aspekte werden wir aber im Rahmen dieses Buches nicht behandeln. Wir
konzentrieren uns auf die Aspekte, die man im Bereich der objektorientierten Programmiersprachen antrifft. Zu beachten ist, daß es keine allgemeingültigen Kriterien dafür gibt, welche Konzepte von einer objektorientierten Programmiersprache
unterstützt werden müssen. Wir gehen von den folgenden Konzepten aus, die eine
Vereinigung der meisten Ansätze darstellen:

– Zustandskonzept,
– Objekt,
– Objektidentität,
– Klassen,
– Vererbung,
– Kapselung,
– Polymorphismus,
– dynamisches Binden und
– automatische Speicherverwaltung.

1.3 Reine und hybride objektorientierte Programmiersprachen

Im Bereich der objektorientierten Programmiersprachen gibt es sowohl reine objektorientierte Sprachen, die als solche konzipiert wurden, als auch objektorientierte Programmiersprachen, die auf bereits existierenden Programmiersprachen aufgesetzt wurden und somit objektorientierte Erweiterungen dieser Sprachen darstellen.
Bei reinen objektorientierten Programmiersprachen gibt es nur Objekte, wobei
die Kommunikation zwischen den Objekten über das Senden von Nachrichten erfolgt. Darüber hinaus werden die üblichen objektorientierten Konzepte meistens
unterstützt. Echte objektorientierte Sprachen sind etwa:

– Simula 67,
– Eiffel,
– BETA,
– Self und
– Smalltalk-80.

Hybride objektorientierte Programmiersprachen besitzen neben den objektorientierten Sprachkonstrukten auch noch Konstrukte, die man in anderen Programmiersprachen findet. Zum Beispiel ist C++ eine hybride Sprache, da sie neben dem objektorientierten Konzepten die Programmiersprache C als Teilmenge enthält und
somit die Definition imperativer (globaler) Funktionen erlaubt. Dies führt auf der
einen Seite oft zu einer überladenen Sprache, da bestimmte Probleme auf zwei verschiedene Arten realisiert werden können. Zum Beispiel können in C++ Verbunde

durch Records bzw. Klassendefinitionen realisiert werden. Auf der anderen Seite haben hybride Programmiersprachen aber den Vorteil, daß die bekannten Übersetzungs- und Optimierungstechniken prozeduraler Programmiersprachen verwendet werden können, was zu erheblichen Effizienzverbesserungen führt. Dies muß bei reinen objektorientierten Programmiersprachen durch geeignete Übersetzungs- und Optimierungstechniken wieder wettgemacht werden.

Eine Auswahl hybrider objektorientierter Programmiersprachen und die Sprachen, auf denen sie basieren, sind in Tabelle 1 zusammengefaßt.

Tabelle 1. Hybride objektorientierte Programmiersprachen

objektorientierte Sprache	basierend auf der Sprache
Objekt-Pascal	Pascal
Oberon 2	Modula-2 und Oberon-1
Objective C, C++	C
LOOPS, Flavor, CLOS	Lisp
Java	C++

Die bekannten Ansätze zur Übersetzung imperativer Programmiersprachen können nicht verwendet werden, um objektorientierte Programmiersprachen zu übersetzen, da die typischen objektorientierten Konzepte nicht in imperativen Programmiersprachen zu finden sind. Es ist deswegen notwendig, neue Übersetzungstechniken und vor allem neue Optimierungsverfahren zu entwickeln, um ein ähnlich gutes Laufzeitverhalten wie für imperative Programmiersprachen zu erhalten.

1.4 Die Programmiersprache Java

Die neue Programmiersprache *Java* von SUN Microsystems hat weite Akzeptanz gefunden. Ein Grund dafür ist sicherlich die Plattformunabhängigkeit der Sprache sowie die die Verwendung von Java in Internet-Anwendungen. Die Sprache orientiert sich an C++, besitzt ein strenges Typsystem, unterstützt automatische Speicherbereinigung und ist mit einer umfangreichen Klassenbibliothek ausgestattet. Insbesondere werden auch Verteiltheits- und Sicherheitsaspekte unterstützt.

1.5 Überblick über die weiteren Kapitel

In Kap. 2 wird auf die wichtigsten objektorientierten Konzepte eingegangen. Insbesondere werden klassenbasierte objektorientierte Sprachen (Abschnitt 2.1), Vererbung (Abschnitt 2.2), Kapselung (Abschnitt 2.3), Parametrisierung und generische

Datentypen (Abschnitt 2.4), Parametrisierung versus Vererbung (Abschnitt 2.5) und Polymorphismus in Abschnitt 2.6 behandelt.

Kapitel 3 behandelt die Übersetzung objektorientierter Konzepte und abstrakte Maschinen. In Abschnitt 3.1 wird auf die lose Übersetzung von objektorientierten Programmiersprachen eingegangen. Lose Übersetzung bedeutet dabei, daß die Übersetzung auf eine abstrakte Maschine erfolgt, bei der noch ziemlich viele Design-Entscheidungen offen gelassen worden sind. Der nächste Abschnitt (3.2) untersucht die Übersetzung von Smalltalk-80. In Abschnitt 3.3 wird ausführlich auf die Übersetzung von Java eingegangen. Hier wird zunächst die Grundlage der Übersetzung und anschließend die Compilerspezifikation für eine Teilmenge von Java entwickelt. Die Übersetzung der Programmiersprache C++ wird in Abschnitt 3.4 diskutiert. Das Kapitel endet mit einer Betrachtung zur Übersetzung von Parametrisierungskonzepten.

Typinferenz und Typüberprüfung werden in Kap. 4 behandelt. Zunächst werden die Probleme, die durch Typisierung gelöst werden können, dargestellt (Abschnitt 4.1). Die zwei am weitesten verbreiteten Arten der Typinferenz, nämlich Typisierung mit Datenflußanalyse und Typisierung mit Constraints, werden in den Abschnitten 4.2 und 4.3 untersucht.

In Kap. 5 wird auf Optimierungen von objektorientierten Programmiersprachen eingegangen. Da objektorientierte Optimierungen oft in Verbindung mit herkömmlichen Techniken durchgeführt werden müssen, werden in Abschnitt 5.1 Standardoptimierungen betrachtet. Abschnitt 5.2 präsentiert dann die für objektorientierte Programmiersprachen üblichen Optimierungen.

Objektorientierte Programmiersprachen verfügen meist über automatische Speicherbereinigungsverfahren, die in Kap. 6 behandelt werden. Hier kann man grundsätzlich zwei Arten unterscheiden, nämlich nicht-inkrementelle Speicherbereinigungsverfahren (Abschnitt 6.1) und inkrementelle Speicherbereinigungsverfahren (Abschnitt 6.2).

In Kap. 7 wird ein Ausblick gegeben. Dabei wird auf Techniken für die Compiler-Entwicklung (Abschnitt 7.1) und auf Varianten von Compilern (Abschnitt 7.2) sowie auf die Hardware-Unterstützung der Übersetzung (Abschnitt 7.3) eingegangen.

Der zweite Teil des Buches (Kap. 8-12) beschäftigt sich mit einer Übersetzerspezifikation für Java mit Hilfe des MAX-Systems.

Kapitel 8 beschreibt das Compilerbaupraktikum

In Kap. 9 wird auf die Programmiersprache Java noch einmal genauer eingegangen. Abschnitt 9.1 erklärt die Java-Merkmale. Objekte in Java werden in Abschnitt 9.2 und Ausdrücke und Statements in Abschnitt 9.3 behandelt. Dieses Kapitel schließt mit den in der Übersetzerspezifikation gemachten Einschränkungen (Abschnitt 9.4) und Aufgaben für dieses Kapitel (Abschnitt 9.5).

Den Übersetzergenerator MAX stellt Kapitel 10 vor. Zunächst werden die Eigenschaften des Systems und der Spezifikationen dargestellt (Abschnitt 10.1 und 10.2). Die Interna des MAX-Systems werden in den nachfolgenden Abschnitten ausführlich beschrieben.

Eine Zusammenstellung der im Praktikum verwendeten Befehle der virtuellen Java-Maschine findet sich in Kap. 11. Hier werden die Befehle zum Laden von Werten auf den Keller (Abschnitt 11.1, 11.2), zum Speichern ind eine lokale Variable (Abschnitt 11.3), zur Manipulation des Kellers (Abschnitt 11.4), zur Behandlung von Objekten (Abschnitt 11.5) sowie arithmetische Befehle (Abschnitt 11.6), Sprungbefehle (Abschnitt 11.7), Methodenaufruf und -rücksprung (Abschnitt 11.8), Überprüfung der Klassenzugehörigkeit (Abschnitt 11.9) und die Erzeugung des JVM-Codes (Abschnitt 11.10) erläutert.

Die eigentliche Übersetzerspezifikation findet sich in Kap. 12. Folgende Komponenten werden im Detail besprochen: die Bindungsanalyse (Identifikation) (Abschnitt 12.1), die Typdeklarationen und Typisierung (Abschnitt 12.2), die MAX-Spezifikation der Klassendatei (Abschnitt 12.3), Ausdrücke und ihre Codeerzeugung (Abschnitt 12.4), Statements und ihre Codeerzeugung (Abschnitt 12.5), Methodendeklaration (Abschnitt 12.6), Kellerrahmen von Java-Methodeninkarnationen (Abschnitt 12.7), Methodenaufrufe (Abschnitt 12.8), Vererbung (Abschnitt 12.9), die Ausgabeschnittstelle (Abschnitt 12.10).

2 Objektorientierte Konzepte

In diesem Kapitel wird ein Überblick über die wichtigsten objektorientierten Konzepte und ihre alternativen Semantikdefinitionen gegeben. Die genaue Semantik muß im Sprachdesign festgelegt und bei der Implementierung eines Übersetzers berücksichtigt werden.

Das Hauptmodularisierungskonzept imperativer Programmiersprachen sind Funktionen bzw. Prozeduren. Objektorientierte Programmiersprachen unterstützen die Sichtweise der *abstrakten Datentypen* (ADT), nämlich die Kapselung der Daten und ihrer Funktionen und Prozeduren in einer Einheit. Diese Sichtweise wird erreicht durch das Konzept des *Objekts*, das sowohl die Daten als auch die darauf arbeitenden Operationen enthält. In reinen objektorientierten Programmiersprachen ist alles ein Objekt. Viele objektorientierte Sprachen behandeln aber „Objekte" vordefinierter Datentypen, z.B. ganze Zahlen und boolesche Ausdrücke, aus Effizienzgründen nicht als Objekte, sondern unterstützen diese Datentypen durch spezielle effiziente Operationen, die direkt auf die Maschinenebene übersetzt werden können. Objekte werden auch zur Modularisierung verwendet, d.h. die größte zusammenhängende Einheit ist ein Objekt. Darüber hinaus bieten die meisten objektorientierten Programmiersprachen auch noch andere Möglichkeiten der Strukturierung an, wie etwa *packages* und *compilation units* in Java.

Objektorientierte Programmiersprachen basieren ebenso wie imperative Programmiersprachen auf dem Zustandskonzept. Aus diesem Grunde sind diese beiden Arten von Programmiersprachenfamilien am nächsten miteinander verwandt, obwohl auch objektorientierte Erweiterungen funktionaler und logischer Programmiersprachen zu finden sind. Wir beschränken uns in unseren Ausführungen auf „imperative" objektorientierte Sprachen.

Vergleicht man objektorientierte Konzepte mit Begriffen, die man in imperativen Programmiersprachen findet, so lassen sich die in Tabelle 2 gezeigten Analogien bilden. *Objekte* sind die *Daten* der imperativen Programmiersprachen. Das Klassenkonzept ist vergleichbar mit abstrakten Datentypen bzw. mit Verbunden (records), die neben Dateneinträgen auch Funktionszeiger enthalten, die auf die Methodenimplementierungen verweisen. *Vererbung* gibt es in imperativen Programmiersprachen nicht, wird aber in der Programmierpraxis ebenso wie Polymorphismus durch Kopieren und Ändern oder Ergänzen bestehenden Codes erreicht. *Methoden* entsprechen *Funktionen* bzw. *Prozeduren* und *Nachrichten* deren Aufruf. *Spätes Binden* wird durch *Interpretieren* des Programms realisiert.

Tabelle 2. Vergleich objektorientierter und imperativer Programmiersprachen

objektorientierte Programmiersprachen	imperative Programmiersprachen
Objekt	Daten
Klasse	ADT, Record mit Funktionszeigern
Vererbung	Kopieren und Ändern
Methoden	Prozeduren bzw. Funktionen
Nachrichten	Prozedur- bzw. Funktionsaufrufe
spätes Binden	Interpretieren
Polymorphismus	Kopieren und Ändern

2.1 Klassenbasierte objektorientierte Sprachen

Objekte, Klassen sowie abstrakte Klassen sind wichtige Bestandteile klassenbasierter objektorientierter Programmiersprachen.

Wie bereits in der Einleitung erwähnt, gibt es nicht *die* Definition von Objekt und Objektorientiertheit. Deshalb werden wir uns in diesem Abschnitt auf die klassische programmiersprachliche Definition der Objektorientiertheit mit Klassen beschränken. Neben klassenbasierten objektorientierten Programmiersprachen gibt es auch prototypbasierte, d.h. klassenlose, objektorientierte Programmiersprachen.

2.1.1 Objekte und Klassen

Objekte sind *die* Einheiten in allen objektorientierten Programmiersprachen. Auch in der realen Welt findet man Objekte, z.B. Tageslichtprojektoren, Tafeln, Bäume, Autos, Fahrräder und U-Bahnen.

Objekte zeichnen sich sowohl in der realen Welt als auch in objektorientierten Programmiersprachen durch drei Gemeinsamkeiten aus. Sie besitzen

- einen bestimmten *Zustand* (*state*),
- ein bestimmtes *Verhalten* (*behaviour*) und
- eine *Objektidentität* (*object identity*).

So besitzt ein Tageslichtprojektor verschiedene Zustände, z.B. „der Projektor enthält zwei funktionsfähige Birnen" oder „der Projektor ist eingeschaltet". Außerdem zeigt er ein bestimmtes Verhalten abhängig vom (internen) Zustand. Einschalten bewirkt, daß die aktuelle Birne Strom bekommt; das Drehen des Birnen-Austausch-Schalters erlaubt den Wechsel der beiden Birnen, um eine defekte Birne durch eine funktionsfähige zu ersetzen, ohne den Projektor zu öffnen, d.h., ohne den internen Zustand direkt zu manipulieren. Somit ist die Realisierung der Funktionalität des Projektors für den Benutzer uninteressant, es kommt nur auf das Verhalten des Projektors an. Ebenso ist dem Tageslichtprojektor eine bestimmte Objektidenti-tät, etwa Produktionsnummer oder Inventarnummer der Universität, zugeordnet.

Zwei Objekte besitzen immer verschiedene Objektidentitäten. So kann es zwar zwei Projektoren mit dem gleichen Zustand und dem gleichen Verhalten/Aussehen geben, z.B. zwei fabrikneue Geräte; sie besitzen aber trotzdem verschiedene Identi-täten. Haben zwei Objekte dieselbe Objektidentität, so sind sie identisch.

Softwaremäßig könnte man einen Tageslichtprojektor objektorientiert wie folgt simulieren:

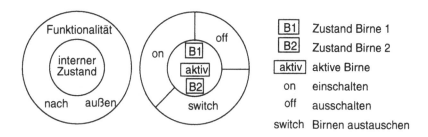

Abb. 4. Objektorientierte Darstellung eines Tageslichtprojektors.

Der interne Zustand besteht (vereinfacht) aus den beiden Birnen B1 und B2 so-wie der Festlegung der aktuellen Birne, d.h. der Birne, die beim Einschalten Strom bekommt. Das äußere Verhalten, also die Funktionalität, die nach außen sichtbar ist, wird durch das Ein- und Ausschalten sowie dem Austausch der Birnen beschrieben.

Objekte in objektorientierten Programmiersprachen verwalten ihren (internen) Zustand in *Instanzvariablen*, und ihr (äußeres) Verhalten wird durch *Methoden* im-plementiert.

Definition (Objekt)

Ein *Objekt* (*object*)[1] besteht aus einer Menge von *Instanzvariablen* (*instance varia-ble*), auch *Attribute*[2] (*attribute*) oder *Felder* (*field*) genannt, und den dazugehörigen *Methoden* (*method*). Bei der Erzeugung eines Objekts wird seine *Objektidentität* festgelegt. Instanzvariablen sind Variablen, die bestimmte Werte aufnehmen kön-nen, und Methoden sind Operationen, Funktionen oder Prozeduren, die die Instanz-variablen des Objekts und andere Objekte verwenden. Die Werte von Instanzvaria-blen können Werte vordefinierter Datentypen oder Verweise auf andere Objekte sein. Objekte werden wir folgendermaßen visualisieren:

---

[1] Dies ist die klassische programmiersprachliche Definition.

[2] Um eine Verwechslung mit *Attributen* im Sinne der attributierten Grammatiken zu vermeiden, die im Bereich der Übersetzung von Programmiersprachen verwendet werden, werden wir uns auf dem Begriff *Instanzvariable* beschränken.

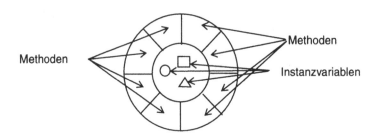

Diese Darstellung macht deutlich, daß die Methoden normalerweise auf die Instanzvariablen des eigenen Objekts, nicht aber auf die Instanzvariablen anderer Objekte zugreifen können bzw. diese ändern können, d.h., der interne Zustand des Objekts ist *gekapselt*.

Objekte können durch Records in imperativen Programmiersprachen simuliert werden. Die Recordeinträge können Werte vordefinierter Datentypen, Verweise auf andere „Objekte" und Verweise auf Funktionen und Prozeduren sein. Die Recordeinträge mit Werten für vordefinierte Datentypen und Verweise auf andere Objekte korrespondieren mit Instanzvariablen, und Verweise auf Funktionen und Prozeduren entsprechen Methoden.

Abhängig von der Definition ihrer Methoden können Objekte unterschieden werden in [Booch 94]:

- *Aktoren*: Ein Objekt, das auf anderen Objekten arbeitet, aber selber nicht von anderen Objekten benutzt wird.
- *Server*: Ein Objekt, das nicht auf anderen Objekten arbeitet, aber von anderen Objekten benutzt wird.
- *Agenten*: Ein Objekt, das auf anderen Objekten arbeitet und von anderen Objekten benutzt wird.

Beispiel

Im Rahmen dieses Buches wird zur Erklärung der Konzepte, Übersetzungstechniken und Optimierungen, soweit wie möglich, ein durchgängiges Beispiel verwendet.

In dem Beispiel sollen der Wert und der Typ eingeschränkter arithmetischer Ausdrücke berechnet werden. Arithmetische Ausdrücke bestehen aus einzelnen Komponenten, etwa Konstanten oder binären Ausdrücken. Darüber hinaus besitzen sie bestimmte Funktionen, die auf allen Ausdrücken anwendbar sind, z.B. Berechnung des Wertes oder des Typs eines arithmetischen Ausdrucks. Durch die Verwendung objektorientierter Konzepte kann doppelter Implementierungsaufwand vermieden werden. Die Implementierung des Beispiels erfolgt in der Programmiersprache Java, soweit Java die vorgestellten Konzepte unterstützt. Zu beachten ist, daß das Beispiel so konstruiert ist, daß möglichst viele objektorientierte Konzepte veranschaulicht werden können. Das Beispiel soll *nicht* notwendigerweise die Vorgehensweise beim objektorientierten Entwurf widerspiegeln.

Betrachten wir die folgenden Grammatikproduktionen für eingeschränkte arithmetische Ausdrücke:

```
Expr  ::=   Add Expr Expr
            | Int
Int   ::=   1 | 2 | 3 | ...
```

Das heißt, arithmetische Ausdrücke bestehen nur aus Additionsausdrücken und Integer-Werten. Ein arithmetischer Ausdruck kann durch mehrere Objekte modelliert werden. Dazu definiert man zwei Arten von Objekten, nämlich Objekte für Integer und Objekte für Additionsausdrücke.

Objekte für Integer enthalten nur den Wert der ganzen Zahl als Instanzvariable und eine Methode value, die diese ganze Zahl zurückliefert.

Objekte für Additionsausdrücke besitzen zwei Instanzvariablen die Verweise auf ihre Teilausdrücke enthalten, sowie eine Methode valueOfExpr, die den Wert des Additionsausdrucks berechnet und die Methoden getLhs und getRhs, die das erste bzw. zweite Argument des Additionsausdrucks als Ergebnis liefern.

Mit unserer graphischen Darstellung von Objekten kann der arithmetische Ausdruck Add 3 5 visualisiert werden als

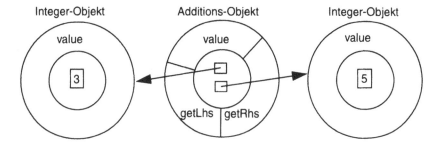

Dieses Beispiel zeigt, daß bestimmte Objekte den gleichen Aufbau haben, d.h. vom gleichen „Typ" sind, nämlich das Integer-Objekt für 3 und 5.

In imperativen Programmiersprachen kann man neue Datentypen definieren, um Werte mit gleichem Aufbau zu implementieren. Diese Datentypen werden zur Definition von Variablen verwendet, um z.B. den Wertebereich der ganzen Zahlen oder strukturierte Daten zu beschreiben.

In klassenbasierten objektorientierten Programmiersprachen werden *Klassen* definiert, die jedem Objekt dieser Klasse, d.h. jeder Instanz dieser Klasse, als Bauplan dienen.

Eine *Klasse* beschreibt eine Menge von Objekten des gleichen „Typs", d.h. mit den gleichen Instanzvariablen und Methoden. Jedes Objekt ist *Instanz* einer Klasse, insbesondere gehört jedes Objekt zu einer Klasse, d.h., ein Objekt kann nur mit einer Klassen-Definition zusammen existieren. Mit einer Klassendefinition werden meistens auch neue (Daten-)Typen eingeführt, die im Programm verwendet werden können. Wir werden im folgenden, soweit nicht anders angegeben, „Klasse" und „Typ" synonym verwenden. Auf den Unterschied wird im Kapitel über die Typisierung eingegangen.

Die Implementierungsbeschreibung einer Klasse besteht aus den folgenden Teilen:

- einem Klassennamen,
- einer Menge von Instanzvariablen,
- einer Menge von Methoden und
- Zugriffsrechten auf Instanzvariablen und Methoden.

Definition (Klasse)

Eine *Klasse* beschreibt eine Menge konkreter Objekte (*Instanzen* dieser Klasse) mit gleicher Struktur (d.h. gleichen Instanzvariablen) und gleichem Verhalten (d.h. gleichen Methoden). Es gibt eine Standardmethode new, um neue Instanzen einer Klasse zu erzeugen. Eine Klassendefinition enthält die Deklarationen der Instanzvariablen sowie der Methodenimplementierungen. Sie besteht sowohl aus einem Spezifikations- oder Schnittstellenteil als auch einem Implementierungsteil. Der Schnittstellenteil beschreibt, welche Methoden mit welcher Funktionalität von der Klasse angeboten werden, nicht aber wie die Realisierung dieser Operationen aussieht. Der Implementierungsteil definiert die Implementierung bzw. Realisierung der Methoden und ist (normalerweise) für den/die Benutzer(in) der Methode nicht sichtbar. Welche Instanzvariablen und welche Methoden, für welche Benutzer(in) sichtbar sind und für welche nicht, wird durch die Zugriffsrechte festgelegt[3].

Eine Klasse C mit den Methoden m_1, m_2, ... und Instanzvariablen i_1, i_2, ... vom Typ t_1, t_2, ... werden wir im folgenden graphisch darstellen als

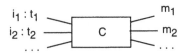

bzw., falls die Instanzvariablen und Methoden für die Erklärungen nicht relevant sind, einfach als

♦

Notation
Objekte einer Klasse X werden als x, x1, x2, ... geschrieben.   ♦

Abhängig von der Programmiersprache werden bei der Erzeugung des Objekts die Instanzvariablen des neu erzeugten Objekts initialisiert oder nicht. Die Programmiersprache Java führt z. B. eine automatische Initialisierung der Instanzvariablen durch; so werden Instanzvariablen, die Zahlen aufnehmen, mit 0 und Instanzvaria-

---

[3] Auf die möglichen Arten der Zugriffsrechte wird im Abschnitt über Kapselung eingegangen.

blen, die Objekte aufnehmen, mit null initialisiert. Lokale Variablen der Methoden werden aber nicht initialisiert. C++ dagegen führt keine Initialisierung seiner Instanzvariablen durch.

Manche Programmiersprachen erlauben in Klassen-Definitionen auch die Definition von *Klassenvariablen*, die alle Objekte einer Klasse gemeinsam benutzen, im Gegensatz zu Instanzvariablen, die jedem Objekt der Klasse selbst gehören. Das heißt, jedes Objekt besitzt einen eigenen Speicherplatz für seine Instanzvariablen. Dagegen benutzen alle Instanzen einer Klasse den gleichen Speicherplatz bei Klassenvariablen. Klassenvariablen werden in objektorientierten Sprachen oft als Ersatz für globale Variablen verwendet. Neben Klassenvariablen findet man oft auch noch *Klassenmethoden*. Klassenmethoden können unabhängig von einem erzeugten Objekt aufgerufen werden und werden oft als globale Prozeduren benutzt. Klassenvariablen und -methoden werden in Java mit dem Schlüsselwort static definiert.

Methoden können abhängig von ihren Eigenschaften folgendermaßen unterschieden werden [Booch 94]:

- *Konstruktor*: Ein *Konstruktor* ist eine ausgezeichnete Methode, die aufgerufen wird, wenn ein Objekt mit new erzeugt wird. Mit ihm ist es möglich, bereits bei der Erzeugung des Objekts bestimmte Operationen auszuführen, z.B. die Instanzvariablen (teilweise) initialisieren. Der Name der Konstruktormethode ist meistens der Klassenname.
- *Destruktor*: Ein *Destruktor* ist eine ausgezeichnete Methode, die aufgerufen wird, wenn ein Objekt gelöscht wird. Mit ihm ist es möglich, vor dem Löschen des Objekts bestimmte Operationen auszuführen.
- *Selektor*: Ein *Selektor* ist eine Methode, die auf den Zustand des Objekts zugreift und den Zustand oder einen Teil des Zustands als Ergebnis zurückliefert, ihn aber nicht verändert.
- *Modifikator*: Ein *Modifikator* ist eine Methode, die den Zustand des Objekts ändert.
- *Iterator*: Ein *Iterator* ist eine Methode, die es erlaubt, auf alle Teile eines Objekts in einer wohldefinierten Ordnung (z.B. Listen-Iteratoren) zuzugreifen.

Beispiel

Das Diagramm

definiert ein Klasse IntExpr mit Instanzvariable i vom Typ int und Methode value

definiert eine Klasse AddExpr mit den Instanzvariablen lhs, rhs und val jeweils vom Typ Expr bzw. ConstExpr und die Methoden valueOfExpr und typeOfExpr. Die dazugehörige Implementierung dieser Klasse kann in Java folgendermaßen realisiert werden:

```
class IntExpr {
  // Instanzvariablen
  int i;

  // Methoden
  public IntExpr(int v) {
  // Konstruktor: Initialisierung der Instanzvariablen
    i = v;
  }

  public int value() {
  // Selektor: gibt den Wert der Instanzvariablen zurück
    return(i);
  }
}

class AddExpr {
  // Instanzvariablen
  // Achtung:
  // Klasse Expr wird erst später definiert und stellt die „Vereinigung"
  // von IntExpr und AddExpr dar.
  // Ebenso wird die Klasse ConstExpr erst später definiert
  Expr lhs;              // linke Seite des Additionsausdrucks
  Expr rhs;              // rechte Seite des Additionsausdrucks
  ConstExpr val;         // berechneter Wert des Additionsausdrucks

  // Methoden
  public AddExpr(Expr lhsExpr, Expr rhsExpr) {
    lhs = lhsExpr;
    rhs = rhsExpr;
    // val wird in Java automatisch mit null initialisiert
  }

  public Expr getLhs() {                    // Selektor
    return(lhs);
  }


  public Expr getRhs() {                    // Selektor
    return(rhs);
  }
  public ConstExpr valueOfExpr() {
    // wird erst später definiert.
  }
}
```

◆

Bei objektorientierten Programmiersprachen muß man noch mehr als bei imperativen Programmiersprachen zwischen den statischen und dynamischen Aspekten unterscheiden. Die Struktur der Instanzen einer Klasse ist bereits zur Übersetzungszeit bekannt, falls die Klassenhierarchie statisch ist, d.h., zur Laufzeit darf die Klassenhierarchie nicht verändert werden.

Erlaubt man die Definition neuer Klassen zur Laufzeit des Programms, so sind die Klassendefinitionen dynamisch, d.h. die Klasseninformation wird erst zur Laufzeit definiert.

Objekte dagegen sind immer rein dynamische Teile, d.h., sie werden zur Laufzeit des Programms erzeugt und können wieder gelöscht werden.

Beispiel

Objekte können wie folgt erzeugt und initialisiert werden:

```
AddExpr a1;
IntExpr i1, i2, i3;
i1 = new IntExpr(3);          // ein Objekt der Klasse IntExpr wird erzeugt
                              // die Instanzvariable wird mit 3 initialisiert
```

```
i2 = new IntExpr(5);          // ein Objekt der Klasse IntExpr wird erzeugt
                              // und die Instanzvariable wird mit 5
                              // initialisiert
```

```
i3 = new IntExpr(3);          // ein Objekt der Klasse IntExpr wird erzeugt
                              // und die Instanzvariable wird mit 3
                              // initialisiert
```

a1 = **new** AddExpr(i1, i2);   // ein Objekt der Klasse AddExpr wird erzeugt
                                       // und die Instanzvariablen werden mit den
                                       // Objekten, deren Verweise in den Variablen i1
                                       // und i2 gehalten werden, initialisiert.

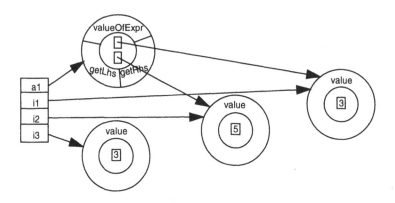

Man sieht, daß i1 und i3 verschiedene Objektidentitäten besitzen, obwohl die Instanzvariablen den gleichen Wert haben.   ♦

Objektorientierten Sprachen unterliegt eine andere Funktions- bzw. Prozeduraufruf-Philosophie als imperativen Programmiersprachen. In imperativen Programmiersprachen führt ein Funktions-/Prozeduraufruf zum Sprung an die Stelle, an der der Code für die Funktion/Prozedur im Speicher steht; insbesondere steht die Funktions-/Prozedurimplementierung, die ausgeführt wird, bereits zur Übersetzungszeit fest. In (reinen) objektorientierten Programmiersprachen sind *Nachrichten* die einzige Möglichkeit von Objekten, um miteinander zu kommunizieren.

In imperativen Programmiersprachen führt ein Funktionsaufruf value() zum Sprung an die Stelle, an der der Code für die Funktion value steht (wobei vorher bestimmte Verwaltungsinformationen gespeichert werden). In reinen objektorientierten Programmiersprachen wird an ein Objekt, etwa an das Objekt, das in der Variablen i1 gespeichert ist, die Nachricht value gesandt (i1.value()) und das Objekt entscheidet, wie es auf diese Nachricht reagiert, d.h., welche Implementierung es ausführt.

Definition (Nachricht, Empfänger)

Eine *Nachricht* (*message*) ist eine Anfrage an ein Objekt, eine bestimmte Operation auszuführen. Eine Nachricht spezifiziert die Operation unabhängig von ihrer Realisierung, d.h., Nachrichten greifen auf die Funktionalität, d.h. die Schnittstelle, eines Objekts zu, nicht aber auf deren Implementierung. Die Menge der Nachrichten, auf die ein Objekt reagieren kann, wird durch seine *Schnittstelle* (*interface*) festgelegt und ist für alle Instanzen einer Klasse gleich.

Der *Empfänger* (*receiver*) einer Nachricht ist das Objekt, an das die Nachricht gesendet wurde. Er bestimmt, wie die gewünschte Operation ausgeführt wird.   ♦

In reinen und hybriden objektorientierten Programmiersprachen findet man drei verschiedene Arten von Sichtweisen, um auf eine Nachricht, die an ein Objekt gesendet wird, zu reagieren [Haddad, George 95; Kim, Lochovsky 89]:

- generische Funktionen,
- echte Nachrichten und
- Overloading und Shadowing.

Eine *generische Funktion* ist wie ein herkömmlicher Funktionsaufruf realisiert, wobei der Aufruf der passenden Methodenimplementierung vom Typ eines oder mehrerer Argumente abhängen kann. Darüber hinaus besitzt jede Methode einen impliziten Parameter, der einen Verweis auf das aktuelle Objekt enthält, um auf dessen Instanzvariablen zugreifen zu können. Beispiele sind C++, CLOS, Flavor und Ada95.

Eine *echte Nachricht* zeichnet ein Objekt als Empfänger der Nachricht aus. Sie besteht aus dem Namen der Methode, die ausgeführt werden soll, und zusätzlichen Argumenten (wie bei imperativen Programmiersprachen), die wieder Objekte sind. Die Nachrichtenbindung an die Methodenimplementierung hängt von der Klasse des Empfängers ab, der die Nachricht erhält. Hier muß jedes Objekt wissen, welche Operationen es ausführen kann. Darüber hinaus muß das Objekt anschließend die Implementierung suchen und ausführen (Verwendung häufig in rein objektorientierten Programmiersprachen, wie etwa Smalltalk-80, Common Object und Java).

Overloading kann verwendet werden in Sprachen mit statischem Binden, d.h., zur Übersetzungszeit können bereits alle Nachrichten an Methodenimplementierungen gebunden werden. Das Programm definiert verschiedene Funktionen mit demselben Namen, aber mit unterschiedlichen Argumenttypen. Wenn eine überladene Funktion übersetzt wird, werden die Argumenttypen berechnet und die entsprechende Implementierung ausgewählt. Erfolgt die Typisierung erst zur Laufzeit, so spricht man von *Shadowing* (z.B. virtual in C++, abstract in Ada oder redefine in Eiffel).

2.1.2 Gleichheit und Kopieren von Objekten

Man unterscheidet drei Arten von Gleichheit auf Objekten:

- Gleichheit der Objektidentitäten (*equal object identity*),
- flache Gleichheit der Objekte (*shallow equal*) und
- tiefe Gleichheit der Objekte (*deep equal*).

Beispiel

Um diese Unterschiede zu erläutern, betrachten wir folgendes Beispiel:

```
AddExpr a1, a2, a3, a4;
IntExpr i1, i2, i3;
i1 = new IntExpr(3);
i2 = new IntExpr(3);
```

```
// Achtung: i1 und i2 haben verschiedene Objektidentitäten,
// obwohl in den Instanzvariablen der Wert 3 steht.
i3  = new IntExpr(5);
a1 = new AddExpr(i1, i3);
a2 = new AddExpr(i2, i3);
a3 = new AddExpr(i2, i3);
a4 = a2;
// Beachte, a4 und a2 verweisen auf dasselbe Objekt, d.h. haben die
// gleiche Objektidentität als Wert.
```

Nach Abarbeitung dieses Programmstücks erhält man folgende Objekt-Struktur:

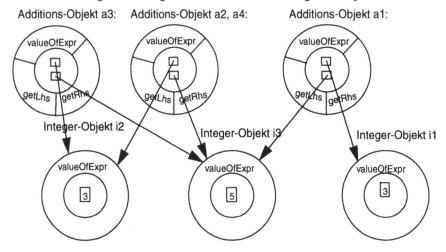

Additions-Objekt a3:   Additions-Objekt a2, a4:   Additions-Objekt a1:

Integer-Objekt i2   Integer-Objekt i3   Integer-Objekt i1

Die Objekte, auf die die Variablen a2 und a4 verweisen, sind identisch, da es sich hierbei um den gleichen Verweis handelt, d.h., bei a2 und a4 handelt es sich um die gleiche Instanz eines Objekts der Klasse AddExpr. Dagegen sind i1 und i2 verschiedene Instanzen der Klasse IntExpr, die aber den gleichen Wert in ihren Instanzvariablen speichern. Analog sind auch a2 und a3 verschiedene Instanzen mit unterschiedlichen Objektidentitäten. Zwei Objekte können nie gleich bzgl. ihrer Objektidentität sein. Aber zwei Variablen können einen Verweis auf dasselbe Objekt besitzen.   ♦

Gleichheit der Objektidentitäten heißt, daß es sich um dasselbe Objekt handelt.

Die beiden anderen Gleichheitsarten ergeben sich durch Wertvergleich der Instanzvariablen:

Zwei Objekte sind *flach gleich* (*shallow equal*), wenn die Werte der Instanzvariablen gleich sind, d.h., bei Standard-Datentypen, z.B. Integer und Boolean, müssen die korrespondierenden Instanzvariablen den gleichen Wert haben, und bei Objektverweisen müssen die Werte der korrespondierenden Instanzvariablen auf die gleichen Objekte zeigen.

In unserem Beispiel sind Objekte in den Variablen a2 und a3 flach gleich, da die Instanzvariablen jeweils Verweise enthalten, die in beiden Objekten auf die gleichen Objekte zeigen.

Bei der *tiefen Gleichheit* (*deep equal*) müssen die korrespondierenden Instanzvariablen für Standard-Datentypen den gleichen Wert haben, und bei Instanzvariablen, die auf Objekte verweisen, müssen diese Objekte wiederum (d.h. rekursiv) tief gleich sein.

Im Beispiel sind die Objekte in den Variablen a1 und a2 tief gleich, da die Werte der Instanzvariablen rekursiv in die Teilobjekte hinein den gleichen Wert haben; a1 und a2 sind aber nicht flach gleich, da die erste Instanzvariable beider Objekte Verweise auf verschiedene Objekte enthält.

Insgesamt gilt: Sind zwei oder mehr Objekte flach gleich, so sind sie auch tief gleich. Die Umkehrung gilt i. allg. nicht.

Die analoge Unterscheidung findet man bzgl. des Kopierens von Objekten:

- Kopie der Objektidentität (*reference copy*),
- flache Kopie der Objekte (*shallow copy*) und
- tiefe Kopie der Objekte (*deep copy*).

Bei der Kopie der Objektidentität wird einer Variablen der Verweis auf ein Objekt zugewiesen.

Bei der *flachen Kopie* wird ein neues Objekt der korrespondierenden Klasse erzeugt, wobei die Instanzvariablen des neuen Objekts mit den Werten der Instanzvariablen des zu kopierenden Objekts initialisiert werden, d.h., die Werte der Standard-Datentypen bzw. die Objektidentitäten werden zugewiesen.

Bei der *tiefen Kopie* wird ebenfalls ein neues Objekt erzeugt. Die Instanzvariablen, die auf Standard-Datentypen arbeiten, erhalten den Wert der Instanzvariablen des zu kopierenden Objekts. Instanzvariablen, die Verweise auf Objekte enthalten, wird eine tiefe Kopie dieses Objekts zugewiesen.

2.1.3 Abstrakte Klassen und Interface-Klassen

Abstrakte Klassen sind Klassen ohne Implementierung, d.h., für die Methoden wird ihre Funktionalität, nicht aber der Code des Methodenrumpfes angegeben. Somit können von abstrakten Klassen keine Instanzen gebildet werden, da ihre Methodenimplementierungen fehlen. Hauptanwendungsgebiete abstrakter Klassen sind:

- einfache Realisierung der mehrfachen Vererbung (zu den Problemen der Mehrfachvererbung siehe Abschnitt 2.2.2),
- Definition von Schnittstellen-Beschreibungen,
- Realisierung der Variantenbildung und
- Realisierung verschiedener Abstraktionsebenen.

Manche objektorientierte Sprachen, z.B. Java, unterscheiden noch zwischen Schnittstellen-Spezifikationen (in Java-Sprechweise: interface), bei denen keine Methodenimplementierung angegeben werden darf, und abstrakten Klassen (in Java abstract class), bei denen nicht alle Methoden implementiert sind. Schnittstellen-Spezifikationen sind somit spezielle abstrakte Klassen. Abstrakte Klassen werden analog zu Klassen graphisch dargestellt als

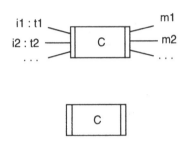

bzw. als

Beispiel

Um die Schnittstelle (in Java: interface) eines Interpreters für Ausdrücke zu definieren, reicht es, eine abstrakte Klasse Expr für Ausdrücke zu definieren:

```
interface Expr {
    // keine Instanzvariablen
    // Methoden
    // Beachte, die Datentypen ConstExpr und Type werden erst später definiert.

    ConstExpr valueOfExpr();
    // konstanter Ausdruck, d.h. Integer- oder Float-Ausdruck
    // soll zurückgeliefert werden

    Type typeOfExpr();
    // Typ des Ausdrucks wird berechnet.
}
```

Hiermit hat ein Programmierer / eine Programmiererin die notwendigen Informationen darüber, welche Funktionalität der Interpreter unterstützt. Durch die Verwendung abstrakter Klassen werden auch verschiedene Stufen der Abstraktion erreicht, da der Programmierer / die Programmiererin nur die wesentlichen Teile der Klasse sieht. In unserem Beispiel wird die Aufspaltung in Additions- und Integerausdrücke verborgen. ♦

Definiert man auf der einen Seite Eigenschaften von Systemen auf einer hohen Abstraktionsebene, was durch abstrakte Klassen möglich ist, so erreicht man eine hohe Wiederverwendbarkeit. Auf der anderen Seite muß man, um eine spezielle Aufgabe zu lösen, bei der Verfeinerung von einer abstrakten zu einer konkreteren Sichtweise gelangen, d.h., in unserem Beispiel muß die Interface-Klasse Expr verfeinert werden. Dies wird in den nachfolgenden Abschnitten erfolgen.

2.1.4 Multi-Methoden

In den meisten objektorientierten Sprachen wird eine Nachricht bei dynamischer Methodensuche an das Empfänger-Objekt geschickt. Die auszuführende Methode hängt von der dynamischen Klasse des Empfänger-Objekts ab und nicht von der dynamischen Klasse irgendeines anderen Arguments. Multi-Methoden erlauben nun, daß die Methodensuche auch von der dynamischen Klasse der Argumente abhängen kann.

Multi-Methoden werden dabei als überladene Funktionen aufgefaßt, wobei die Auflösung des Überladens durch die dynamischen Klassen der Argumente erfolgt und nicht durch ihren statischen Typ.

In Cecil [Chambers 93; Chamber, Leavens 95] werden nicht alle Argumente für die Methodensuche verwendet; es wird lediglich eine Teilmenge der Argumente für die dynamische Methodensuche ausgezeichnet.

Multi-Methoden vereinigen und verallgemeinern somit die Begriffe *Prozedur*, *einfache Methoden* und *statisch überladene Funktionen*. Die Implementierung kann dabei als

– eine Prozedur,
– eine Ansammlung von einfachen Methoden auf verschiedenen Klassen oder
– eine Ansammlung von Multi-Methoden

aufgefaßt werden.

2.2 Vererbung

Ein weiteres wichtiges Merkmal objektorientierter Programmiersprachen ist die *Vererbung (inheritance)*. Man unterscheidet folgende Arten von Vererbung:

– *einfache Vererbung (single inheritance)*,
– *mehrfache Vererbung (multiple inheritance)* und
– *dynamische Vererbung (dynamic inheritance)*.

Manchmal findet man auch noch den Begriff *Äquivalenzklassen-Vererbung*. Hier erfolgt eine Aufteilung der Objekte bzgl. der Klassenhierarchie in disjunkte Teilmengen. Dies wird erreicht, indem nur von den Blättern der Klassenhierarchie (die Definition der Klassenhierarchie findet sich weiter unten), die Klassen repräsentieren, Instanzen gebildet werden dürfen.

Gründe für die Einführung und Verwendung der Vererbung sind:

– Die Vererbungshierarchie definiert eine Typhierarchie,
– Vererbung unterstützt Wiederverwendbarkeit und Änderbarkeit und
– durch Vererbung ist es möglich, gemeinsames Verhalten zu teilen.

2.2.1 Einfachvererbung

Betrachten wir folgendes Problem: Ein Objekt gehört entweder zu einer Klasse A
oder zu einer Klasse B, aber es ist nicht möglich, daß eine Objekt sowohl zu einer
Klasse A als auch zu einer Klasse B gehört (vgl. [Goldberg, Robson 83]).

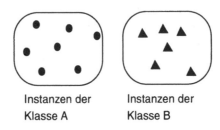

Instanzen der   Instanzen der
Klasse A   Klasse B

Abb. 5. Instanzen zweier verschiedener Klassen.

Beim Programmieren ist es aber oft ideal, wenn ein Objekt zu mehreren Klassen gehören kann, etwa:

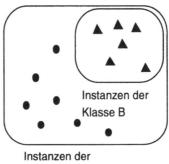

Instanzen der
Klasse B

Instanzen der
Klasse A

Abb. 6. Objekte, die Instanzen zweier Klassen sind.

Das heißt, die Instanzen der Klasse B sind auch Instanzen der Klasse A. Diese
Inklusionseigenschaft drückt die *einfache Vererbung* aus. Durch die einfache Ver-
erbung wird eine Typhierarchie beschrieben, d.h., Klasse B ist ein Untertyp der
Klasse A, und die Instanzen der Klasse B sind eine Teilmenge der Instanzen der
Klasse A.
Man sagt, Klasse B *erbt* von Klasse A; B wird *Unterklasse* von A und A *Superklasse*
von B genannt, dargestellt als

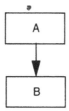

oder kurz A → B. Man findet in der Literatur oft die umgekehrte Darstellung der Vererbungsrelation, d.h.

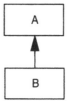

Durch einfache Vererbung kann auch ausgedrückt werden, daß die Instanzen einer Klasse A und die Instanzen einer Klasse B auch Instanzen einer Klasse C sind:

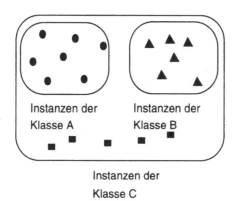

Abb. 7. Objekte, die Instanzen mehrerer Klassen sind.

Hierbei kann die Klasse C sowohl eigene Instanzen als auch keine eigenen Instanzen besitzen. Besitzt die Klasse C keine Instanzen, so kann sie als abstrakte Klasse definiert werden. Somit ist es möglich, Varianten zu beschreiben.
Die Vererbungshierarchie für dieses Beispiel läßt sich darstellen als

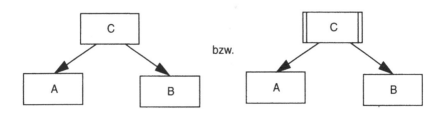

Diese Beispiele verdeutlichen, daß Vererbungsrelationen verschiedene *Sichten* auf die Objekte definieren können. Erbt eine Klasse B von einer Klasse A (A → B) und wird ein Objekt der Klasse B erzeugt, so kann dieses Objekt als eine Instanz der Klasse A und als eine Instanz der Klasse B betrachtet werden. Somit muß dieses Objekt, abhängig vom Kontext, in dem es verwendet wird, sowohl als ein Objekt der Klasse A als auch als ein Objekt der Klasse B behandelt werden können. Insbesondere können Objekte dadurch gemeinsames Verhalten teilen, in unserem Beispiel das Verhalten der Klasse A.

Neben der Definition der Typhierarchie wird Vererbung auch verwendet, um eine Klasse um Instanzvariablen oder Methoden zu erweitern. Dadurch kann eine bereits existierende Klasse wiederverwendet, modifiziert und erweitert werden.

Eine Klassendefinition beschreibt, wie wir bereits gesehen haben, die Daten (d.h. die Instanzvariablen) und das Verhalten (d.h. die Operationen) der Objekte, die als Instanzen dieser Klasse kreiert werden können. *Unterklassen* (*subclass*), auch *Subklassen* (*subclass*) oder *abgeleitete Klassen* (*derived class*) genannt, erben die Instanzvariablen und Operationen der *Superklasse* (*superclass*), auch *Elternklasse* (*parent class*) genannt, und können neue Instanzvariablen und Operationen definieren bzw. die Implementierung einer Operation ändern. Somit unterstützt Vererbung Wiederverwendbarkeit und Änderbarkeit von Code. In manchen objektorientierten Sprachen können Unterklassen auch Operationen der Superklasse aufheben, so daß die Unterklassenobjekte diese Operationen nicht mehr ausführen können.

Definition (Vererbung, echte Objekte)

Vererbung beschreibt, daß alle Instanzvariablen und Methoden (kurz: Komponenten) einer Klasse A auch in einer Klasse B enthalten sind, man sagt „B erbt von A". Die Klasse B darf neue Instanzvariablen und Methoden definieren und unter bestimmten Bedingungen[4] auch Methoden überschreiben, die sie von der Klasse A geerbt hat. Jedes Objekt, d.h. jede Instanz, der Klasse B ist auch Objekt, d.h. Instanz, der Klasse A. Erlaubt man nur das Hinzufügen von Komponenten, so spricht man von *montoner Vererbung* (*monotone inheritance*). Ebenso erlauben manche Programmiersprachen, Instanzvariablen und Methoden der Klasse A aufzuheben oder geerbte Instanzvariablen und Methoden umzubenennen. Objekte einer Klasse A, die nicht Objekte einer Unterklasse von A sind, werden *echte Objekte* der Klasse A genannt.   ♦

---

[4] Auf diese Bedingungen gehen wir bei den Typisierungsproblemen ein.

Die meisten objektorientierten Sprachen unterstützen nicht das Löschen der Instanzvariablen und Methoden. Wir werden im folgenden immer von einer Erweiterung der Superklasse ausgehen.

Definition (einfache Vererbung)

Man spricht von *einfacher Vererbung* oder *Einfachvererbung* (*single inheritance*), wenn eine Klasse B nur von einer Klasse A erbt und nicht von mehreren Klassen. ♦

Definition (Basisklasse, Klassenhierarchie)

Als *Basisklassen* werden die Wurzeln der Vererbungshierarchie bezeichnet. Einige Arbeiten bezeichnen auch die Superklasse als Basisklasse. Die *Klassenhierarchie* (*class hierarchy*) wird durch die Vererbungsrelationen beschrieben. Die Klassenhierarchie, die man durch einfache Vererbung erhält, sind Bäume oder Wälder.   ♦

Viele Programmiersprachen (z.B. Java, Smalltalk) starten mit einer Basisklasse Object, die *alle* Klassen erben. Meistens enthält diese Basisklasse Methoden zum Kopieren von Objekten und so weiter.

Beispiel

Mit Hilfe der einfachen Vererbung kann man die bis jetzt angegebenen Klassen unseres Beispiels sauber definieren. Darüber hinaus wollen wir die Anwendungsbereiche der Vererbung ausnutzen: Variantenbildung, Wiederverwendung und Erweiterung.

Unsere eingeschränkten arithmetischen Ausdrücke bestehen aus konstanten Ausdrücken, nämlich Integer- und Float-Ausdrücken, sowie Additions- und Subtraktionsausdrücken, die binäre Operationen darstellen. Der Typ eines Ausdrucks ist entweder

– Integer (IntType), falls es sich um einen Integer-Ausdruck handelt bzw. falls bei einem binären Ausdruck die Teilausdrücke beide vom Typ IntType sind,
– Float (FloatType), falls es sich um einen Float-Ausdruck handelt bzw. falls bei einem binären Ausdruck die Teilausdrücke beide vom Typ FloatType sind, oder
– Fehler (ErrorType), falls bei einem binären Ausdruck die Teilausdrücke verschiedene Typen haben.

Somit erhalten wir folgende Klassenhierarchie für die Typen der arithmetischen Ausdrücke:

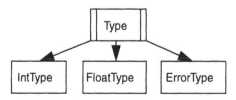

Diese Klassenhierarchie beschreibt eine Variantenbildung, die durch Vererbung realisiert wurde, d.h., Type ist entweder IntType, FloatType oder ErrorType. Man beachte, daß die Klasse Type eine abstrakte Klasse ist, von der keine Instanzen gebildet

werden. Das Schlüsselwort public gibt an, daß alle Objekte auf die Methoden zugreifen dürfen. Die Vererbungsrelation wird in Java durch die Schlüsselwörter implements und extends ausgedrückt, wobei implements verwendet wird, falls die Superklasse als interface deklariert wurde, und extends in allen anderen Fällen.

```
interface Type {                          class FloatType implements Type {
    // keine Instanzvariablen und              // Methoden
    // keine Methoden                          public FloatType() {}
}                                         }

class IntType implements Type {           class ErrorType implements Type {
    // Methoden                                // Methoden
    public IntType() {}                       public ErrorType() {}
}                                         }
```

Die Vererbungshierarchie für die behandelten Ausdrücke sieht folgendermaßen aus:

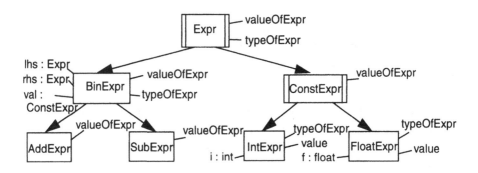

Als Basisklasse wird eine abstrakte Klasse Expr (in Java interface genannt) definiert, mit den Methoden valueOfExpr und typeOfExpr, die den Wert bzw. Typ eines Ausdrucks berechnen.

```
interface Expr {                // abstrakte Klassen in Java heißen interface
    public ConstExpr valueOfExpr();
    public Type typeOfExpr();
}
```

Diese Methoden müssen in den Unterklassen der abstrakten Klasse implementiert werden.

Der Wert eines konstanten Ausdrucks ist das Objekt selbst und kann in der Klasse ConstExpr bereits durch die Methode valueOfExpr implementiert werden. Die Methode typeOfExpr, die den Typ eines Ausdrucks berechnet, hängt davon ab, ob es sich um einen ganzzahligen oder reellen Ausdruck handelt. Da damit Teile der Klasse, nämlich die Methode typeOfExpr, nicht implementiert werden, muß man in Java eine abstract class definieren. Java unterscheidet zwischen interface, wenn die

Implementierung komplett fehlt, und abstract class, wenn Teile der Klasse implementiert werden.

```
abstract class ConstExpr implements Expr {
    // abstract class, da Teile der abstrakten (Super-)Klasse Expr nicht
    // implementiert werden
    // keine Instanzvariablen

    // Methoden
    public ConstExpr valueOfExpr() {
        return(this);              // das Objekt selbst ist das Ergebnis.
    }
}
```

Die Klassen IntExpr und FloatExpr enthalten jeweils eine Instanzvariable, um einen Integer-Wert bzw. Float-Wert zu speichern, und einen Konstruktor, um die Instanzvariablen zu initialisieren. Sie enthalten außerdem die Methoden typeOfExpr, die als Ergebnis den Typ IntType bzw. FloatType zurückgeben, und die Methoden value, die den Wert der Instanzvariablen liefern. Die beiden Klassen sind definiert als:

```
class IntExpr extends ConstExpr {
    // Instanzvariablen
    int i;

    // Methoden
    public IntExpr(int c) {
        i = c;
    }

    public Type typeOfExpr() {
        return(new IntType());
    }

    public int value() {
        return(i);
    }
}
```

```
class FloatExpr extends ConstExpr {
    // Instanzvariablen
    float f;

    // Methoden
    public FloatExpr(float c) {
        f = c;
    }

    public Type typeOfExpr() {
        return(new FloatType());
    }

    public float value() {
        return(f);
    }
}
```

◆

Bemerkung
Die Klassen IntExpr und FloatExpr haben Ähnlichkeit mit den Klassen Integer und Float in Java, die dazu dienen, Basisdatentypen als Objekte und nicht als ausgezeichnete Datentypen zu verwenden.   ◆

Binäre Ausdrücke werden durch die Klasse BinExpr realisiert. Sie besitzt Instanzvariablen für die beiden Argumentausdrücke und den berechneten Wert. Die Methoden der abstrakten Klasse Expr werden implementiert. Die beiden Konstruktoren initialisieren die Instanzvariablen standardmäßig bzw. individuell. Der Typ einer binären Operation ist unabhängig davon, ob ein Additions- oder Subtraktionsausdruck vorliegt, und kann damit bereits in der Klasse BinExpr berechnet werden. Tritt ein (Typ-)Fehler auf, so liefern alle binären Operationen einen Fehlerwert, nämlich ein null-Objekt, zurück, der in der Methode valueOfExpr der Klasse Bin-Expr codiert ist. Somit muß nicht in jeder Unterklasse festgelegt werden, welcher Wert bei einem Fehler zurückgeliefert wird.

```
class BinExpr implements Expr {
  // Instanzvariablen
  Expr lhs;
  Expr rhs;
  ConstExpr val;

  // Methoden
  public BinExpr() {}
  // Konstruktor, der die Standard-Initialisierung von Java verwendet

  public BinExpr(Expr lhsExpr, Expr rhsExpr) {
  // Konstruktor, der Argumente initialisiert
    lhs = lhsExpr;
    rhs = rhsExpr;
  }

  public ConstExpr valueOfExpr() {
  // Fehlerobjekt zurückliefern
    return(null);
  }

  public Type typeOfExpr() {
  // Typ eines Ausdrucks berechnen
    Type t1 = lhs.typeOfExpr();
    Type t2 = rhs.typeOfExpr();
    if (((t1 instanceof IntType) & (t2 instanceof IntType)) ||
        ((t1 instanceof FloatType) & (t2 instanceof FloatType)))
      return(t1);
    else
      return(new ErrorType());
      // verschiedene Typen sind nicht erlaubt
  }
}
```

Die beiden Klassen AddExpr und SubExpr re-definieren jeweils die Methode value-OfExpr, indem sie den Wert eines Additions- bzw. Subtraktionsausdrucks berechnen, falls es sich um einen typkorrekten Ausdruck handelt, bzw. den Wert der Methode der Superklasse BinExpr zurückliefern, falls es sich um einen falsch typisierten Ausdruck handelt.

```
class AddExpr extends BinExpr {
  // keine Instanzvariablen

  // Methoden
  public AddExpr(Expr lhsExpr, Expr rhsExpr) {
    lhs = lhsExpr;
    rhs = rhsExpr;
  }
```

```
public ConstExpr valueOfExpr() {
  Type st = this.typeOfExpr();
  if (val == null) {                          // Wert noch nicht berechnet
    if (st instanceof IntType)
      val = new IntExpr( ((IntExpr) lhs.valueOfExpr()).value() +
                         ((IntExpr) rhs.valueOfExpr()).value());
    else if (st instanceof FloatType)
        val = new FloatExpr(
                         ((FloatExpr) lhs.valueOfExpr()).value() +
                         ((FloatExpr) rhs.valueOfExpr()).value());
        else val = super.valueOfExpr();       // Fehlerfall
  }
  return(val);
  }
}

class SubExpr extends BinExpr {
  // keine Instanzvariablen

  // Methoden
  public SubExpr(Expr lhsExpr, Expr rhsExpr) {
    lhs = lhsExpr;
    rhs = rhsExpr;
  }

  public ConstExpr valueOfExpr() {
    Type st = this.typeOfExpr();
    if (val == null) {                        // Wert noch nicht berechnet
      if (st instanceof IntType)
        val = new IntExpr( ((IntExpr) lhs.valueOfExpr()).value() -
                           ((IntExpr) rhs.valueOfExpr()).value());
      else if (st instanceof FloatType)
          val = new FloatExpr(
                           ((FloatExpr) lhs.valueOfExpr()).value() -
                           ((FloatExpr) rhs.valueOfExpr()).value());
          else val = super.valueOfExpr();     // Fehlerfall
    }
    return(val);
  }
}
```

Diese beiden Klassendefinitionen zeigen drei Besonderheiten:

- this.typeOfExpr() bedeutet, daß die Suche nach der Methode typeOfExpr in der Klasse des aktuellen Objekts beginnt. Da sie aber nicht für die Klasse AddExpr definiert ist, wird die Methode der Superklasse ausgeführt. Das heißt mit this.m() fängt die Suche nach der Methodenimplementierung von m bei der Klasse des Objekts an; this.m() ist äquivalent zu m().

- super.valueOfExpr() dagegen bewirkt, daß die Suche der Implementierung in der Superklasse beginnt und somit in unserem Beispiel der Fehlerwert für binäre Operationen zurückgeliefert wird, falls der Typ ErrorType ist.

- ((IntExpr)lhs.valueOfExpr()).value()und ((FloatExpr)lhs.valueOfExpr()).value().

Betrachten wir den ersten Fall ((IntExpr)lhs.valueOfExpr()).value(). Man möchte den Wert der Instanzvariablen, die die Konstante speichert, mit dem Selektor value auslesen. Da aber Integer- und Float-Werte vordefinierte Datentypen sind und somit weder eine Superklassen-Klassen-Beziehung besteht, noch eine Klasse existiert, die beide Typen einschließt, kann die Methode value nicht in der Klasse ConstExpr definiert werden. Sie kann erst in den Klassen IntExpr und FloatExpr typkorrekt implementiert werden. Der Compiler kann nicht feststellen, welchen Typ lhs.valueOfExpr() und rhs.valueOfExpr() zur Laufzeit haben; daher muß explizit eine Typkonversion durchgeführt werden, nämlich ((IntExpr) lhs.valueOfExpr()), das aus lhs.valueOfExpr() ein Objekt der Klasse IntExpr liefert. Für diese Klasse (IntExpr) ist die Methode value definiert und liefert einen Integer-Wert zurück. Analoges gilt für den zweiten Fall.

Kommen wir noch einmal auf das Senden von Nachrichten zurück.

Beispiel

Betrachten wir folgendes Programmstück dem die obigen Klassendefinitionen zugrunde gelegt sind:

```
IntExpr      i1, i2;
ConstExpr    c;
Type         t;
BinExpr      b;
SubExpr      s;
i1   = new IntExpr(3);
i2   = new IntExpr(5);
b    = new BinExpr(i1, i2);
c    = b.valueOfExpr();        // liefert Fehlerwert
s    = new SubExpr(i1, i2);    // Konstruktor von SubExpr wird ausgeführt
c    = s.valueOfExpr();        // SubExpr::valueOfExpr wird ausgeführt
t    = s.typeOfExpr();         // BinExpr::typeOfExpr wird ausgeführt
```

Mit b.valueOfExpr() wird die Nachricht valueOfExpr an das Objekt der Variablen b gesendet. Dieses Objekt ist Instanz der Klasse BinExpr, in der die Methode value-OfExpr definiert ist. Diese liefert den Fehlerwert zurück. Somit wird in der Variablen b der Wert null abgelegt.

Mit s.valueOfExpr() wird die Nachricht valueOfExpr an das Objekt in der Variablen s gesendet. Dieses Objekt ist Instanz der Klasse SubExpr, in der die Methode valueOfExpr definiert ist, die die Differenz der Werte des linken und rechten Teilausdrucks berechnet. Somit wird in der Variablen c ein Objekt der Klasse IntExpr abgelegt, dessen Instanzvariable den Integerwert -2 enthält.

Mit s.typeOfExpr() wird die Nachricht typeOfExpr an das Objekt in der Variablen s gesendet. Dieses Objekt ist Instanz der Klasse SubExpr, in der die Methode type-OfExpr nicht explizit definiert ist. Deswegen wird in der Superklasse BinExpr nach dieser Methode gesucht. In der Klasse BinExpr ist sie definiert und liefert in diesem Fall eine Instanz der Klasse IntType zurück.   ♦

Zur Implementierung der Vererbungsrelation findet man zwei verschiedene Sichtweisen:

– *Kopier-Sicht*: Erbt eine Klasse B von einer Klasse A, so besitzt die Klasse B alle Komponenten der Klasse A, d.h. die Instanzvariablen und Methoden der Klasse A. Diese Sichtweise findet man z.b. bei den Funktionstabellen, die in C++ Verwendung finden.

– *Such-Sicht*: Eine alternative Sichtweise erhält man, wenn man bei Zugriffen auf Instanzvariablen und Methoden diese zunächst in der eigenen Klasse und, falls man sie hier nicht findet, in den Superklassen sucht. Diese Technik verwenden z.b. Smalltalk-80 und Java.

Das Vererbungskonzept vereinfacht auf der einen Seite die Implementierung, und auf der anderen Seite wird die Implementierung sicherer.

Die Implementierung wird vereinfacht, denn Code kann durch Vererbung wiederverwendet, modifiziert und erweitert werden, ohne alles neu schreiben zu müssen. Es können sowohl Methoden re-definiert werden, um sie für bestimmte Fälle zu spezialisieren als auch neue Methoden definiert werden, die die Funktionalität einer gegebenen Klasse erweitern. Die Implementierung wird sicherer, da getesteter Code übernommen werden kann. Damit unterstützt Vererbung sowohl den Top-Down- als auch den Bottom-Up-Software-Entwurf. Durch die Festlegung der Datentypen und ihrer Schnittstellen ist es möglich, Software-Systeme ohne Berücksichtigung ihrer Implementierung zu entwickeln (top-down). Werden dagegen Klassenbibliotheken, d.h. Klassen, die bereits implementiert wurden, zur Verfügung gestellt und zum Entwurf neuer Systeme kombiniert, so erfolgt die Software Entwicklung bottom-up.

Generalisierung und *Spezialisierung* der Klassen kann ebenfalls durch Vererbung ausgedrückt werden, da durch Vererbung auch eine Typhierarchie definiert wird, die es erlaubt, daß ein Objekt zu mehreren Klassen gehören kann. Eine *Generalisierung* der Klassen wird erreicht, indem man gemeinsame Komponenten der Klassen (Instanzvariablen und Methoden), die in mehreren Klassen vorkommen, extrahiert und in einer eigenen Klasse definiert. Diese neue Klasse wird Superklasse der modifizierten ursprünglichen Klassen. Eine *Spezialisierung* einer Klasse A wird realisiert, indem man eine neue Klasse B definiert, die von A erbt. Somit können zusätzliche Komponenten in der Klasse B definiert werden, die noch nicht in der Klasse A enthalten waren.

Probleme der Vererbung

Die Vererbung führt aber auch zu einer ganzen Reihe von Problemen, die man kennen sollte, wenn man eine objektorientierte Sprache verwendet oder implementiert.

Zuweisungen

Betrachten wir Zuweisungen der Form a = b, wobei in den Variablen a und b Objekte der Klasse A bzw. der Klasse B gespeichert sind. Unter welchen Bedingungen ist diese Zuweisung erlaubt? Das Objekt in der Variablen b muß von der Klasse A sein, damit eine Zuweisung möglich ist. Das Objekt in b kann auch Instanz einer Unterklasse von A sein, da alle Instanzen einer Klasse auch Instanzen ihrer Superklasse sind. Diese Zuweisung ist genau dann erlaubt, wenn

- Klasse A und B identisch sind oder
- Klasse B eine Unterklasse der Klasse A ist (A → B).

Das heißt, ein Objekt der Klasse B kann als Objekt der Klasse A betrachtet werden. Dazu muß eine A-Sicht auf ein Objekt der Klasse B möglich sein.

Beispiel

Die Zuweisung

```
ConstExpr c;
...
c = new IntExpr(5);
```

ist somit erlaubt, aber

```
IntExpr i;
...
i = new ConstExpr();
```

ist nicht erlaubt unter der Annahme, daß ConstExpr keine abstrakte Klasse ist.   ♦

Methodenaufruf und Ergebnis

Ist eine Methode m mit der Funktionalität

$$m: C_1, C_2,..., C_n \rightarrow C$$

definiert, dann darf, da alle Instanzen einer Klasse auch Instanzen ihrer Superklasse sind, die Methode m mit Argumenten vom Typ $C'_1, C'_2,..., C'_n$ aufgerufen werden, wenn C'_i eine Unterklasse von C_i mit $1 \leq i \leq n$ ist.

Anstelle eines Objekts der Klasse C darf die Methode auch ein Objekt der Klasse C' zurückliefern, wenn C' Unterklasse der Klasse C ist. Zu beachten ist, daß ein Objekt der Klasse C', die Unterklasse von C ist, eine Methode der Klasse C re-definieren kann, die andere Ergebnisse liefert als die Methode der Klasse C.

Definition (Unterklassen-Regel [Wilhelm, Maurer 97])

Wird ein Objekt einer Klasse C erwartet, z.B. als Eingabe-Parameter einer Methode, als rechte Seite einer Zuweisung oder als Ergebniswert einer Methode, so können auch Objekte einer Unterklasse von C verwendet werden.   ♦

Beispiel

Betrachten wir die letzte Zuweisung des Beispiels

```
BinExpr b;
Expr e;
IntExpr i1 = new IntExpr(10);        // ok, da von gleicher Klasse
IntExpr i2 = new IntExpr(5);         // ok, da von gleicher Klasse
```

```
b = new AddExpr(i1, i2);          // Zuweisung ok, da AddExpr
                                   // Unterklasse von BinExpr
                                   // Argumente ok, da IntExpr
                                   // Unterklasse von Expr
e = b.valueOfExpr();              // Zuweisung ok, da ConstExpr
                                   // Unterklasse von Expr
```

so stellt sich folgende Frage: Welche Methode valueOfExpr() wird aufgerufen?

Das Objekt in der Variablen b ist, nach Variablendeklaration, von der Klasse Bin-Expr, wurde aber als Instanz der Klasse AddExpr erzeugt. Auf diese Frage gibt die *Methoden-Auswahl-Regel* Antwort:

Definition (Methoden-Auswahl-Regel [Wilhelm, Maurer 97])

Wenn eine Klasse B von einer Klasse A erbt und eine Methode m der Klasse A überschreibt, muß die in B definierte Methode m (geschrieben als B::m) für ein Objekt der Klasse B ausgeführt werden, auch wenn die Klasse der Variablen, in der das Objekt gespeichert ist, von der Klasse A ist. Somit ist eine B-Sicht auf ein Objekt der Klasse A notwendig, um es im Programm als B-Objekt verwenden zu können.   ◆

Diese Regel impliziert die dynamische Bindungsregel:

Definition (Dynamische Bindungsregel [Wilhelm, Maurer 97])

Überschreibt eine Klasse B eine Methode ihrer Superklasse A und wird eine Nachricht m an ein Objekt geschickt, dessen Klassenzugehörigkeit zur Übersetzungszeit *nicht* bekannt ist, so muß die Methodenimplementierung zur Laufzeit an das Objekt gebunden werden.   ◆

Re-Definition von Methoden:

Wenn eine Methode

$$m: C_1, C_2,..., C_n \to C$$

einer Klasse A in einer Unterklasse B von A mit Funktionalität

$$m: C_1', C_2',..., C_n' \to C'$$

re-definiert wird, müssen bestimmte Bedingungen zwischen den Funktionalitäten von m in der Klasse A und B gelten. Abhängig von der Programmiersprache findet man verschiedene Lösungsansätze.

Die einfachste Lösung bieten z.B. Object Pascal, C++, Java oder Modula-3. In diesen Sprachen dürfen die Funktionalitäten von Methoden in der Unterklasse *nicht* verändert werden. Man spricht von *invarianter Spezialisierung* (*invariant specialization*).

Diese Art der Spezialisierung ist aber oft nicht ausreichend. Betrachten wir eine Methode deepCopy, die eine tiefe Kopie eines Objekts erzeugt. In Unterklassen wird diese Methode spezialisiert. Insbesondere erwartet man als Ergebnis dieser Methode in der Klasse AddExpr ein Objekt der Klasse AddExpr und nicht von der Klasse Object oder BinExpr, d.h., die Funktionalität der Methode sollte in Unterklassen verfeinert werden können. Dieses Problem kann in Java z.B. durch Typecasts oder Overloading der Methoden gelöst werden. Bei Typkonversionen wird das zurückgegebene Objekt auf den gewünschten Typ gebracht, bevor es weiterverarbeitet wird. In unserem Beispiel deepCopy wird das zurückgelieferte BinExpr-Objekt in ein AddExpr Objekt konvertiert durch (AddExpr)b.deepCopy(). Bei Overloading handelt es sich um eine *neue* Methode und nicht um eine Re-Definition oder ein Überschreiben der Methodenimplementierung.

Um eine saubere statische Typisierung zu erhalten, die außerdem noch flexibel ist, kann die *contravariante* Lösung der Verfeinerung von Methoden verwendet werden (vgl. [Cardelli, Wegner 85; Bruce 96]):

Angenommen, wir haben einen wohlgetypten Kontext $m_1(m_2(c))$, in der die Methode m2 die Funktionalität

$$m_2: C \rightarrow C_1$$

hat und c Instanz der Klasse C ist. m_1 erhält als Argument ein Objekt der Klasse C_1. Um eine Funktion m: $A \rightarrow A_1$ anstelle von m_2 verwenden zu können, muß m Argumente der Klasse C akzeptieren. Aber m akzeptiert Argumente der Klasse A. Somit kann m nur dann angewandt werden, wenn C Unterklasse der Klasse A ist, weil dann c als Objekt der Klasse A aufgefaßt werden kann. Somit ist auch m(c) erlaubt.

Analog erwartet m1 als Ergebnis von m_2 ein Objekt der Klasse C_1. Ist das Ergebnis von m von der Klasse A_1, so muß gelten: A_1 ist Unterklasse von C_1, um die Ausgabe von m als Eingabe für m_1 zu verwenden.

Insgesamt muß gelten:

Eine Methode m: $A \rightarrow B$ kann in einer Unterklasse durch eine Methode m: $A_1 \rightarrow B_1$ verfeinert werden, falls gilt:
A ist Unterklasse von A_1, und B_1 ist Unterklasse von B.

Somit ist die Unterklassenbildung für Parameter-Typen *contravariant*, d.h. anders als eigentlich erwartet, und für Ergebnis-Typen *covariant*, d.h. wie erwartet.

Die *covariante* Lösung, d.h., sowohl die Ergebnis- als auch die Parameter-Typen dürfen Unterklassen sein, erlaubt keine statische Typisierung. Diese muß dann zur Laufzeit erfolgen. Eiffel unterstützt die covariante Lösung.

Darüber hinaus bieten andere Programmiersprachen, z.B. BETA oder BOPL, ausgefeilte Lösungen für die Typabhängigkeiten bei Re-Definitionen an (vgl. [Palsberg, Schwartzbach 94]).

2.2.2 Mehrfachvererbung

Bei unseren bisherigen Betrachtungen erbte eine Klasse genau von *einer* Superklasse. Es kann auch folgende Beziehung zwischen den Instanzen gelten [Goldberg, Robson 83]:

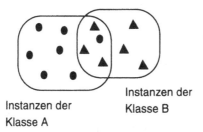

Instanzen der
Klasse B

Instanzen der
Klasse A

Abb. 8. Beispiel Mehrfachvererbung

Das heißt, einige Instanzen der Klasse B sind auch Instanzen der Klasse A und vice versa.

Dieser Fakt kann durch *mehrfache Vererbung* ausgedrückt werden, d.h., Unterklassen können mehrere Klassen als Superklasse besitzen.

Definition (Mehrfachvererbung)

Man spricht von *mehrfacher Vererbung* oder *Mehrfachvererbung* (*multiple inheritance*), wenn eine Klasse von mindestens zwei Klassen erbt und nicht nur von einer Klasse. Die Klassenhierarchien lassen sich bei mehrfacher Vererbung durch gerichtete azyklische Graphen darstellen.   ♦

Mehrfache Vererbung führt zu weiteren Problemen als einfache Vererbung. Diese Mehrdeutigkeiten müssen bei der Sprachdefinition festgelegt werden. Betrachten wir die Klassenhierarchie

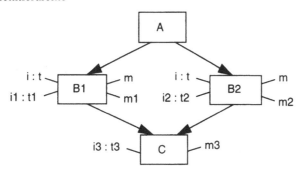

Abb. 9. Probleme der Mehrfachvererbung

so ergeben sich folgende Fragen:

– Auf welche Instanzvariable i wird in der Methode m3 zugegriffen?
– Welche Methodenimplementierung wird bei einer Nachricht m für ein Objekt c der Klasse C ausgeführt: die Methodenimplementierung m von B1, geschrieben als B1::m, oder die Methodenimplementierung m von B2 (B2::m)?

– Enthält die Klasse C die Komponenten der Klasse A doppelt, oder kommen die Instanzvariablen und Methodenimplementierungen der Klasse A nur einmal in der Klasse C vor?

Diese Mehrdeutigkeiten und die daraus resultierenden Probleme werden in einigen objektorientierten Programmiersprachen umgangen, indem auf mehrfache Vererbung komplett verzichtet wird (z.B. Smalltalk).

Andere Programmiersprachen erlauben eingeschränkte mehrfache Vererbung. Beispielsweise setzt Java voraus, daß alle Superklassen, bei mehrfacher Vererbung, abstrakte Klassen (interfaces in Java-Sprechweise) sind, also Klassen ohne Implementierungsteil. In diesem Fall können zwar zwei Klassen die gleiche Schnittstelle definieren, aber die Implementierung erfolgt auf jeden Fall erst in einer konkreten Klasse und somit treten keine Mehrdeutigkeiten auf.

Programmiersprachen mit echter mehrfacher Vererbung bieten zur Lösung der Mehrdeutigkeiten unterschiedliche Lösungen an:

In Self wird dieses Problem durch Prioritäten gelöst. Durch ausgeklügelte Regeln werden den unterschiedlichen Klassen verschiedene Prioritäten zugewiesen. Bei Konflikten wird die Methode ausgeführt, die in der Klasse mit der höchsten Priorität definiert ist. Die Vergabe von Prioritäten impliziert eine Linearisierung der Vererbungshierarchie. Es kann aber trotzdem passieren, daß keine globale totale Ordnung auf den Klassen existiert, d.h. nicht alle Mehrdeutigkeiten gelöst werden. Diese Strategie findet man u.a. in New Flavors, CommonLoops und CLOS.

Andere Programmiersprachen stellen spezielle Konstrukte zur Lösung der Konflikte zur Verfügung. Etwa kann in C++ explizit angegeben werden, welche Methode gemeint ist; z.B. beschreibt A::m die Methode m der Klasse A oder B::m die Methode m der Klasse B. In Eiffel müssen Namenskonflikte explizit durch Umbenennung der Instanzvariablen und Methoden aufgelöst werden.

Auch durch explizite Angabe von Typecasts (Typkonversionen) können Mehrdeutigkeiten aufgelöst werden. Dadurch kann ein Objekt einer Klasse in ein Objekt einer ihrer Superklassen konvertiert werden.

Ein weiteres Problem ergibt sich in unserem Beispiel durch die wiederholte Vererbung der Basisklasse A, die über die Klassen B1 und B2 an die Klasse C vererbt wird.

Es gibt zwei Möglichkeiten:

– Wiederholte Vererbung führt zu *mehrfacher* Instantiierung der Klasse A.
– Wiederholte Vererbung führt zu *einfacher* Instantiierung der Klasse A. Diese Art der Vererbung wird in C++ als *virtuelles Erben* bezeichnet.

Mehrfache Instantiierung,
d.h., C-Objekte enthalten
A Komponenten doppelt

Einfache Instantiierung,
d.h., C-Objekte enthalten
A Komponenten nur einmal

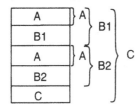 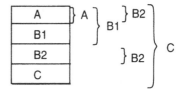

Abhängig vom Kontext können beide Lösungen zu wünschenswerten Ergebnissen führen. Bei mehrfacher Instantiierung der Klasse A gibt es zwei A-Teilobjekte in einem C-Objekt. Deshalb können auf ein C-Objekt zwei A-Sichten definiert werden. Dieses Problem der Sichten läßt sich mit den vorgestellten Lösungen bewältigen.

Betrachten wir wieder unser Interpreter-Beispiel. Dieser wird erweitert, so daß er zusätzlich Code für die Auswertung der Ausdrücke liefert. Eine Erweiterung der bisherigen (Teil-)Klassenhierarchie könnte folgendermaßen aussehen:

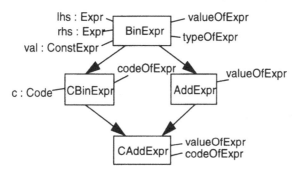

Hierbei erbt CAddExpr die Klasse BinExpr zweimal, über die Klassen CBinExpr und AddExpr. Die Instanzvariablen der Klasse BinExpr sollen nur einmal in der Klasse CAddExpr enthalten sein. Soll dagegen ein neuer Ausdruck definiert werden, dessen Semantik das Produkt eines Additions- und eines Subtraktionsausdrucks ist, so möchte man eine doppelte Instantiierung haben. Die dazugehörige Klassenhierarchie könnte definiert werden als:

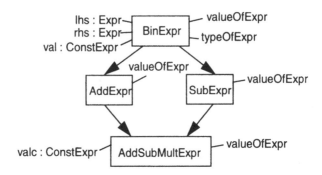

Dann dürfen die Instanzvariablen sowohl über AddExpr als auch über SubExpr geerbt werden, denn es muß Speicherplatz für den Additions- und Subtraktionsausdrucks zur Verfügung stehen. Außerdem können die Werte der beiden Teilausdrük-
ke sowie des gesamten Ausdrucks gespeichert werden.

Zu beachten ist, daß bei mehrfacher Instantiierung alle Methoden neu definiert
werden müssen, um auf die „richtigen" Instanzvariablen, d.h. auf die Instanzvariablen der gewünschten Klassen, zugreifen zu können.

2.2.3 Dynamische Vererbung

Dynamische Vererbung erlaubt Objekten, ihr Verhalten und ihren Zustand über die
Laufzeit hinweg zu verändern, d.h., eine Instanz der Klasse A kann zur Laufzeit zu
einer Instanz der Klasse B konvertieren, wobei die beiden Klassen nicht in einer Su-
perklassen-Unterklassen-Relation stehen (vgl. z.B. [Bruce 96; Coplien 92]). Somit
kann ein Objekt auf eine Nachricht zu unterschiedlichen Zeitpunkten der Abarbeitung unterschiedlich reagieren. Dynamische Vererbung findet man hauptsächlich in
prototypbasierten Programmiersprachen, da die klassenbasierten Programmiersprachen meistens von einer statischen Klassenhierarchie ausgehen. Statische Klassenhierarchie heißt, daß zur Übersetzungszeit die Klassenhierarchie festgelegt und zur
Laufzeit des Programms nicht geändert werden kann. Da Superklassen die Instanzvariablen und Methoden von Objekten festlegen, führt eine Änderung der Superklasse auch zu einer Änderung dieser Komponenten eines Objekts. Das heißt, dynamisches Vererben erlaubt das Hinzufügen, Löschen und Ändern von Teilen der Superklasse des Objekts zur Laufzeit. Zum Beispiel erlauben Actors, CLOS und Self
dynamische Vererbung.

2.3 Kapselung

In objektorientierten Programmen sollte der Zugriff auf Instanzvariablen nur innerhalb des Objekts bzw. über Methoden möglich sein. Dieses Konzept bezeichnet
man als *Kapselung* (*encapsulation*) oder *Geheimhaltung* (*information hiding*). Unter *Geheimhaltung* versteht man die Möglichkeit, auf den Zustand eines Objekts nur

mit Hilfe von Methoden zuzugreifen und nicht direkt. Das heißt der Zustand eines Objekts ist nicht nach außen sichtbar.

Somit kann die eigentliche Implementierung des Objekts, d.h. die Instanzvariablen und die Methodenimplementierungen, vor den Benutzern des Objekts verborgen werden. Insbesondere kann die Implementierung der Methoden geändert werden, ohne daß ein Programmierer sein Programm ändern muß. Dies gilt natürlich nur, wenn die Semantik der Methode erhalten bleibt.

Die Vorteile der Kapselung sind nach [Meyer 88]:

– *Modularität* (*modularity*):
  Klassen, deren Instanzvariablen und Methodenimplementierung nicht nach außen sichtbar sind, können zusammen mit den anderen Klassen entwickelt werden, da nur ihre Schnittstelle fest vorgegeben und benutzt wird.
– *Wartung* (*maintenance*):
  Die Implementierung kann verbessert werden, d.h., es können entweder Optimierung durchgeführt oder Fehler beseitigt werden, ohne daß der Benutzer es wissen muß.
– *Geheimhaltung* (*information hiding*):
  Der Informationsaustausch findet nur über bestimmte nach außen sichtbare Methoden statt, wobei Implementierungsentscheidungen dem Benutzer der Methode verborgen bleiben.
– *Sicherheit* (*security*):
  Invarianten der Klasse können somit durch externe Zugriffe *nicht* verletzt werden.

Man unterscheidet folgende Arten der Kapselung:

– *objektbasierte* (*object-based*) Kapselung: Es kann nur auf private Komponenten (Instanzvariablen und Methoden) des Empfängers zugegriffen werden, z.B. Smalltalk, Trellis/Owl und Eiffel.
– *klassenbasierte* (*class-based*) Kapselung: Der Zugriff auf die privaten Komponenten eines Objekts einer Klasse C ist allen Objekten der Klasse C erlaubt.

Die meisten objektorientierten Sprachen besitzen Konstrukte, um diese strenge Kapselung aufzuweichen. Mögliche Zugriffsrechte sind dabei:

– *public*, d.h., Objekte aller Klassen dürfen auf die Komponenten zugreifen,
– *private*, d.h., Objekte derselben Klasse dürfen zugreifen,
– *protected*, d.h., Objekte der Unterklassen dürfen zugreifen,
– *friend*, d.h., Objekte ausgezeichneter Klassen dürfen zugreifen.

Oft kann man auch noch angeben, wie man auf welche Klasse zugreifen darf:

– *sichtbar* (*visible*), d.h., bestimmte Komponenten sind nach außen sichtbar,
– *schreibbar* (*writable*), d.h., auf bestimmte Komponenten hat man lesenden und schreibenden Zugriff,
– *lesbar* (*readable*), d.h., auf bestimmte Instanzvariablen hat man nur lesenden Zugriff,
– *aufrufbar* (*callable*), d.h., bestimmte Methoden dürfen aufgerufen werden.

– Übersetzungsmäßig stellen die Zugriffsrechte kein Problem dar, da es sich um Sichtbarkeitsregeln im Sinne der Übersetzung imperativer Programmiersprachen handelt. Eventuell müssen zur Laufzeit dynamische Überprüfungen durchgeführt werden. Deswegen werden wir sie in diesem Buch nicht näher betrachten. Für den Software-Engineering-Prozeß sind sie sehr wichtig, da damit verschiedene Sichten bzw. Abstraktionsebenen einer Klasse erzielt werden können.

Simula und ObjectPascal bieten keine Möglichkeiten der Kapselung an. Java und C++ unterstützen public, private und protected. In Eiffel können ausgezeichnete Komponenten exportiert werden, und in Smalltalk sind Instanzvariablen außerhalb einer Klasse unsichtbar. Methoden dürfen dagegen von allen benutzt werden.

2.4 Parametrisierung und generische Datentypen

In imperativen typisierten Sprachen wie Pascal oder C besitzen Funktionen, Prozeduren, Variablen und Ausdrücke genau einen Typ. Man spricht von monomorphen Sprachen. In polymorphen Sprachen dürfen Argumente und Ergebnisse mehr als einen Typ besitzen.

Beim Implementieren größerer Programmpakete müssen oft die gleichen Funktionen und Prozeduren für verschiedene Datentypen implementiert werden. Häufig unterscheiden sich diese Funktionen bzw. Prozeduren nur in den Typen der Argumente oder im Ergebnisparameter. Typische Beispiele sind Container-Datentypen wie Listen, Mengen oder Bäume, die sich nur im Typ des Inhalts unterscheiden. Dieses Problem wird in imperativen Programmiersprachen oft durch Kopieren und Ändern existierenden Codes gelöst. Dies führt dazu, daß Fehler, die in solchen Modulen gefunden werden, nicht an allen Stellen im Programm verbessert werden.

Abhilfe schafft das Konzept der *Parametrisierung* bzw. der *generischen Datentypen*. Parametrisierung erlaubt es, Datentypen zu definieren, die mit verschiedenen Typen instantiiert werden können. Das heißt, die Implementierung ist von der Programmierersicht aus für alle Instanzen dieselbe. Wie die Implementierung konkret aussieht, lernen wir im Übersetzungskapitel kennen. Wir werden in Analogie zu Funktionen und Prozeduren von *formalen* und *aktuellen Parametern* sprechen.

Parametrisierung ist nicht nur ein Konzept der objektorientierten Sprachen, sondern wird auch häufig in funktionalen Programmiersprachen verwendet. Objektorientierte Sprachen erlauben aber wegen ihres Klassenkonzepts (ähnlich wie signatures in SML), nicht nur generische Datentypen mit einem bestimmten Typ zu instantiieren, sondern darüber hinaus auch Funktionen auf den generischen Datentypen zu definieren.

[Meyer 86] unterscheidet verschiedene Arten der Parametrisierung:

– *explizite Parametrisierung*: Es wird explizit angegeben, daß es sich um einen parametrisierten Datentypen oder eine parametrisierte Funktion handelt, z.B. templates in C++.

– *implizite Parametrisierung*: Es wird vom System festgestellt, daß eine Funktion auf „allen" möglichen Typen arbeiten kann, z.B. SML/Gofer mit Typvariablen, die vom System bei der Typisierung erzeugt werden.

Wir beschränken uns in diesen Ausführungen auf die explizite Parametrisierung, da die implizite Parametrisierung meist in funktionalen Programmiersprachen vorkommt. Die explizite Parametrisierung kann wiederum in zwei Arten zerlegt werden.

Es wird ein Datentyp als Parameter angegeben, über den keine Aussagen bzgl. der Funktionalität dieses Datentyps gemacht werden. Für den aktuellen Parameter können auch bestimmte Restriktionen gelten. In diesem Fall kann angegeben werden, welche Methoden dieser Datentyp als Schnittstelle unterstützen muß. Unsere Ausführungen zu Parametrisierungskonzepten für Java orientieren sich an [Odersky, Wadler 97]. Ein typisches Beispiel sind geordnete parametrisierte Datentypen, bei denen die <-Relation auf dem aktuellen Parameter-Datentyp definiert sein muß. Eine Ordnungsrelation muß dabei mindestens folgende Schnittstelle unterstützen:

```
interface Ord<elem> {
  boolean less(elem o);
}
```

Die Klasse Ord ist parametrisiert mit einem Datentyp elem, für den keine Einschränkungen gelten. Dagegen ist die nachfolgende Klasse Pair so parametrisiert, daß der formale Parameter der abstrakten Klasse Ord<elem> genügen muß. Man spricht dann von *Parameterrestriktion*. Die Klasse Pair darf mit Klassen instantiiert werden, die eine Funktion less von geeigneter Funktionalität implementieren.

```
class Pair<elem implements Ord<elem>> {
// Instanzvariablen
  elem x, y;

// Methoden
  Pair(elem x, elem y) {
    this.x = x;
    this.y = y;
  }

  elem min() {
    if (x.less(y))
      return(x);
    else
      return(y);
  }
}
```

Diese Klasse Pair kann mit der Klasse OrdInt, definiert als

```
class OrdInt implements Ord<OrdInt> {
  // Instanzvariablen
  int i;

  // Methoden
  OrdInt(int iv) {
    i = iv;
  }

  int value() {
    return(i);
  }

  boolean less(OrdInt o) {
    return(i < o.value());
  }
}
```

instantiiert werden. Die Notation **class** OrdInt **implements** Ord<OrdInt> bedeutet, daß OrdInt eine Implementierung der abstrakten Klasse Ord<elem> ist, wobei OrdInt für den formalen Parameter elem als aktueller Parameter verwendet wird. Die Klasse könnte folgendermaßen instantiiert werden:

Pair<OrdInt> p = **new** Pair(**new** OrdInt(22), **new** OrdInt(55));

Es wird eine Variable p definiert, die ein Objekt der instantiierten parametrisierten Klasse aufnehmen kann.

Definition (generischer Datentyp)

Eine generische Klasse ist ein Prototyp für eine Klasse, eine Meta-Klasse, mit formalen Parametern. Durch Instantiierung einer generischen Klasse erhält man eine neue Klassendefinition. Die Instantiierung erfolgt durch Angabe von aktuellen Parametern für die formalen Parameter. Bestehen formale Parameterrestriktionen, müssen die aktuellen Parameter diese Restriktionen erfüllen.   ♦

Es gibt zwei Implementierungssichten auf generische Datentypen:

- *Kopier-Sicht:* Der generische Datentyp wird kopiert, und die formalen Parameter werden durch die aktuellen Parameter ersetzt. Man kann dies als automatisches Kopieren und Ändern bezeichnen.
- *Generische Sicht:* Für den generischen Datentyp wird einmal Code erzeugt. Jede Instantiierung dieses Datentyps arbeitet mit den gleichen Methodenimplementierungen.

In Java gibt es keine generischen Klassen. Die vorgestellten parametrisierten Klassen stellen eine mögliche Erweiterung von Java dar. C++ unterstützt templates, wobei die Kopier-Sicht Anwendung findet. Eiffel und Sather erlauben Parameterrestriktionen.

In unserem Beispiel hat man mehrere binäre Operationen sowie die Standard-Datentypen Float und Integer. Betrachtet man die Unterschiede, so stellt man fest, daß sich die binären Operationen unterscheiden

- im Klassennamen,
- in der Art der Operation und
- in der Berechnung des Wertes eines Ausdrucks,

aber

- die Funktionalität der Methoden und
- die Anzahl, der Name und der Typ der Instanzvariablen

bleiben gleich. Bei konstanten Ausdrücken ändert sich

- der Typ der Instanzvariablen und
- der Ergebniswert von value und typeOfExpr.

Diese beiden Gruppen von Ausdrücken können parametrisiert werden:

```
class BinOpExpr<Op> {                 class ConstExpr<Type> {
  ... wie gehabt ...                    Type const;
  Expr valueOfExpr() {                }
  ... computeValue(...);
  }
}
```

```
class IntExpr = ConstExpr<int>;
class FloatExpr = ConstExpr<float>;
```

Die Klasse BinExpr wird mit einer Klasse Op parametrisiert, die eine Funktion computeValue zur Berechnung des Wertes eines binären Additions- und Subtraktionsausdrucks enthält.

Neben der Parametrisierung von Klassen-Definitionen unterstützen objektorientierte Sprachen auch die Parametrisierung von Methoden:

```
void switch(T p1, T p2) {
T h;
h = p1;
p1 = p2;
p2 = h;
}
```

Diese Funktion führt zur Vertauschung zweier Variablen beliebigen Typs.

2.5 Parametrisierung versus Vererbung

In diesem Abschnitt wollen wir die Frage untersuchen: Kann man Parametrisierung durch Vererbung ausdrücken und vice versa? Diese Frage wird auch in [Meyer 86] behandelt.

Als Beispiel betrachten wir die Implementierung von parametrisierten Listen mittels Vererbung. Jedes Objekt einer Unterklasse ist Instanz seiner Superklassen. Deswegen können Listen über Objekten der „allgemeinsten" Klasse und alle Listenobjekte als Unterklassen dieser allgemeinsten Klasse definiert werden. Man definiert z.B. eine Basisklasse ListObject und leitet die gewünschten Klassen ab:

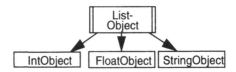

Die Klassendefinition für Listen sieht dann wie folgt aus:

```
class List {
    // Instanzvariablen
    ListObject o;
    List next;

    // Methoden
    ListObject first() { ... }
    void append(ListObject lo) {
        ...
    }
}
```

Diese Art der Parametrisierung ist aber nicht so mächtig wie die im vorherigen Abschnitt vorgestellte echte Parametrisierung. Bei der Betrachtung der Typisierung stellt man fest: Eine Zuweisung x = y ist typkorrekt, falls die Klasse von y Unterklasse der Klasse von x ist. Somit ist es möglich, der Instanzvariablen o einen Wert vom Typ IntObject zuzuweisen. Hierbei tritt bereits die erste Schwierigkeit auf. Möchte man die Klasse List mit den Werten vordefinierter Datentypen, wie int oder float, füllen, müssen diese als Klassen realisiert werden, da auf Standard-Datentypen meistens keine Vererbungshierarchie definiert ist. Das heißt, es wird eine eigene Klasse definiert, die eine Instanzvariable vom Typ int bzw. float enthält, und eine Methode, die den Wert der Instanzvariablen zurückliefert (ähnlich der Klasse IntExpr).

Diese Lösung hat aber einen weiteren Haken. Mit dieser Definition ist es erlaubt, gemischte Listen zu erzeugen, d.h., eine Liste kann als Elemente Instanzen der Klassen IntObject, FloatObject und StringObject enthalten. Um dies zu vermeiden, muß von der Klassenimplementierung sichergestellt werden, daß alle Listenelemente Instanzen der gleichen Klasse sind.

Ein anderes Problem tritt auf, wenn man eine Liste von Integer-Zahlen bildet und die Elemente wieder aus der Liste ausliest. Betrachten wir folgendes Programmstück:

```
...
IntObject i;
```

```
List l;
...
i = l.first();
...
```

Die Methode first liefert ein Objekt der Klasse ListObject. Die Variable i wurde aber vom Typ IntObject definiert, da man weiß, daß es sich um eine Liste von Objekten der Klasse IntObject handelt. Der Compiler entdeckt an dieser Stelle einen Typfehler, da er annimmt, daß auch Instanzen der Klasse FloatObject und StringObject zurückgeliefert werden könnten. Dieses Problem kann man durch Typkonversion in den Griff bekommen. Das Ergebnis der Methode first muß zur Laufzeit in ein Objekt der Klasse IntObject umgewandelt werden:

```
...
i = (IntObject)l.first();
...
```

Klappt diese Typkonvertierung nicht, tritt ein Laufzeitfehler auf.

Somit ist es in einem gewissen Sinne möglich, Parametrisierung durch Vererbung mit den oben beschriebenen Problemen auszudrücken.

2.6 Polymorphismus

Unter *Polymorphismus* versteht man in objektorientierten Programmiersprachen die Fähigkeit, daß die gleiche Nachricht, wenn sie an unterschiedliche Objekte gesandt wird, unterschiedliche Ergebnisse liefern kann. Um dieses Konzept voll ausnützen zu können ist dynamisches Binden erforderlich, d.h. zur Laufzeit des Programms wird die Methodenimplementierung an eine Nachricht gebunden.

[Cardelli, Wegner 85] treffen folgende Unterscheidung, die die verschiedenen Arten von Polymorphismus gut charakterisiert:

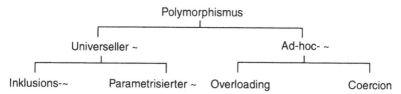

Universeller Polymorphismus zeichnet sich dadurch aus, daß die Implementierung einer Operation mit unterschiedlichen (evtl. unendlich vielen verschiedenen) Typen arbeitet. Beim *Inklusions-Polymorphismus* oder *Subklassen-Polymorphismus* kann eine Operation mit unterschiedlichen Typen arbeiten. Diese Typen müssen aber in einer Superklassen-Unterklassen-Beziehung stehen. Diese Art des Polymorphismus findet bei Vererbung ohne Re-Implementierung Verwendung. In unserem Beispiel kann eine Variable a vom Typ AddExpr definiert werden und trotzdem ist ein Methodenaufruf der Form a.typeOfExpr() erlaubt, da die Methode in der Superklasse definiert ist. Beim *parametrisierten Polymorphismus* arbeitet eine Operation mit unterschiedlichen Typen. Der jeweils aktuelle Typ wird über einen (impliziten oder expliziten) Typparameter der Operation übergeben, z.B. parametrisierte Klassen mit explizitem Parameter:

```
class OrdIntPair = Pair<OrdInt>;
```

(vgl. Parametrisierung in Abschnitt 2.4)

Beim *Ad-hoc-Polymorphismus* hat man verschiedene Implementierungen für gleichnamige Operationen, die damit auf unterschiedlichen (aber immer endlich vielen verschiedenen) Typen arbeiten können. Dabei arbeitet eine Methodenimplementierung mit genau einem Typ, oder die Typen werden konvertiert. Bezeichnet derselbe Name unterschiedliche (typspezifische) Implementierungen einer Operation, spricht man von *Overloading*. Zwischen den unterschiedlichen Implementierungen muß keine semantische Beziehung bestehen. In einer typisierten Umgebung können bereits zur Übersetzungszeit die Namen an die richtige Implementierung gebunden werden, z.B. wird bei 3 + 5 die interne Integer-Addition und bei 3.0 + 5.0 die interne Float-Addition ausgeführt. Neben Operationen können auch zwei Methoden mit gleichem Namen, aber unterschiedlichen Parameter-Typen definiert sein, etwa Methoden AddAndMult: int, int → int und AddAndMult: float, float → float. Der Methodenaufruf AddAndMult(3, 5) ruft die erste und AddAndMult(3.0, 5.0) die zweite Methodenimplementierung auf. Overloading findet man oft bei Konstruktoren, um Objekte standardmäßig und individuell zu initialisieren, z.B.

```
class BinExpr {
    ...
    BinExpr() {
    }

    BinExpr(Expr lhsExpr, Expr rhsExpr) {
        lhs = lhsExpr;
        rhs = rhsExpr;
    }
    ...
}
```

Bei Methodenoverloading muß entweder die Anzahl der Parameter und/oder der Typ der Parameter verschieden sein, damit die richtige Implementierung ausgewählt werden kann. Man spricht von *Coercion*, wenn ein Argument in den passenden Argumenttyp einer Operation umgewandelt und dann diese Operation ausgeführt wird. Zum Beispiel kann ein Ausdruck 3 + 5.0 umgewandelt werden zu 3.0 + 5.0, und dann können die beiden reellen Zahlen addiert werden.

3 Übersetzung objektorientierter Konzepte und abstrakte Maschinen

In diesem Kapitel beschäftigen wir uns mit der Übersetzung der vorgestellten objektorientierten Konzepte sowie mit den dynamischen Aspekten objektorientierter Programmiersprachen. Wir untersuchen die Philosophie abstrakter Maschinen, da die Übersetzung oft in abstraktem Zwischencode erfolgt, d. h. in Programmcode für abstrakte Maschinen. Auf diesem Code der abstrakten Maschine werden anschliessend Optimierungen durchgeführt.

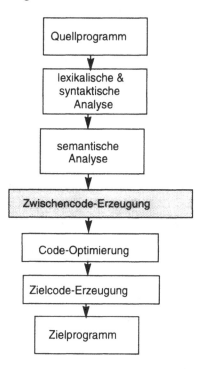

Abb. 10. Zwischencode-Erzeugung

In objektorientierten Programmiersprachen muß noch stärker als bei imperativen Programmiersprachen zwischen statischen und dynamischen Aspekten unterschieden werden.

Zur Übersetzungszeit sind in den meisten objektorientierten Sprachen die Klassenhierarchie (Voraussetzung: statische Klassenhierarchie), die Struktur der Objekte und die Methodenimplementierung der Klassen festgelegt. Die konkreten Objekte werden zur Laufzeit im Speicher erzeugt und die konkreten Methodenimplementierungen werden bestimmt. Für die statischen Informationen kann Code erzeugt werden, der diese Daten auf abstrakter oder konkreter Maschinenebene repräsentiert. Code für die dynamischen Daten kann nicht direkt generiert werden, da die notwendigen Daten erst zur Laufzeit vorliegen. Deswegen wird Code erzeugt, der abhängig von dynamischen Informationen diese verarbeiten kann.

Wiederholen wir noch einmal die verschiedenen Phasen des Übersetzungsvorganges, um zu sehen, wo sich die Zwischencode-Erzeugung befindet (siehe Abb. 10).

Im ersten Unterabschnitt diskutieren wir zunächst eine lose Übersetzung auf eine abstrakte Maschine, die die Realisierung der objektorientierten Konzepte weitgehend der Maschine überläßt.

Im Anschluß lernen wir Verfeinerungen dieser abstrakten Maschine kennen, nämlich die abstrakte Maschine von Smalltalk-80 und die virtuelle Java-Maschine (*Java virtual Machine*, JVM), sowie die Übersetzung auf beide Maschinen.

Als Beispiel für die effiziente Übersetzung hybrider objektorientierter Programmiersprachen wird die Übersetzung von C++ betrachtet, die Methodenaufrufe als indirekte Funktionsaufrufe implementiert.

3.1 Lose Übersetzung

Die in diesem Abschnitt vorgestellte lose Übersetzungstechnik[5], sowie die abstrakte Maschine AM wurden im Rahmen des Übersetzerbau-Praktikums am Institut für Informatik der Technischen Universität München entwickelt [Höllerer, Eickel 95, 96]. Im Praktikum wurde ein Übersetzer mit Hilfe des MAX-Systems [Poetzsch-Heffter, Eisenbarth 93] spezifiziert und generiert, der Programme der Programmiersprache BOPL (**B**asic **O**bject **P**rogramming **L**anguage) in Code für die abstrakte Maschine AM übersetzt (Mustercompiler für das Praktikum siehe [Huber, Werner 96]). Um den abstrakten Maschinencode ausführen zu können, wurde ein Interpreter für diese abstrakte Maschine ebenfalls mit dem MAX-System spezifiziert und erzeugt [Huber et al. 95]. Die Programmiersprache BOPL wurde an der Universität Århus in Dänemark konzipiert und wird in Lehrveranstaltungen über objektorientierte Programmierung verwendet [Palsberg, Schwartzbach 94]. Eine Einführung in den Übersetzergenerator MAX wird in Kap. 10 gegeben.

Dieser Abschnitt beschreibt die Übersetzung auf die abstrakte Maschine AM. Diese Maschine ist genau auf die Eigenschaften objektorientierter Programmiersprachen abgestimmt. Sie ermöglicht eine einfache Übersetzung objektorientierter

---

[5] Wir verwenden hier den Begriff „lose" wie er auch im Bereich der Spezifikationstechniken verwendet wird. In diesem Bereich bedeutet dieser Begriff, daß noch nicht alle Eigenschaften eines Systems spezifiziert wurden und somit die Spezifikation noch Designentscheidungen zuläßt.

Programme und bietet gleichzeitig die Möglichkeit, den erhaltenen Zwischencode auf viele reale Maschinen weiterzuübersetzen. Die abstrakte Maschine ist geeignet für die Implementierung objektorientierter Programmiersprachen mit statischer Klassenhierarchie, d. h., die Klassenhierarchie wird zur Übersetzungszeit festgelegt und bleibt während der Laufzeit des Programms unverändert. Sie unterstützt sowohl statisch als auch dynamisch typisierte Sprachen. Somit kann sowohl die Sprache Java, die statisch typisiert ist[6], als auch die Sprache BOPL, die dynamisch typisiert ist, auf diese Maschine übersetzt werden. Wir beschränken uns in diesem Abschnitt auf Einfachvererbung. Die Übersetzung und die abstrakte Maschine können auf Mehrfachvererbung erweitert werden.

Die abstrakte Maschine AM verbirgt die meisten Details der Übersetzung auf eine reale Maschine. Zum Beispiel wird nicht festgelegt, wie die Klassenhierarchie oder Objekte tatsächlich realisiert werden. Allerdings wird das Konzept der Klassendeskriptoren unterstützt. Ein Klassendeskriptor enthält Informationen über die Klassendefinition, z. B. Anzahl und Typ der Instanzvariablen, die in ihr definierten Methoden und den Namen einer eventuell vorhandenen Superklasse.

Die abstrakte Maschine AM beschreibt außerdem in einem gewissen Sinne die operationelle Semantik objektorientierter Programmiersprachen. Deswegen geben wir am Ende dieses Abschnitts eine semi-formale Semantikbeschreibung dieser Maschine an.

3.1.1 Abstrakte Maschine AM

In diesem Abschnitt beschäftigen wir uns zunächst mit der abstrakten Maschine AM, im Detail mit ihrer Laufzeitumgebung, ihren Befehlen und Adressierungsarten.

3.1.1.1 Laufzeitumgebung der abstrakten Maschine AM

Die Laufzeitumgebung der abstrakten Maschine AM besteht aus den Komponenten

- Befehlsinterpreter,
- Programmspeicher,
- Keller (Stack) und
- Halde (Heap).

Graphisch lassen sich die einzelnen Komponenten und ihre Zusammenhänge wie folgt darstellen:

---

[6] Beachte, daß Java auch zur Laufzeit die Einhaltung der Zugriffsrechte überprüft, aber keine direkte Typisierung zur Laufzeit stattfindet!

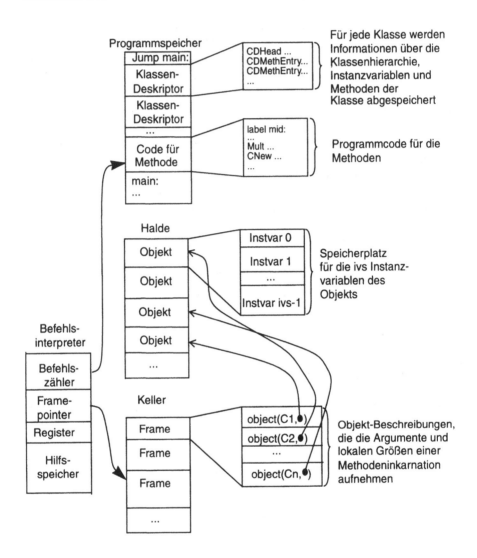

Abb. 11. Laufzeitumgebung der abstrakten Maschine AM

Der Befehlsinterpreter arbeitet die Befehle, beginnend mit dem ersten, im Programmspeicher ab. Er besitzt

– einen Befehlszähler, der auf den aktuellen Befehl im Programmspeicher zeigt,
– einen Framepointer, der den Frame der aktuellen Methodeninkarnation auf dem Stack markiert,
– eine beliebig große Anzahl frei benutzbarer Register sowie
– einen Hilfspeicher für interne Informationen und zur Sicherung der Register.

Der *Programmspeicher* enthält eine Liste von Befehlen, die im üblichen Befehlszyklus ausgeführt werden. Er ist aufgespalten in zwei Teile: Der erste Teil des Programmspeichers enthält die *Klassendeskriptoren*. Ein Klassendeskriptor enthält den Klassennamen, den Namen der Superklasse, die Anzahl der Instanzvariablen und der Methoden sowie für jede Methode ein Tupel, bestehend aus dem Methodennamen und dem Sprunglabel, an dem die Methodenimplementierung steht. Der zweite Teil enthält den Code der *Methodenimplementierungen*, beginnend mit dem Label aus dem Klassendeskriptor.

Der *Keller* ist in Zellen organisiert, die jeweils eine *Objektbeschreibung* aufnehmen können. Die Zellen sind alle gleich groß, da nur Integer-Werte, Boolesche Werte und Referenzen auf Objekte abgelegt werden, die den gleichen Speicherplatzbedarf haben. Eine Objektbeschreibung ist ein Tupel object(C, adr), bestehend aus dem Klassennamen C und einem Verweis (Adresse) adr auf die Stelle im Heap, an der das Objekt steht. Die vordefinierten Datentypen Integer und Boolean werden durch object(Integer, i) bei einem Integer-Wert i und durch object(Bool, b) bei einem Booleschen Wert b repräsentiert. Der Stack dient zur Speicherung der Frames mit den Argumenten und lokalen Größen einer Methodeninkarnation.

Auf der *Halde* werden Objekte als Records der Instanzvariablen gespeichert.

3.1.1.2 Befehle der abstrakten Maschine AM

Wir werden uns in diesem Abschnitt mit dem kompletten Befehlsvorrat der abstrakten Maschine AM beschäftigen.

Eine AM-Instruktion oder ein AM-Befehl besteht aus einem Schlüsselwort gefolgt von Parametern, die durch Kommata voneinander getrennt werden. Parameter dürfen auch fehlen. Ein Operand kann das Empfängerobjekt, eine lokale Größe, eine Instanzvariable, ein Register, eine Konstante, das oberste Element des Stacks oder ein Bedingungs-Code (z. B. größer als) sein. Die Instruktionen der abstrakten Maschine gliedern sich in Befehle, die objektorientierte Konzepte unterstützen, und in Befehle, die auch in Maschinen imperativer Programmiersprachen Verwendung finden.

Folgende Befehle mit einer knappen Beschreibung ihrer Semantik wurden für objektorientierte Konzepte entwickelt (eine semi-formale Semantik wird im nächsten Abschnitt gegeben):

MBegin n, m

kennzeichnet den Methodenanfang, wobei die Methode n Register und m lokale Variablen benötigt. Diese beiden Größen werden vom Übersetzer durch Analyse des Methodenrumpfes bestimmt.

Der aktuelle Zustand des Befehlsinterpreters wird gespeichert. Insbesondere werden die ersten n Register, die von der Methode verwendet werden, im internen Hilfsspeicher gesichert. Der Frame-Pointer wird auf das zuletzt übergebene Argument gesetzt, oder, falls keine Argumente übergeben werden, auf die Ergebniszelle. Außerdem wird Speicherplatz für m lokale Variablen auf dem Stack reserviert.

MEnd

kennzeichnet das Methodenende, wobei der bei **MBegin** gespeicherte Zustand des Befehlsinterpreters wiederhergestellt wird. Das heißt den Registern werden die alten Registerwerte wieder zugewiesen, der Speicherplatz für die lokalen Variablen wird freigegeben, der Befehlszähler auf den ersten Befehl nach dem Methodenaufruf und der Framepointer auf den aufrufenden Frame gesetzt.

MSend rcv, mid, args

sendet die Nachricht mid an das Objekt rcv (Empfänger (receiver) der Nachricht) mit Angabe der Anzahl der vorher übergebenen Argumente args. Die Klasse des Objekts ist bekannt, da die Objektbeschreibung sowohl die Klasse des Objekts als auch den Verweis auf den Speicherplatz der Instanzvariablen auf dem Heap enthält. Die Methode mid wird zuerst im Klassendeskriptor des Empfängerobjekts gesucht. Falls sie im Klassendeskriptor des Objekts nicht gefunden wird, wird der Reihe nach in den Deskriptoren der Superklassen gesucht. Die so gewonnene Marke wird angesprungen. Das Programm wird mit einem Laufzeitfehler abgebrochen, falls rcv keine passende Methode implementiert, d. h., falls die Basisklasse erreicht wird und diese Klasse ebenfalls die Methode mid nicht implementiert.

MCall rcv, label, args

hat dieselbe Semantik wie **MSend**, nur die Ansprungmarke label der Methode ist bereits zur Übersetzungszeit bekannt und muß nicht erst (zur Laufzeit) dynamisch bestimmt werden.

instanceof o, cid

überprüft, ob die Objektbeschreibung von o eine Instanz der Klasse cid repräsentiert. Im Fall cid = null, Integer bzw. Bool wird überprüft, ob o null ein Integer-Objekt bzw. ein Boole-Objekt ist. Der Befehl setzt die Bedingungs-Flags EQ und NEQ, abhängig davon, ob es sich um eine echte Instanz der Klasse cid handelt oder nicht (Instanzen einer Unterklasse sind nicht erlaubt). Die Flags werden bei den Befehlen **JTrue**, **JFalse** verwendet.

CNew cid

legt Speicherplatz für die Instanzvariablen eines neuen Objekts der Klasse cid auf dem Heap an und initialisiert sie mit **null**. Die Objektbeschreibung des neuen Objekts wird als oberstes Element auf dem Stack abgelegt, das mit **StackTop** adressiert werden kann.

ONew o

wie **New**, aber es wird ein neues Objekt der Klasse des Operanden o erzeugt.

CDHead cid, sid, ivs, ms

ist Kopf des Klassendeskriptors der Klasse cid mit Superklasse sid (bzw. **null**, falls keine Superklasse existiert), mit ivs Instanzvariablen und mit ms Methoden. Im Anschluß an diesen Befehl folgen die ms Methodeneinträge der Methoden dieser Klasse.

CDMethEntry mid, label

ist ein Methodeneintrag in einem Klassendeskriptor. Die Methode hat den Namen mid, und der Code des Methodenrumpfes beginnt bei der Marke label.
Befehle, die man in den meisten abstrakten Maschinen findet, sind:

MainBegin n, m

kennzeichnet den Beginn des Hauptprogramms. Es werden n Register (Register 0 bis n-1) und m lokale Variablen verwendet. Diese beiden Größen werden durch Analyse des Programms bestimmt.

MainEnd

kennzeichnet das Ende des Hauptprogramms. Die Befehlsausführung wird automatisch angehalten. Somit braucht kein expliziter **Halt**-Befehl abgesetzt werden.

Halt

beendet die Programmausführung.

MArgChk n

überprüft, ob die momentane Methode mit n Argumenten aufgerufen wurde. Falls nicht, wird die Programmausführung mit einem Laufzeitfehler beendet.

label:

eine Marke mit Namen label.

NPop n

Es werden n Stack-Zellen gepoppt.

JTrue op, label

springt zur Marke label, falls der Wert des Operanden op den Wert true hat.

JFalse op, label

springt zur Marke label, falls der Wert des Operanden op den Wert false hat.

Jump label

unbedingter Sprung zur Marke label.

-- Kommentar

kennzeichnet einen Kommentar im abstrakten Maschinencode, der bis zum Zeilenende geht.

Move op, zop
zop := op
Add   op1, op2, zop
zop := op2 + op1
Sub   op1, op2, zop
zop := op2 - op1
Mult   op1, op2, zop
zop := op2 * op1
Div   op1, op2, zop
zop := op2 / op1
And   op1, op2, zop
zop := op2 ∧ op1
Or   op1, op2, zop
zop := op2 ∨ op1
Not   op1, zbop
zop := ¬ op1

Less   op1, op2, zbop
zbop := op1 < op2
LessEq   op1, op2, zbop
zbop := op1 ≤ op2
Equal   op1, op2, zbop
zbop := op1 = op2
NotEqual   op1, op2, zbop
zbop := op1 ≠ op2
GreaterEq   op1, op2, zbop
zbop := op1 ≥ op2
Greater   op1, op2, zbop
zbop := op1 > op2

Die Quelloperanden op1 und op2 dürfen aus fix ∪ { c }, op aus fix ∪ { This, c } und die Zieloperanden zop aus fix und die booleschen Zieloperanden zbop aus fix ∪ { GT, GE, LT, LE, EQ, NEQ } sein, mit fix = { **Loc** i, **InstVar** i, **Reg** i, **StackTop, TopOfStack** }.
Die Reihenfolge, mit der auf die Operanden zugegriffen wird, ist:
op1, op2 und zbop bzw. zop.

WriteStr 's'

gibt die Stringkonstante s am Bildschirm aus.

WriteInt op

gibt den Wert eines Integer-Objekts des Operanden op am Bildschirm aus.

WriteLn

gibt einen Zeilenvorschub am Bildschirm aus.

ReadInt

liest eine Zahl i vom Terminal ein und legt eine Objektbeschreibung object(Integer, i) als oberstes Element auf den Stack. Sie kann mit **StackTop** und **TopOfStack** adressiert werden.

3.1.1.3 Adressierungsarten

Die abstrakte Maschine unterstützt die folgenden Adressierungsarten:

This

ist der Empfänger der gerade bearbeiteten Methode.

Loc i

ist der Zugriff auf eine lokale Größe:
Wenn i ≥ 0 ist, dann ist **Loc** i ein Parameter bzw. das Ergebnis der Methode,
wenn i < 0 ist, dann ist **Loc** i eine lokale Variable der Methode.

InstVar i

ist die i-te Instanzvariable des **This**-Objekts (i ≥ 0).

Reg i

ist das Register mit Nummer i (i ≥ 0).

c

ist eine Konstante (1, 2, ..., **true**, **false** oder **null**)

StackTop

liefert das oberste Element des Stacks, wobei es beim Lesen entfernt und beim
Schreiben erzeugt wird.

TopOfStack

liefert das oberste Element des Stacks, wobei der Stack unverändert bleibt.

GT, GE, LT, LE, EQ, NEQ

sind die Bedingungscodes für *größer, größer gleich, kleiner, kleiner gleich, gleich*
und *ungleich.*

Anmerkungen:
Für alle arithmetischen Operationen gilt: Die Typen der Quelloperanden werden nie
überprüft, und das Ergebnis stellt immer ein gültiges Objekt dar. Bedingungscodes
dürfen nur als Zieloperanden bei den Befehlen Less, LessEq, Equal, NotEqual,
GreaterEq und Greater oder als Quelloperanden bei den Befehlen JTrue und JFalse
verwendet werden. Die Abfrage von Bedingungscodes muß unmittelbar nach einem
Vergleichsbefehl erfolgen. Bei den Befehlen Equal und NotEqual wird die Gleichheit der Objekte überprüft, d. h., zwei Operanden sind genau dann gleich, wenn sie

die gleiche Objektbeschreibung haben, d. h. dasselbe Objekt referenzieren. Einige Befehle können zu undefinierten Ergebnissen führen, wie z. B. der Zugriff auf nicht vorhandene lokale Größen.

3.1.2 Klassen und Einfachvererbung

Eine Klasse B, die von der Klasse A abgeleitet ist, der Form

```
class B extends A {
  // Instanzvariablen
  C₁ i₁; C₂ i₂;...; C_ivs i_ivs;

  // Methoden
  C_mid₁ mid₁(...) {
    <Rumpf der Methode mid₁>
  }

  C_mid₂ mid₂(...) {
    <Rumpf der Methode mid₂>
  }

  C_mid_ms mid_ms(...) {
    <Rumpf der Methode mid_ms>
  }
}
```

wird übersetzt in einen Klassendeskriptor der Form

CDHead B, A, $ivs + ivs_{super}$, ms   // ivs_{super} ist die Anzahl der
                                                // Instanzvariablen der Superklassen
CDMethEntry mid_1, $label_{mid_1}$
CDMethEntry mid_2, $label_{mid_2}$
...
CDMethEntry mid_{ms}, $label_{mid_{ms}}$

wobei B die zu definierende Klasse und A die Superklasse der Klasse B ist und ivs als die Anzahl der Instanzvariablen und ms als die Anzahl der Methoden der Klasse B definiert werden. Um beim Erzeugen neuer Objekte den Speicherplatz für die Instanzvariablen anlegen zu können, muß die Anzahl der Instanzvariablen der Klasse und ihrer Superklassen bekannt sein; deswegen wird $ivs + ivs_{super}$ als die Anzahl der Instanzvariablen der Klasse B im Klassendeskriptor abgespeichert. Alternativ könnte man nur die Anzahl der Instanzvariablen der Klasse B abspeichern und bei der Objekterzeugung die Superklassen durchsuchen, um die Anzahl der Instanzvariablen der Klasse B zu erhalten. Da in unserer abstrakten Maschine AM nur Integer und boolesche Objekte sowie Verweise auf Objekte verwendet werden, die den gleichen Speicherplatz benötigen, reicht die Anzahl der Instanzvariablen aus. Hat man Objektbeschreibungen von unterschiedlicher Größe, muß zusätzlich der Typ der Instanzvariablen im Klassendeskriptor abgelegt werden. Der Code für die Methode mid_1 beginnt an der Marke $label_{mid_1}$, für die Methode mid_2 an der Marke $label_{mid_2}$,..., für die Methode mid_{ms} an der Marke $label_{mid_{ms}}$. Dieses Programmstück repräsentiert unseren Klassendeskriptor. Er enthält die notwendigen Informationen, um das Programm abarbeiten zu können.

3.1.3 Methodendeklarationen

Der Code für Methodendeklarationen wird analog zu imperativen Programmiersprachen erzeugt. Eine Methode mid der Form

```
C mid(C_1 arg_1, C_2 arg_2,..., C_args arg_args) {
   <Rumpf der Methode mid>
}
```

wird übersetzt zu

```
label_mid: MBegin regs, locs
              <Code für den Rumpf der Methode mid>
           MEnd
```

wobei $label_{mid}$ die Marke aus dem Klassendeskriptor ist, die mit der Methode mid assoziiert wird, regs Register für die Bearbeitung des Rumpfes notwendig sind und locs lokale Variablen in der Methode mid verwendet werden. Die Anzahl regs und locs der benötigten Register und lokalen Variablen wird vom Übersetzer aus dem Rumpf der Methode berechnet (vgl. Übersetzung imperativer Programmiersprachen z. B. [Aho et al. 88] bzw. Teil 2: Eine Übersetzerspezifikation für Java). Die Register werden im Befehlsinterpreter der abstrakten Maschine und die lokalen Größen auf dem Stack angelegt. Beim Verlassen der Methode wird der Speicherplatz für die lokalen Größen und Register automatisch freigegeben. Der Code für den Rumpf der Methode wird analog zu imperativen Programmiersprachen erzeugt, mit dem Unterschied, daß Methodenaufrufe anders realisiert werden. Arithmetische Ausdrücke, Zuweisungen, Schleifen,... werden wie üblich übersetzt (vgl. Übersetzung imperativer Programmiersprachen, bzw. Teil 2).

Die Typinformation (Funktionalität) der Methode, die besagt, daß Argumente Instanzen der Klasse C_1, C_2,..., C_{args} und der Rückgabewert ein Objekt der Klasse C ist, wird bei der semantischen Analyse (Typüberprüfung) verwendet.

3.1.4 Nachrichten und Methodenaufrufe

Nachrichten, auch Methodenaufrufe genannt, sind die Funktions- bzw. Prozeduraufrufe der objektorientierten Programmiersprachen. Der Unterschied besteht darin, daß bei imperativen Programmiersprachen die Implementierung und damit die Stelle im Programm, an der der Code der Operation steht, bereits zur Übersetzungszeit bekannt ist. In objektorientierten Programmiersprachen kennt man die Methodenimplementierung eventuell erst zur Ausführungszeit. Abhängig von der Klasse des Objekts wird die richtige Methodenimplementierung angesprungen.

Optimierende Compiler, die bereits zur Übersetzungszeit versuchen, die Methodenimplementierung zu bestimmen, können die Anzahl der dynamischen Methodenbindungen minimieren. Aber es bleiben Methodenaufrufe übrig, die nicht zur Übersetzungszeit an eine Implementierung gebunden werden können. Deswegen muß ein Methodenaufruf so realisiert werden, daß er zur Laufzeit die passende Methodenimplementierung sucht und aufruft.

Eine Nachricht wird in objektorientierten Programmiersprachen immer an ein Objekt gesandt. Deswegen besteht in unserer abstrakten Maschine eine Objektbeschreibung aus dem Klassennamen und aus der Adresse des Instanzvariablenbereichs auf dem Heap. Somit kann unter Verwendung der Klassendeskriptoren die passende Methodenimplementierung gefunden werden.

Die Werte der Argumente werden wie bei der Übersetzung imperativer Programmiersprachen vor dem Methodenaufruf auf dem Stack abgelegt. Außerdem wird Platz für ein mögliches Ergebnis reserviert, damit beim Verlassen der Methode die Argumente vom Stack entfernt werden können, ohne daß das Ergebnis verschoben werden muß.

Ein Sprung an die Methodenimplementierung wird durch den Befehl **MSend** realisiert, der abhängig von der Klasse des Objekts die passende Methode anspringt. Für einen Methodenaufruf der Form

$o.mid(arg_1, arg_2,..., arg_{args})$,

d. h. an das Objekt in der Variablen o wird die Nachricht mid mit den Argumenten arg_1, arg_2,..., arg_{args} geschickt, wird folgender Code erzeugt:

```
Move null StackTop    // Platz auf dem Stack für das Ergebnis reservieren
                      // durch Ablegen des null-Objekts.
// Werte der Argumente auf den Stack legen:
<Wert des ersten Arguments berechnen und auf Stack legen>
<Wert des zweiten Arguments berechnen und auf Stack legen>
...
<Wert des args-ten Arguments berechnen und auf Stack legen>
<eventuell Code für das Objekt o, an das die Nachricht gesendet wird>
MSend o, mid, args    // o ist das Objekt, an das die Nachricht mid
                      // gesendet wird, und args die Anzahl der Argumente
                      // der Methode
NPop args             // entferne args Argumente der Methode vom Stack
```

Der Befehl **MSend** o, mid, args hat die Bedeutung, daß die Nachricht mid an das Objekt, das mit der Objektbeschreibung o assoziiert wird, gesendet wird (mit Angabe der Anzahl der vorher übergebenen Argumente args). Die Methodenimplementierung einer aufgerufenen Methode wird zuerst im Klassendeskriptor des Empfängerobjekts gesucht. Wird sie nicht gefunden, werden die Deskriptoren aller Superklassen durchsucht. Die erhaltene Marke für die Methodenimplementierung wird angesprungen. Der Empfänger der Nachricht wird im This-Register gespeichert. Das Programm wird mit einem Laufzeitfehler abgebrochen, falls keine passende Methode gefunden wird.

Abb. 12 zeigt den zu einer Methodeninkarnation gehörigen Ausschnitt des Kellers (Stack). Da interne Informationen, wie Rücksprungadresse und gesicherte Register, von der abstrakten Maschine verwaltet werden, ergibt sich ein besonders einfacher Aufbau: Nur das Ergebnis, die Methoden-Parameter und die lokalen Variablen werden auf dem Keller gespeichert. Der Block, der bei einem Methodenaufruf erzeugt wird, heißt *Frame*. Der Framepointer (FP), der mit der Instruktion **MBegin** (Methodenanfang) gesetzt wird, kennzeichnet den Frame der aktuellen Methodeninkarnation. Er zeigt immer auf das Element, das mit **Loc** 0 adressiert werden kann.

Kellerzelle	Adressierung
...	...
Ergebnis	Loc args
1. Argument	Loc args-1
2. Argument	Loc args-2
...	...
args-tes Argument	Loc 0
1. lokale Variable	Loc -1
2. lokale Variable	Loc -2
...	...
locs-te lokale Variable	Loc -locs
...	...

Keller wächst

Abb. 12. Frame einer Methode mit args Parametern und locs lokalen Variablen

3.1.5 Objekte

Objekte der abstrakten Maschine sind entweder Instanzen benutzerdefinierter Klassen oder vordefinierte Objekte. Vordefinierte Objekte sind **null** zur Repräsentation der Undefiniertheit, *boolesche* Objekte (**true**, **false**) und *Integer*-Objekte. Diese werden direkt auf die abstrakte Maschine AM abgebildet, d. h., für die Manipulation dieser Objekte gibt es spezielle Befehle.

Bei der Objekterzeugung wird ein zusammenhängender Bereich auf dem Heap für die Instanzvariablen dieses Objekts reserviert. Die Anzahl der Instanzvariablen ist im Klassendeskriptor definiert. Da die Objektbeschreibungen gleich viel Speicherplatz benötigen und jede Instanzvariable eine Objektbeschreibung als Wert enthält, ist der benötigte Speicherplatz für alle Instanzvariablen gleich.

Für die Methoden und ihre Implementierungen muß kein Speicherplatz reserviert werden, da sie von allen Instanzen einer Klasse gemeinsam benutzt werden.

Ein Ausdruck

new C,

wobei C eine Klasse ist, wird in den Maschinenbefehl

CNew C

übersetzt. Dieser Befehl hat folgende Semantik: **CNew** legt Speicherplatz für die Instanzvariablen eines neuen Objekts der Klasse C auf dem Heap an und initialisiert sie mit **null**. Zurückgegeben wird als oberstes Element des Kellers eine Objektbeschreibung der Form object(C, adr), wobei adr ein Verweis auf die Stelle auf dem Heap ist, an der die Instanzvariablen beginnen. Die Objektbeschreibung für **null** ist object(**null, null**), für einen Integer-Wert i object(Integer, i) und für einen Booleschen Wert b object(Bool, b).

Tabelle 3. Vordefinierte Datentypen und ihre Objektbeschreibungen

vordefinierter Datentyp	Objektbeschreibung
null	object(**null, null**)
Integer-Wert i	object(Integer, i)
Boolescher Wert b	object(Bool, b)

Beispiel

Übersetzen wir die Klasse

```
class IntExpr extends ConstExpr {
    // Instanzvariablen
    int i;

    public Type typeOfExpr() {
        return(new IntType());
    }

    public IntExpr setValue(int c) {
        i = c; return(this);
    }

    public int value() {
        return(i);
    }
}
```

mit dem Hauptprogramm

```
class Main {

    public static void main(String argv[]){
        new IntExpr().setValue(5);
    }
}
```

so erhalten wir

```
Jump main
...
-- CLASS DESCRIPTOR FOR Expr
...
-- CLASS DESCRIPTOR FOR ConstExpr
...
-- CLASS DESCRIPTOR FOR IntExpr
    CDHead IntExpr, ConstExpr, 1, 3
-- METH ENTRY FOR typeOfExpr
    CDMethEntry typeOfExpr, Meth4
-- METH ENTRY FOR setValue
    CDMethEntry setValue, Meth5
-- METH ENTRY FOR value
    CDMethEntry value, Meth6
...
-- ------------------------------------------
-- METHOD typeOfExpr
-- ------------------------------------------
Meth4:
...
-- ------------------------------------------
-- METHOD setValue
-- ------------------------------------------
Meth5:
    MBegin 0, 0                        -- keine Register und keine lokalen Variablen
    Move Loc 0, InstVar 0              -- 1. Argument C in die 1. Instanzvariable i
                                       -- schieben
    Move This, Loc 1                   -- Objekt als Ergebnis zurückgeben
    MEnd
-- ------------------------------------------
-- METHOD value
-- ------------------------------------------
Meth6:
    MBegin 0, 0                        -- keine Register und keine lokalen Variablen
    Move InstVar 0, Loc 0              -- Wert der Instanzvariablen i in
                                       -- Ergebniszelle schieben
    MEnd
...
main:                                  -- Hauptprogramm
    MainBegin 0, 0                     -- keine Register und keine lokalen Variablen
    Move null, StackTop                -- Platz für Ergebnis reservieren
    Move 5, StackTop                   -- Argument auf Stack legen
```

CNew IntExpr	-- neues Objekt der Klasse IntExpr erzeugen
	-- in BOPL gibt es keine Konstruktoren
	-- deswegen kann keine Initialisierung
	-- erfolgen
MCall StackTop, Meth5, 1	-- Methode setValue aufrufen
NPop 1	-- Argumente vom Stack entfernen
Move StackTop, Reg 0	-- Ergebnis des Hauptprogramms in
	-- Register 0
	-- abgespeichert
MainEnd	

Der hier erzeugte Code ist bis auf die Änderung von internen Namen für Klassen und Methoden anstelle der String-Repräsentationen und der eingefügten Erklärungen genau der Code, den der BOPL-Compiler aus dem Praktikum für ein dem Java-Programm entsprechenden BOPL-Programm erzeugt.   ♦

Somit haben wir die Übersetzung der wichtigsten objektorientierten Konzepte behandelt und können uns noch einmal genauer der Laufzeitumgebung zuwenden.

3.1.6 Semiformale Beschreibung der Semantik der abstrakten Maschine

In diesem Abschnitt wird eine semiformale Semantik der abstrakten Maschine AM angegeben. Wir beschreiben hier die operationelle Semantik durch Zustandsübergangsregeln auf dem Zustand der Maschine AM. Der Zustand S der abstrakten Maschine AM ist ein Tupel

$$S = (p, rp, s, h, r, ths, cs, in, out)$$

wobei

- p   das gesamte Programm,
- rp   das noch abzuarbeitende Programm,
- s   der Stack,
- h   der Heap,
- r   die internen Register
         (mit ausgezeichneten Registern: GT, GE, LT, LE, EQ, NEQ),
- ths   eine Liste von Empfängerobjekten ,
- cs   die Continuations,
- in   die Eingaben und
- out   die Ausgaben

sind. Eine Objektbeschreibung wird notiert als object(C, adr), wobei C die Klasse des Objekts und adr die symbolische Adresse der Instanzvariablen auf dem Heap repräsentieren. Vordefinierte Objekte besitzen wieder die Darstellung object(**null**, **null**), object(Integer, i) und object(Bool, b).

Die Anfangskonfiguration ist für ein abzuarbeitendes Programm p und Eingaben in der Zustand

$$(p, p, <>, <>, r, <>, <>, in, <>),$$

und die Endkonfiguration ist der Zustand

(_, **Halt**, _, _, _, _, _, _, _)

wobei _ für beliebige Tupeleinträge steht. Die Zustandsübergangsregeln für die Befehle der abstrakten Maschine AM sind definiert als

(p, <**MainBegin** n, m> :: rp, s, h, r, ths, cs, in, out)
→ (p, rp, $[l_m, l_{m-1}, ..., l_1]$::s, h, $[r_0, r_1, ..., r_{n-1}]$::r, ths, cs, in, out)

(_, <**MainEnd**> ::rp, _, _, _, _, _, _, _) →(_, <**Halt**>, _, _, _, _, _, _, _)

(p, <**MBegin** n, m> :: rp, s, h, r, ths, cs, in, out)
→ (p, rp, $[l_m, l_{m-1}, ..., l_1]$::s, h, $[r_0, r_1, ..., r_{n-1}]$::r, ths, cs, in, out)

(p, <**MEnd**> :: rp, $[l_m, l_{m-1}, ..., l_1]$::s, h, $[r_0, r_1, ..., r_{n-1}]$::r, th::ths, c::cs, in, out)
→ (p, c, s, h, r, ths, cs, in, out)

(p, <**MSend** rcv, mid, args[7]> :: rp, s, h, r, ths, cs, in, out)
→ (p, c, s, h, r, rcv::ths, <rp>::cs, in, out)

wobei lookupMethod(p, mid, class(rcv)) = c gilt.

(p, <**MCall** rcv, label, args> :: rp, s, h, r, ths, cs, in, out) →
(p, c, s, h, r, rcv::ths, <rp>::cs, in, out)

wobei lookupMethCode(p, label) = c gilt.

(p, <**CNew** C> :: rp, s, h, r, ths, cs, in, out)
→ (p, rp, object(C, adr)::s, (adr: $[i_0, i_1, ..., i_{n-1}]$)::h, r, ths, cs, in, out)

wobei LookupNrInstvars(p, C) = n gilt und adr eine neue Heap-Adresse ist[8].

(p, <**ONew This**> :: rp, s, h, r, object(C, adr)::ths, cs, in, out)
→ (p, rp, object(C, adr1)::s, (adr1: $[i_0, i_1, ..., i_{n-1}]$)::h, r, object(C, adr)::ths, cs, in, out)

wobei LookupNrInstvars(p, C) = n und adr1 eine neue Heap-Adresse ist.

(p, <**ONew Loc** i> :: rp, s, h, r, ths, cs, in, out)
→ (p, rp, object(C, adr1)::s, (adr1: $[i_0, i_1, ..., i_{n-1}]$)::h, r, ths, cs, in, out)

wobei lookupLoc(i, s) = object(C, adr), LookupNrInstvars(p, C) = n und adr1 eine neue Heap-Adresse ist.

---

[7] args setzt den Framepointer, der in der formalen Beschreibung vernachlässigt wird; args ist notwendig, um die Argumente und lokalen Variablen auf dem Stack richtig adressieren zu können (Funktion lookupLoc!).

[8] Die Instanzvariablen werden mit object(**null**, **null**) initialisiert.

(p, <**ONew InstVar** i> :: rp, s, h, r, object(C, adr)::ths, cs, in, out)
$\rightarrow$ (p, rp, object(C1, adr1)::s, (adr1:$[i_0, i_1,..., i_{n-1}]$)::h, r, object(C, adr)::ths, cs, in, out)

wobei LookupInstvar(adr, i, h) = object(C1, adr2), LookupNrInstvars(p, C1) = n und adr1 eine neue Heap-Adresse ist.

(p, <**ONew Reg** i> :: rp, s, h, $[r_0, r_1,..., r_{n-1}]$::r, ths, cs, in, out)
$\rightarrow$ (p, rp, object(C, adr1)::s, (adr1: $[i_0, i_1,..., i_{m-1}]$)::h, $[r_0, r_1,..., r_{n-1}]$::r, ths, cs, in, out)

wobei objdescr(Reg_i) = object(C, adr), LookupNrInstvars(p, C) = m und adr1 eine neue Heap-Adresse ist.

(p, <**ONew StackTop**> :: rp, object(C, adr)::s, h, r, ths, cs, in, out)
$\rightarrow$ (p, rp, object(C, adr1)::s, (adr1: $[i_0, i_1,..., i_{n-1}]$)::h, r, ths, cs, in, out)

wobei LookupNrInstvars(p, C) = n und adr1 eine neue Heap-Adresse ist.

(p, <**ONew TopOfStack**> :: rp, object(C, adr)::s, h, r, ths, cs, in, out)
$\rightarrow$ (p, rp, object(C, adr1)::object(C, adr)::s, (adr1: $[i_0, i_1,..., i_{n-1}]$)::h, r, ths, cs, in, out)

wobei LookupNrInstvars(p, C) = n und adr1 eine neue Heap-Adresse ist.

(p, <**CDHead** cid, sid, n, m> :: rp, s, h, r, ths, cs, in, out)
$\rightarrow$ (p, rp, s, h, r, ths, cs, in, out)

(p, <**CDMethEntry** mid, label> :: rp, s, h, r, ths, cs, in, out)
$\rightarrow$ (p, rp, s, h, r, ths, cs, in, out)

(p, <**instanceof** op, C> :: rp, s, h, r, ths, cs, in, out)
$\rightarrow$ (p, rp, s, h, r[**EQ** := object(Bool, **true**), **NEQ** := object(Bool, **false**)], ths, cs, in, out)

wobei objdescr(op) = object(C, adr) gilt.

(p, <**instanceof** op, C> :: rp, s, h, r, ths, cs, in, out)
$\rightarrow$ (p, rp, s, h, r[**EQ** := object(Bool, **false**); **NEQ** := object(Bool, **true**)], ths, cs, in, out)

wobei objdescr(op) = object(C', adr) und C' verschieden von C ist.

(p, <**NPop** n> :: rp, $[v_n, v_{n-1},..., v_1]$::s, h, r, ths, cs, in, out)
$\rightarrow$ (p, rp, s, h, r, ths, cs, in, out)

(p, <**JTrue** op, label> :: rp, s, h, r, ths, cs, in, out) $\rightarrow$ (p, c, s, h, r, ths, cs, in, out)

wobei lookupLabel(p, label) = c und objdescr(op) = object(Bool, true) gilt.

(p, <**JTrue** op, label> :: rp, s, h, r, ths, cs, in, out) $\rightarrow$ (p, rp, s, h, r, ths, cs, in, out)

wobei objdescr(op) = object(Bool, false) gilt.

(p, <**JFalse** op, label> :: rp, s, h, r, ths, cs, in, out) → (p, c, s, h, r, ths, cs, in, out)

wobei lookupLabel(p, label) = c und objdescr(op) = object(Bool, false) gilt.

(p, <**JFalse** op, label> :: rp, s, h, r, ths, cs, in, out) → (p, rp, s, h, r, ths, cs, in, out)

wobei objdescr(op) = object(Bool, true) gilt.

(p, <**Jump** label> :: rp, s, h, r, ths, cs, in, out) → (p, c, s, h, r, ths, cs, in, out)

wobei lookupLabel(p, label) = c gilt.

(p, <**ReadInt**> :: rp, s, h, r, ths, cs, <i>::in, out)
   → (p, rp, object(Integer, i)::s, h, r, ths, cs, in, out)

(p, <**WriteStr** 's'> :: rp, s, h, r, ths, cs, in, out) → (p, rp, s, h, r, ths, cs, in, out::'s')

(p, <**WriteInt** op> :: rp, s, h, r, ths, cs, in, out) → (p, rp, s', h, r, ths, cs, in, out::<i>)

wobei objdescr(op) = object(Integer, i) und updateStack(op, s) = s' gilt.

(p, <-- Kommentar bis Zeilenende>:: rp, s, h, r, ths, cs) → (p, rp, s, h, r, ths, cs)

Die Semantik der abstrakten Maschinebefehle **Move**, **Add**, **Sub**, ... **Greater** und **Writeln** ist wie üblich definiert.

Move op, zop
zop := op
Add op1, op2, zop
zop := op2 + op1
Sub op1, op2, zop
zop := op2 - op1
Mult op1, op2, zop
zop := op2 * op1
Div op1, op2, zop
zop := op2 / op1
And op1, op2, zop
zop := op2 ∧ op1
Or op1, op2, zop
zop := op2 ∨ op1
Not op1, zbop
zop := ¬ op1

Less op1, op2, zbop
zbop := op1 < op2
LessEq op1, op2, zbop
zbop := op1 ≤ op2
Equal op1, op2, zbop
zbop := op1 = op2
NotEqual op1, op2, zbop
zbop := op1 ≠ op2
GreaterEq op1, op2, zbop
zbop := op1 ≥ op2
Greater op1, op2, zbop
zbop := op1 > op2

Die verwendeten Funktionen sind folgendermaßen definiert:

lookupMethod(ap :: <**CDHead** C, S, n, m> :: p1 ::
   <**CDMethEntry** mid, label> :: rp, mid, C) = lookupMethCode(p, label),

wobei p1 keinen **CDHead**-Befehl enthält.

lookupMethod(ap :: <**CDHead** C, S, n, m> :: p1 ::
<**CDHead** C1, S1, n1, m1> :: rp, *mid*, C) = lookupMethod(p, *mid*, S),

wobei p1 kein <**CDMethEntry** mid, label> enthält.

lookupMethCode(ap :: <label: **MBegin** n, m :: p1 :: **MEnd**> :: rp, label) =
MBegin n, m :: p1 :: **MEnd**,

wobei p1 kein **MBegin** enthält.

lookupLabel(ap :: <label: c> :: rp, label) = <label: c> :: rp,

lookupNrInstvars(ap :: <**CDHead** C, S, n, m> :: rp, C) = n,

lookupLoc(i, $[l_m,..., l_1, arg_n,..., arg_1, res]::s) = l_{|i|}$,

wobei $i < 0$

lookupLoc(i, $[l_m,..., l_1, arg_n,..., arg_1, res]::s) = arg_{n-i}$,

wobei $n > i \geq 0$

lookupLoc(i, $[l_m,..., l_1, arg_n,..., arg_1, res]::s) = res$,

falls $i = n$

lookupInstvar(adr, j, ah :: (adr: $[i_0,..., i_{n-1}]) :: rh) = i_j$,

wobei $n > j \geq 0$

objdescr(**This**, s, h, r, th::ths) = th,

objdescr(**Loc** i, s, h, r, ths) = lookupLoc(i, s),

objdescr(**Reg** i, s, h, $[r_0, r_1,..., r_{n-1}]::r$, ths) = r_i,

objdescr(**InstVar** i, s, h, r, object(C, adr) :: ths) = lookupInstvar(adr, i, h),

objdescr(**StackTop**, s::ss, h, r, ths) = s,

objdescr(**TopOfStack**, s::ss, h, r, ths) = s,

objdescr(**true**) = object(Bool, **true**),

objdescr(**false**) = object(Bool, **false**),

objdescr(1) = object(Integer, 1),

objdescr(2) = object(Integer, 2),

...

objdescr(**null**) = object(**null**, **null**),

class(objdescr(C, adr)) = C,

updateStack(StackTop, s :: ss) = ss,

updateStack(op, s) = s, falls op nicht **StackTop** ist.

Bei der in diesem Abschnitt präsentierten losen Übersetzungstechnik haben wir einige Vereinfachungen vorgenommen bzw. die Arbeit der abstrakten Maschine überlassen, so daß man Effizienzverluste hinnehmen mußte.

Diese Übersetzung und die abstrakte Maschine machen aber deutlich, welche Aspekte bei der Übersetzung beachtet werden müssen bzw. von einer abstrakten oder realen Maschine unterstützt werden sollten.

Wir werden uns im folgenden mit effizienteren Techniken beschäftigen. Die Suche nach den Methoden im Programmcode führte zu erheblich längeren Laufzeiten bei der losen Übersetzung. Für unterschiedliche Programmiersprachen findet man verschiedene Lösungen, um die Methodenimplementierung schnell feststellen zu können.

Wir werden uns in den nächsten Abschnitten mit der Übersetzung der Programmiersprache Smalltalk-80, die standardisiertes Smalltalk darstellt, von Java, das momentan als die Programmiersprache des Internets und der Zukunft gehandelt wird, und von C++, das in der Industrie am weitesten verbreitet ist, beschäftigen.

3.2 Smalltalk-80-Realisierung

Wir betrachten in diesem Abschnitt die Übersetzung und die Laufzeitumgebung von Smalltalk-80. Bei der Laufzeitumgebung orientieren wir uns an [Goldberg, Robson 83]. Dabei werden bestimmte Vereinfachungen durchgeführt, um von den technischen Details zu abstrahieren. Es soll die Vorgehensweise verdeutlicht werden, wie sie auch bei der Übersetzung anderer objektorientierter Programmiersprachen Anwendung finden könnte. Insbesondere wird von den konkreten Darstellungen im Speicher (Bit-/Byte-Ebene) abstrahiert.

Bei der losen Übersetzung gingen wir von der *closed world assumption* aus; *closed world assumption* heißt in diesem Zusammenhang, daß alle Klassen, Objekte und Methoden im Programm definiert sind. Diese Voraussetzung gilt nicht mehr für Smalltalk-80. Smalltalk erlaubt die Verwendung von Software-Bibliotheken und vordefinierten Modulen. Aus diesem Grund muß über Klassen und Methoden, die nicht im Programm definiert, aber benutzt werden, zusätzliche Information zum eigentlichen Code der Methoden gespeichert werden. Ein weiterer Unterschied ergibt sich aus den verschiedenen Entwicklungsumgebungen von Smalltalk und bei der losen Übersetzung.

Die Vorgehensweise bei der losen Übersetzung läßt sich folgendermaßen visualisieren:

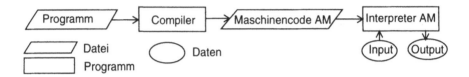

Abb. 13. Vorgehensweise bei der losen Übersetzung

Ein Programm wird als Eingabe für den Compiler verwendet, der daraus ein Maschinenprogramm der abstrakten Maschine AM erzeugt. Dieser Maschinencode kann anschließend von einem Interpreter der abstrakten Maschine AM abgearbeitet werden. Der Interpreter liest die Eingaben und liefert die Ausgaben des Programms.

Die Smalltalk-80-Umgebung ist dagegen eine interaktive Entwicklungsumgebung (Abb. 14).

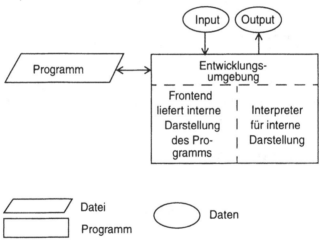

Abb. 14. Smalltalk-80 Entwicklungsumgebung

Mit Hilfe der Entwicklungsumgebung werden objektorientierte Programme bearbeitet und in eine interne Darstellung übersetzt. Der im Smalltalk-System eingebaute Interpreter arbeitet bei Anfragen (Input) an das System die interne Darstellung ab und liefert das Ergebnis an den Benutzer zurück. Anfragen an das System stellen dabei auszuführende Berechnungen dar.

3.2.1 Klassen und Einfachvererbung

Eine Klassendefinition wird in die nachfolgende Datenstruktur abgebildet:

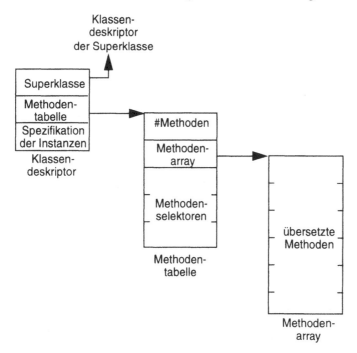

Abb. 15. Datenstruktur für Klassendefinition in Smalltalk

Der *Klassendeskriptor* enthält einen Verweis auf den Klassendeskriptor der Superklasse bzw. **null**, falls keine Superklasse existiert. Da Smalltalk-80 nur einfache Vererbung unterstützt, reicht der Verweis auf eine Superklasse aus. Erlaubt man Mehrfachvererbung, so muß der Klassendeskriptor um Verweise auf weitere Superklassen ergänzt werden. Eine weitere Komponente des Klassendeskriptors ist ein Verweis auf die Methodentabelle, die Informationen über die in der Klasse definierten Methoden aufnimmt. Die Spezifikation der Instanzen enthält Informationen über den Gesamtspeicherbedarf der Instanzen, um den notwendigen Speicherplatz bei der Objekterzeugung reservieren zu können.

Die *Methodentabelle* enthält einen Eintrag über die Anzahl der in dieser Klasse neu definierten bzw. re-definierten Methoden. Darüber hinaus besitzt sie einen Verweis auf den Methodenarray. Der Methodenarray speichert u. a. für jede in der Klasse definierte Methode den Bytecode des übersetzten Methodenrumpfes. Bytecode werden die Maschinenbefehle der virtuellen Smalltalk-Maschine genannt. Um auf die Methodenimplementierungen effizient zugreifen zu können, werden in der Methodentabelle nur die Methodennamen, d. h. die Methodenselektoren, abgespeichert. Jeder Methodenname besitzt einen bestimmten Index in der Methodentabelle.

Im Methodenarray stehen unter demselben Index Informationen, die zur Ausführung der Methode benötigt werden, sowie der eigentliche Bytecode der Methode.

Eine Klassen-Definition (hier in Java-Notation)

```
class B extends A {
// Instanzvariablen
    C₁ i₁; C₂ i₂;...; Cᵢᵥₛ iᵢᵥₛ;

    // Methoden
    Cmid₁ mid₁(...) {
        <Rumpf der Methode mid₁>
    }

    Cmid₂ mid₂(...) {
        <Rumpf der Methode mid₂>
    }
    ...
    Cmidₘₛ midₘₛ(...) {
        <Rumpf der Methode midₘₛ>
    }
}
```

wird durch die Datenstruktur

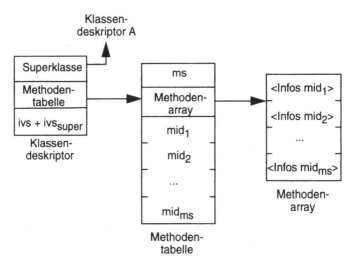

realisiert. Den Aufbau des Methodenarrays lernen wir im nächsten Abschnitt kennen, wenn wir uns mit der Übersetzung von Methoden beschäftigen; ivs_{super} ist wieder die Anzahl der Instanzvariablen der Superklassen.

Betrachten wir zunächst noch den Zusammenhang zwischen dem Klassendeskriptor der abstrakten Maschine AM und der internen Repräsentation von Klassen in der Smalltalk-Umgebung. Anstatt die Klassendeskriptoren zu durchsuchen, wenn man bestimmte Klasseninformationen braucht, könnte der Klassendeskriptor-eintrag

CDHead B, A, ivs, ms

für Klassen als Maschinenbefehl aufgefaßt werden, der die Datenstruktur

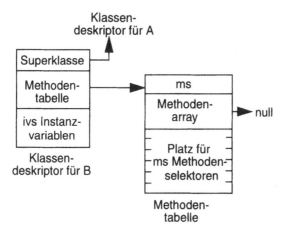

aufbaut und es könnte der Klassendeskriptoreintrag

CDMethEntry mid, label$_{mid}$

für Methoden als Maschinenbefehl aufgefaßt werden, der die Datenstruktur

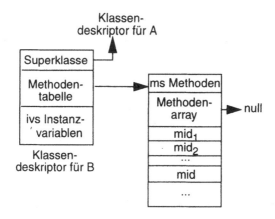

weiter aufbaut.

Der Code, der für die Methodenimplementierungen erzeugt wird, müßte dar-überhinaus in den Methodenarray eingetragen werden.

Beispiel

Betrachten wir eine Teil-Klassenhierarchie unseres durchgängigen Beispiels

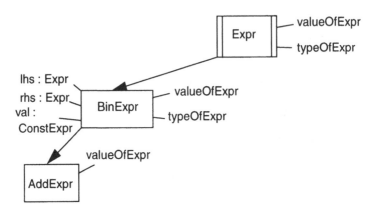

so wird sie auf die nachfolgende Datenstruktur in Abb. 16 abgebildet.

Die abstrakte Klasse Expr hat keine Superklasse und keine Instanzvariablen. Sie definiert die Methoden valueOfExpr und typeOfExpr. Die Klasse BinExpr hat die Klasse Expr als Superklasse und drei Instanzvariablen. In ihr werden die Methoden von Expr re-definiert. Die Klasse AddExpr ist Unterklasse der Klasse BinExpr und hat keine eigenen Instanzvariablen, aber die drei Instanzvariablen der Superklasse. Sie überschreibt die Methode valueOfExpr.

Da es möglich ist, diese Datenstrukturen auch zur Laufzeit zu erzeugen, unterstützt dieser Mechanismus
- *dynamische Klassenhierarchien* sowie
- *interaktive Entwicklungsumgebungen.*

Dynamische Klassenhierarchie heißt, daß zur Laufzeit des Programms die Klassenhierarchie geändert werden darf. Es dürfen neue Klassen definiert, bestehende Klassen verändert bzw. gelöscht werden. Man findet dieses Konzept vor allem in prototyp-basierten objektorientierten Sprachen, bei denen Objekte ihre „Klassenzugehörigkeit"[9] ändern können. Die Klassenhierarchie wird durch Verweise auf Elternobjekte in den Objekten selbst ausgedrückt. Diese Elternobjekte entsprechen den Superklassen in klassenbasierten Sprachen. Eine Änderung der Superklasse kann zur Laufzeit durch Modifikation des Elternobjekts realisiert werden. Das Objekt erhält dadurch eine neue „Superklasse".

Man kann aber mit diesem Mechanismus auch neue Klassen zur Laufzeit des Programms definieren, etwa durch Instantiierung von parametrisierten Klassen oder mit Hilfe von Konstrukten, die es erlauben, im Programm neue Klassen zu konstruieren bzw. bestehende zu ändern. Diese Modifikationen führen zu einer Manipulation der bestehenden Klassenstruktur. Ein Smalltalk-80-System ist, wie bereits erläutert, eine *interaktive Entwicklungsumgebung,* d. h., das Programm kann editiert

---

[9] Bei prototypbasierten Sprachen spricht man eigentlich nicht von Klassen.

werden, die Änderungen wirken sich auf die interne Darstellung aus, und es können neue Anfragen an das System gestellt werden, ohne einen Übersetzer anzustoßen und anschließend das übersetzte Programm zu starten.

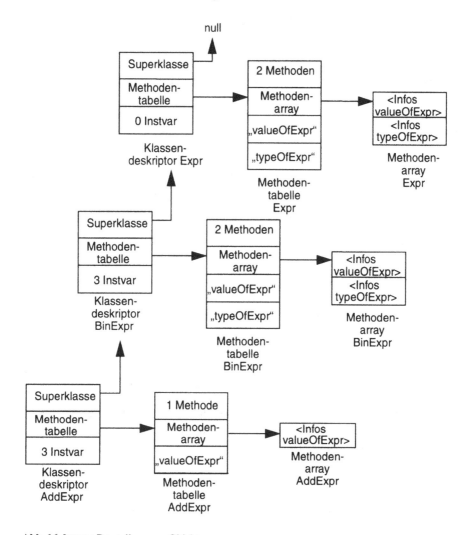

Abb. 16. Interne Darstellung von Objekten

3.2.2 Übersetzung von Methoden

In der Smalltalk-80-Implementierung werden der Code für die Methoden und weitere Informationen über die Methoden im Methodenarray gehalten. Der Zugriff auf die Methodenimplementierungen erfolgt über Indizes, die den Indizes der Methodenselektoren in der Methodentabelle entsprechen. In der abstrakten Maschine AM erfolgt der Zugriff auf den Code des Methodenrumpfes durch Suchen des Labels der Methodenimplementierung im Klassendeskriptor und durch Sprung an die Stelle, an der der Methodencode steht.

Die Übersetzung einer Methode

C mid(C$_1$ arg$_1$, C$_2$ arg$_2$,..., C$_{args}$ arg$_{args}$) {
  <Rumpf der Methode mid>
}

führt zum Eintrag des Methodennamens in die Methodentabelle und zum Eintrag der eigentlichen Informationen in den Methodenarray.

Der *Methodenarray* enthält für jede Methode, die in einer Klasse definiert ist, einen Eintrag. Dieser Eintrag besteht aus dem *Header*, dem *Literal-Frame* und dem *Bytecode* des übersetzten Methodenrumpfes.

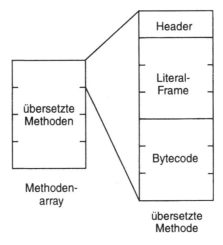

Der *Header* enthält Hilfsinformationen, z. B. die Anzahl der Argumente und Informationen über die lokalen Variablen sowie Informationen darüber, an welcher Stelle der Bytecode beginnt.

Im *Literal-Frame* sind Verweise auf Objekte gespeichert, auf die nicht direkt im Code zugegriffen werden kann. Dies sind z. B. gemeinsame Variablen (z. B. Klassen-Variablen), Konstanten (z. B. Zeichen, Literale) sowie die meisten Methodenselektoren. Objekte, die direkt im Code angesprochen werden können, sind z. B. der Empfänger und die Argumente der aufgerufenen Methode, Werte der Instanzvariablen des Empfängers, vordefinierte Konstanten (z. B. **null**, **true**, **false**) und Standard-Methodenselektoren (z. B. +, -), die direkt auf die virtuelle Smalltalk-Maschine abgebildet werden können.

Der *Bytecode* kann mit Ausnahme der Instanzvariablenzugriffe und Methodenaufrufe wie in imperativen Programmiersprachen erzeugt werden.

Somit wird für jede Klassendefinition folgende Datenstruktur angelegt:

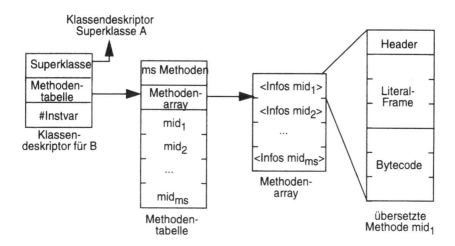

Der Code der abstrakten Maschine AM für eine Methode mid

```
label_mid:MBegin n, m
            <Code des Rumpfes>
         MEnd
```

könnte in die obige Datenstruktur einfügt werden, so daß wir folgendes Ergebnis erhalten:

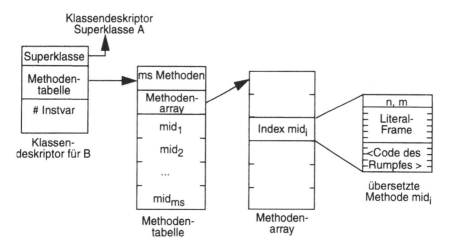

Zu beachten ist, daß der Code für die abstrakte Maschine AM aus dem vorherigen Abschnitt *nicht* auf der virtuellen Maschine von Smalltalk-80 läuft, da sie einen anderen Befehlssatz unterstützt.

Der Literal-Frame ist in der abstrakten Maschine AM für die lose Übersetzung nicht notwendig, da von der *closed world assumption* ausgegangen wird, d. h., alle Objekte, Klassen und Methoden sind bekannt und stehen im Programm bzw. sind auf dem Stack oder Heap verfügbar.

3.2.3 Objekte

Zur Laufzeit des Programms werden die Instanzen der Klassen, d. h. die konkreten Objekte, erzeugt und im Speicher angelegt. Dazu wird neuer Speicherplatz für die Werte der Instanzvariablen auf dem Heap reserviert. Ein Objekt wird als zusammenhängender Bereich auf dem Heap (wie bei der abstrakten Maschine) abgelegt:

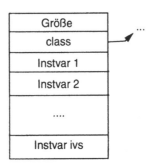

Abb. 17. Objekt auf dem Heap

Das erste Feld enthält die Größe, d. h. den benötigten Speicherplatz des Objekts. Die Größe eines Objekts wird angegeben, um den belegten Speicherplatz des Objekts einfach feststellen zu können (vgl. Objektverwaltung im nächsten Abschnitt). In der abstrakten Maschine AM war diese Information aus der Anzahl der Instanzvariablen hervorgegangen.

class zeigt auf den Klassendeskriptor der Klasse, dessen Instanz das Objekt ist. Da die abstrakte Maschine mit Objektbeschreibungen der Form object(C, adr) (wobei C die Klasse des Objekts und adr der Verweis auf den Speicherplatz der Instanzvariablen auf dem Heap ist) arbeitet, kann auf den Klassenverweis verzichtet werden.

Instvar 1 bis ivs entsprechen den ivs Instanzvariablen der Klasse. Der Wert dieser Instanzvariablen ist entweder ein Wert eines vordefinierten Datentyps, etwa Integer, oder ein Verweis auf ein Objekt, das dem Wert der Instanzvariablen entspricht.

3.2.4 Objektverwaltung

Die Hauptaufgaben der *Objektverwaltung* bestehen im Anlegen, Speichern und Löschen von Objekten sowie in dem lesenden und schreibenden Zugriff auf die Instanzvariablen eines Objekts.

Alle Objekte werden auf dem Heap gespeichert. Wird ein neues Objekt erzeugt, muß Speicherplatz reserviert werden. Beim Löschen eines Objekts kann der Speicherplatz freigegeben und wiederverwendet werden.

Objekte werden zur Laufzeit erzeugt und gelöscht. Außerdem variiert der benötigte Speicherplatz in der Regel von Objekt zu Objekt. Deswegen erhält man nach einer bestimmten Laufzeit des Programms einen Heap, in dem sich freie und belegte Bereiche unterschiedlicher Größe abwechseln, z. B.:

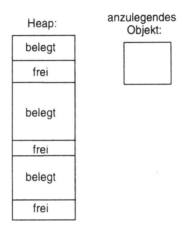

Abb. 18. Heap nach einiger Programmlaufzeit

Soll ein weiteres Objekt angelegt werden, das mehr Speicherplatz benötigt als der größte freie Bereich, muß der Heap „aufgeräumt" werden. Dieses „Aufräumen" bezeichnet man als *Speicherbereinigung (garbage collection)*. Dabei werden Objekte im Heap gelöscht, die nicht mehr benötigt werden, und der Heap kompaktifiziert. Unter Kompaktifizierung versteht man, daß alle belegten Speicherzellen in einen zusammenhängenden Bereich des Heaps kopiert werden, um den anderen Teil des Heaps erneut verwenden zu können. Genauer wird auf das Problem der Speicherbereinigung in Kap. 6 eingegangen.

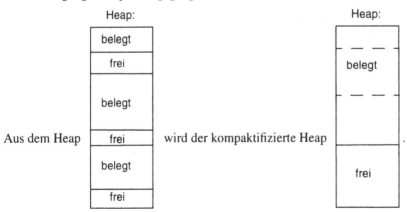

Nach der Kompaktifizierung kann ein neues Objekt auf dem Heap angelegt werden, das mehr Speicherplatz benötigt als der größte freie Bereich im ursprünglichen Heap. Durch Verschieben eines Objekts ändert sich seine Adresse auf dem Heap. Deshalb müssen alle Verweise auf dieses Objekt geändert werden. Dieses Update ist jedoch teuer! Um dieses Update kostengünstig vornehmen zu können, verwendet man als Objektverweise nicht die Adressen auf dem Heap, sondern der Zugriff erfolgt indirekt über einen Index einer Objekttabelle. Auf das eigentliche Objekt wird über die Objekttabelle zugegriffen, die für jedes Objekt einen Verweis auf das Objekt im Heap besitzt. Man hat somit folgende Zugriffsstruktur:

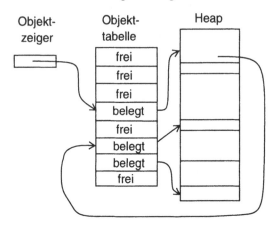

Abb. 19. Zugriffstruktur mit Objekttabelle

Beim Verschieben eines Objekts wird nur der Zeiger in der Objekttabelle geändert. Ein Objekt ist dadurch nicht mehr direkt adressierbar. Die Adressierung erfolgt indirekt über die *Objekttabelle*, die den Verweis auf das tatsächliche Objekt auf dem Heap enthält. Wenn ein Objekt auf dem Heap gelöscht wird, wird neben dem Speicherplatz auf dem Heap auch der Eintrag in der Objekttabelle freigegeben.

Die *Objektzeiger*, die im Programm (Bytecode) verwendet werden, sind Indizes in die Objekttabelle, in der die Zeiger auf die Objekte im Heap zeigen. Der Wert einer Instanzvariablen, die ein Objekt aufnimmt, ist damit nicht die Adresse des Objekts auf dem Heap, sondern der Index des Objekts in der Objekttabelle.

Die Objektverwaltung muß noch ein weiteres Problem lösen: Sie muß wissen, welche Bereiche auf dem Heap frei und welche von Objekten belegt sind.

Über die freien Bereiche auf dem Heap kann effizient mit Hilfe verketteter Listen Buch geführt werden. Die freien Bereiche auf dem Heap (a) können folgendermaßen verkettet werden (b):

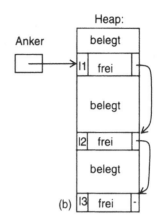

Man hat einen Anker für die Liste der freien Bereiche, der auf einen beliebigen freien Bereich auf dem Heap zeigt. Jeder Bereich hat wiederum Informationen über seine Größe (l_1, l_2, l_3) und einen Verweis auf den nächsten freien Bereich auf dem Heap. Existiert kein nachfolgender freier Bereich mehr, ist ein spezielles Flag gesetzt, das angibt, daß kein weiteres Element in der Liste existiert.

Beim Erzeugen eines neuen Objekts wird die Liste der freien Speicherplätze durchsucht und, falls das Objekt in einem freien Bereich abgelegt werden kann, werden die belegten Zellen von der Liste genommen und das Objekt gespeichert. Analog werden beim Löschen eines Objekts dessen Zellen in die Liste aufgenommen.

Es gibt Verfeinerungen der hier vorgestellten Technik. In der Praxis muß zwischen realem und virtuellem Speicher unterschieden werden. Außerdem können für alle benötigten Objektgrößen eigene Listen geführt werden, um eine Zelle einer bestimmten Größe schnell zu erhalten.

3.2.5 Methodenaufruf

Der Methodenaufruf in Smalltalk-80 erfolgt durch Nachrichtensenden (*message passing*). Es wird eine Nachricht an ein Objekt geschickt, und das Objekt entscheidet, welche Methodenimplementierung es ausführt.

Da jedes Objekt einen Verweis auf seinen Klassendeskriptor enthält, kann man die möglichen Methodenimplementierungen des Objekts bestimmen. Die Suche nach der zur Nachricht gehörenden Methodenimplementierung erfolgt zunächst in der aktuellen Klasse; wird sie hier nicht gefunden, wird rekursiv in den Superklassen weitergesucht, und falls keine Superklasse mehr existiert, tritt ein Laufzeitfehler auf.

Der Stack-Frame für eine Methodeninkarnation bestand in der abstrakten Maschine AM, aus dem Speicherplatz für das Ergebnis, den Argumenten und den lokalen Variablen. Da die abstrakte Maschine den Befehlszeiger, den Stackzeiger, die Register, das Empfängerobjekt und den Code der Methoden im Zustand codiert hatte, wurden bei einem Methodenaufruf diese Werte nicht explizit gesichert.

Bei der virtuellen Maschine von Smalltalk-80 dagegen werden der Befehlszeiger, der Stackzeiger, der Zeiger auf die aktuelle Methode und das Empfängerobjekt mit den Argumenten und lokalen Variablen bei einem Methodenaufruf auf dem Stack gesichert. Ein Methodenaufruf führt zur Erzeugung eines sogenannten Kontexts (vergleichbar mit den Frames in der abstrakten Maschine AM) der Form, wobei Sender die Klasse des Senders ist:

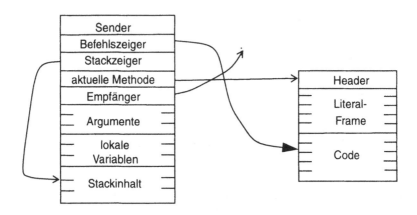

Abb. 20. Kontext bei Methodenaufruf

3.2.6 Die abstrakte Maschine für Smalltalk-80

Die abstrakte Maschine für Smalltalk-80 hat einen ähnlichen Aufbau und Befehlsvorrat wie die abstrakte Maschine AM der losen Übersetzung.

Die abstrakte Maschine besteht aus

– einem Befehlsinterpreter,
– einem Stack, auf dem der Empfänger der Nachricht, Argumente und lokale Variablen sowie Kontexte abgelegt werden,
– einem Heap, auf dem die Objekte zur Laufzeit abgelegt werden, und
– einer Datenstruktur, die die Informationen über die Klassenhierarchie sowie den Code der Methoden enthält.

Die ersten drei Komponenten kennen wir bereits von der Beschreibung der abstrakten Maschine AM. Neu ist die Datenstruktur, in der die Klassenhierarchie verwaltet wird.

Der Zustand des Befehlsinterpreters besteht aus

– dem Verweis auf den Methodenarrayeintrag der momentan ausgeführten Methode,
– dem Instruktionszeiger, der auf den nächsten auszuführenden Befehl zeigt,
– dem Empfängerobjekt und den Argumenten der Methode,
– den lokalen Variablen, die benötigt werden, und
– dem Stack.

Dieser Zustand wird bei dem Aufruf einer Methode, wie wir gesehen haben, auf dem Stack gesichert.

Ein Zyklus des Interpreters besteht aus folgender Sequenz

– Hole den Bytecode, auf den der Instruktionszeiger zeigt!
– Inkrementiere den Instruktionszeiger!
– Führe den Befehl aus!

Der Befehlsvorrat ähnelt den Instruktionen der abstrakten Maschine AM. Da die virtuelle Maschine von Smalltalk mehr vordefinierte Datentypen unterstützt, gibt es zusätzliche Befehle für diese Datentypen.

Die Befehle lassen sich einteilen in

– *Stack-Befehle*, die Objektzeiger auf den Stack legen, vom Stack holen und in den Objektspeicher schreiben.
– *Sende-Befehle*, die vergleichbar sind mit den Befehlen **MSend** und **MCall** der abstrakten Maschine AM. Insbesondere unterstützen sie auch den Zugriff auf Objekte, die über den Literal-Frame repräsentiert werden.
– *Sprung-Befehle*, die bedingte und unbedingte Sprünge erlauben.
– *Return-Befehle*, die vergleichbar sind mit dem **MEnd**-Befehl. Sie liefern außerdem noch bestimmte Werte als Ergebnis zurück und geben den Kontext (Stack-Frame) wieder frei.

Insbesondere unterstützt der Befehlsvorrat primitive Methoden, d. h. vordefinierte Methoden, für die effiziente Befehle existieren und die nicht durch Senden von Nachrichten realisiert werden.

3.3 Java-Realisierung

Die Ziele, die die Programmiersprache Java verfolgt, sind [Gosling et al. 96]:

– Einfachheit und Objektorientiertheit,
– Robustheit und Sicherheit,
– Architekturunabhängigkeit und Portabilität,
– hohe Performanz,
– Interpretierung der Programme, und
– Multi-Threadedness.

Insbesondere sollen Java-Programme über das Internet geladen und auf einem lokalen Rechner ausgeführt werden können. Die Idee ist, ein Programm in einer Zwischensprache (Bytecode genannt und vergleichbar mit dem Maschinencode einer abstrakten Maschine) über das Internet zu übertragen und mit Hilfe eines WWW-Browsers, der diese Zwischenform verarbeiten kann, abzuarbeiten. Somit reicht es aus, einen Interpreter für den Java-Bytecode im WWW-Browser zu integrieren, um Java-Programme ablaufen zu lassen. Somit erreicht man ein Maximum an Plattformunabhängigkeit. Anstatt für jede Plattform einen eigenen Compiler zu schreiben, reicht es aus, einen Interpreter für den Bytecode zu implementieren. Die systemabhängigen Teile müssen für jede Architektur neu geschrieben werden, der restliche Interpretercode kann größtenteils wiederverwendet werden. Insbesondere können damit Programme in verschiedenen Umgebungen abgearbeitet werden, ohne daß der Entwickler sich darum kümmern muß, für welche Architektur er den Code erzeugt.

Der Java-Compiler erzeugt zu jeder Klasse C, die er übersetzt, eine Klassendatei C.class, z. B. wird die Klasse BinExpr in die Datei BinExpr.class übersetzt. Diese Klassendatei ist die Zwischenform, die über das Netz übertragen wird. Sie enthält neben Informationen über z. B. Anzahl und Typ der Instanzvariablen, Zugriffsrechte auf die Klasse auch für jede Methode den Java-Bytecode, der auf der virtuellen Java-Maschine abgearbeitet werden kann. Der Bytecode ist die Maschinensprache der virtuellen Java-Maschine JVM.

Wird eine Methode einer Klasse C aufgerufen, so wird die Klassendatei C.class der Klasse C über das Netz geladen und z. B. mit Hilfe eines Java-fähigen WWW-Browsers interpretiert. Ein Java-fähiger WWW-Browser muß daher als Bestandteil einen Interpreter für die virtuelle Java-Maschine enthalten, der die Klassendateien aufbereitet und den Bytecode interpretieren kann:

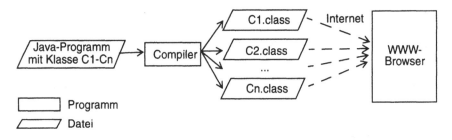

Abb. 21. Laden von Java-Klassendateien über WWW

Der Compiler erzeugt also nicht eine ausführbare Datei, sondern ein Textfile mit den Klasseninformationen und dem Bytecode für die abstrakte Maschine. Ein Programm kann auch lokal auf einem Rechner ausgeführt werden, ohne über das Internet geladen zu werden.

Die Übersetzungsphilosophie von Java hat Ähnlichkeit mit der Philosophie der losen Übersetzung und der Übersetzung von Smalltalk-80. In allen Fällen wird Code für eine virtuelle Maschine erzeugt.

3.3.1 Klassen und einfache Vererbung

Jede Klasse C eines Java-Programms wird in eine Datei C.class übersetzt. Jede Klassendatei enthält den übersetzten Code einer Klasse oder eines Java-Interfaces.

Das Format einer Klassendatei sieht vereinfacht dargestellt folgendermaßen aus (vgl. [Lindholm, Yellin 96]), wobei die Typen u1, u2 und u4 für unsigned 1, 2 bzw. 4 Byte stehen; die Datentypen cp_info, field_info, method_info sowie attribute_info werden wir später kennenlernen).

```
ClassFile {
u4 magic;                              // hat den Wert 0xCAFEBABE; gibt an, daß es sich
                                       // um eine Java-Klassendatei handelt.
u2 minor_version;                      // kleinste Version des Compilers
                                       // der diesen Code erzeugt.
u2 major_version;                      // größte Version des Compilers,
                                       // der diesen Code erzeugt.
u2 constant_pool_count;
                                       // Anzahl der Einträge im constant_pool.
cp_info constant_pool[constant_pool_count-1];
                                       // enthält Stringkonstanten, Klassennamen,
                                       // Instanzvariablennamen und andere Konstanten,
                                       // die in dieser Klasse oder abgeleiteten
                                       // Klassen verwendet werden
u2 access_flags;                       // gibt an, ob die Klasse public, final, interface
                                       // oder abstrakte Klasse ist.
u2 this_class;                         // Index, wobei constant_pool[this_class]
                                       // Klasseninformationen der aktuellen Klasse
                                       // enthält.
u2 super_class;                        // entweder 0, falls keine Superklasse existiert,
                                       // bzw. ein Index, so daß
                                       // constant_pool[super_class] Klasseninforma-
                                       // tionen der Superklasse enthält.
u2 interface_count;                    // Anzahl der Interfaces, von der diese Klasse
                                       // oder dieses Interface abgeleitet ist.
u2 interfaces[interfaces_count];       // Tabelle enthält Indizes in den constant_pool,
                                       // wobei für einen Index i der Wert von
                                       // constant_pool[i] ein Interface sein muß.
u2 fields_count;                       // Anzahl der in der Klasse definierten
                                       // Instanzvariablen.
field_info fields[fields_count];       // Tabelle enthält Informationen
                                       // über die Instanzvariablen, u. a. Zugriffsrechte,
                                       // Name der Instanzvariablen sowie Typ.
u2 methods_count;                      // Anzahl der neu bzw. re-definierten Methoden,
                                       // also nicht von der Superklasse geerbten
                                       // Methoden.
method_info methods[methods_count];
                                       // Tabelle enthält für jede Methode ihre
                                       // vollständige Beschreibung der
                                       // Methode und den Java-Bytecode.
u2 attributes_count;                   // Anzahl der (benutzerdefinierten) zusätzlichen
                                       // Attribute.

attribute_info attributes[attributes_count];
                                       // Bisher gibt es nur das Attribute SourceFile,
                                       // das den Namen der Java-Datei enthält.
}
```

Zunächst enthält die Klassendatei einen Eintrag, der sie als Java-Klassendatei identifiziert, nämlich **CAFEBABE** in hexadezimaler Darstellung.

Die nächsten zwei Einträge legen fest, welche Version des Compilers den nachfolgenden Bytecode erzeugt, dazu wird die niedrigste und höchste Versionsnummer des Compilers angegeben.

Die Konstante constant_pool_count spezifiziert die Länge des nachfolgenden Konstantenpools. Somit wird eine variable Anzahl der Einträge der verwendeten Konstanten ermöglicht.

Diese festen Daten werden in dem Array constant_pool gespeichert. Dieser Array enthält u.a. Informationen über Namen der verwendeten Klassen, Methoden und Instanzvariablen.

Die access_flags geben die Zugriffs- und Modifikationsrechte der Klasse an; z. B. können die Flags ACC_PUBLIC, ACC_FINAL, ACC_ABSTRACT, ACC_INTERFACE oder ACC_SUPER verwendet werden um auszudrücken, daß die Klasse *public*, *final* (es dürfen keine Unterklassen angelegt werden) eine abstrakte Klasse oder eine Interface-Klasse ist oder daß Methoden der Superklasse aufgerufen werden.

this_class enthält einen Index in den Konstantenpool constant_pool, wobei an dessen Stelle ein Eintrag der Form CONSTANT_class_info (siehe nächsten Abschnitt) steht, der die Informationen der aktuellen Klasse enthält.

super_class ist entweder 0^{10}, falls keine Superklasse existiert, oder ein Verweis in den constant_pool, wie bei this_class, der jedoch die Informationen über die Superklasse speichert. Handelt es sich bei der aktuellen Klasse um eine Interface-Klasse, so steht hier ein Verweis auf die Java-Basisklasse java.lang.Object, die alle Klassen erben.

interfaces_count ist die Anzahl der Interface-Klassen, von der diese Klasse oder diese Interface-Klasse abgeleitet wurde.

Die Einträge des Arrays interfaces[interface_count] sind Indizes des Konstantenpools constant_pool, wobei an diesen Stellen im Konstantenpool die Superinterfaces der aktuellen Klasse oder des aktuellen Interface stehen.

fields_count gibt die Anzahl der in der Klasse definierten Instanzvariablen (Java: Felder) an. Das Feld fields[fields_count] enthält Beschreibungen der Instanzvariablen, z. B. Name und Typ, sowie Zugriffsrechte.

Die Komponente methods_count ist die Anzahl der in dieser Klasse neu definierten bzw. re-definierten Methoden. Die Informationen über die Methoden werden im Array methods[methods_count] gehalten.

3.3.1.1 Einträge im Konstantenpool

Klasseninformationen werden im Konstantenpool in der Form

```
CONSTANT_Class_info {
u1 tag;
u2 name_index;
}
```

---

[10]constant_pool[0] wird von der virtuellen Java-Maschine verwendet und ist somit reserviert. Dieser Eintrag fehlt im Klassenfile.

abgelegt. tag hat den Wert CONSTANT_Class, der eine vordefinierte Konstante ist und angibt, daß es sich bei dem Eintrag im Konstantenpool um eine Klassenbeschreibung handelt. Der tag beschreibt bei allen Einträgen des Konstantenpools, um welche Art von Informationen es sich gerade handelt. Aus dieser Komponente kann die Darstellung des weiteren Eintrags festgestellt werden. name_index ist ein Verweis in den Konstantenpool constant_pool, wobei constant_pool[name_index] den Namen der Klasse enthält. Der Klassenname wird codiert als

```
CONSTANT_Utf8_info {
u1 tag;
u2 length;
u1 bytes[length];
}
```

tag hat den Wert CONSTANT_Utf8, d. h., die Arraykomponente enthält einen String in Unicode-Darstellung; length bestimmt die Länge des Bytearrays bytes[length], in dem der eigentliche String abgespeichert ist. Die Einträge im Konstantenpool constant_pool sind für Zugriffe auf Instanzvariablen (Java: Felder), Methoden und Interface-Methoden folgendermaßen aufgebaut:

```
X {
u1 tag;
u2 class_index;
u2 name_and_type_index;
}
```

wobei X ∈{ CONSTANT_Fieldref_info, CONSTANT_Methodref_info, CONSTANT-_InterfaceMethodref_info}. Der Wert von tag ist CONSTANT_Fieldref, CONSTANT-_Methodref bzw. CONSTANT_InterfaceMethodref, abhängig davon, ob es sich um einen Instanzvariablen-, Methoden- bzw. Interfacemethodenzugriff handelt. Der class_index ist ein Verweis in den Konstantenpool constant_pool, der auf eine Datum der Form CONSTANT_Class_info zeigt. Er beschreibt die Klasse, in der die Instanzvariable bzw. die Methode definiert ist. Im Falle einer Interface-Methode ist der Name der Interface-Klasse angegeben. Der Wert von name_and_type_index ist wiederum ein Verweis in den Konstantenpool constant_pool. Diese Komponente im Konstantenpool constant_pool hat die Form

```
CONSTANT_NameAndType {
u1 tag;
u2 name_index;
u2 descriptor_index;
}
```

Der Wert von tag ist CONSTANT_NameAndType_info. Der Index name_index verweist auf einen Eintrag im Konstantenpool constant_pool der Form CONSTANT_Utf8_info (d. h. String in Unicode-Format), in dem der Feldname (Instanzvariablenname) bzw. der Methodenname gespeichert ist. Ebenso verweist descriptor_index auf eine Komponente des Konstantenpools constant_pool der

Form CONSTANT_Utf8_info. Der gespeicherte String gibt bei Instanzvariablen den Typ der Instanzvariablen in einer Kurznotation an, z. B. I für den Typ Integer, F für den Typ Float oder L<classname> für die Klasse <classname>. Wir bezeichnen diese Notation als *Kurzschreibweise für Typen*. Der Wert für Methoden ist die verschlüsselte Funktionalität, d. h., die Argumenttypen und der Ergebnistyp werden in dieser Kurzschreibweise für Typen wiedergegeben. Beispielsweise wird die Methode

```
IntExpr setValue(int a);
```

zu

```
( I ) LIntExpr
```

d. h., das erste Argument ist vom Typ Integer und das Ergebnis von der Klasse IntExpr; liefert die Methode kein Ergebnis zurück, so ist der Eintrag für die Methode

```
void m(int a, float b);
```

der String

```
( I F ) V
```

Darüberhinaus werden im Konstantenpool constant_pool Konstanten der vordefinierten Datentypen abgespeichert, die im Programm verwendet werden. Der Eintrag für eine Integer- oder Floatkonstante ist von der Form

```
X {
u1 tag;
u4 bytes;
}
```

mit $X \in \{$ CONSTANT_Integer_info, CONSTANT_Float_info $\}$. Der Wert von tag ist CONSTANT_Integer für eine Integer-Konstante bzw. CONSTANT_Float für eine Float-Konstante. Das Feld bytes enthält die Konstanten in Byteform. Insbesondere werden Float-Werte im IEEE 754 Fließkomma-Format abgelegt.

3.3.1.2 Einträge für Instanzvariablen

Die Einträge für Instanzvariablen haben die Form

```
field_info {
u2 access_flags;
u2 name_index;
u2 descriptor_index;
u2 attributes_count;
attribute_info attributes[attributes_count];
}
```

Mögliche Werte für access_flags sind ACC_STATIC, ACC_PUBLIC, ACC_PRIVATE oder ACC_PROTECTED, um zu beschreiben, daß die Instanzvariable public, private oder protected ist. name_index und descriptor_index sind Indizes in den Konstantenpool constant_pool, wo die Instanzvariablennamen bzw. der Typ der Instanzvariablen in Kurzschreibweise als CONSTANT_Utf8_info (d. h. als String-Information in Unicode) abspeichert sind. attributes_count ist die Anzahl der zusätzlichen Attribute für diese Instanzvariable, die in attributes[attributes_count] festgelegt werden. Attribute bei Instanzvariablen werden z.Zt. nur für Klassenvariablen (in Java: statische Felder) verwendet.

3.3.1.3 Einträge für Methoden

Methodeninformationen werden in folgender Form gespeichert:

```
method_info {
u2 access_flags;
u2 name_index;
u2 descriptor_index;
u2 attributes_count;
attribute_info attributes[attributes_count];
}
```

Die Zugriffsrechte auf die Methode werden in den access_flags gespeichert und haben die gleichen Werte wie für Instanzvariablen. name_index und descriptor_index sind Indizes in den Konstantenpool constant_pool, an deren Stelle der Methodenname bzw. die Funktionalität der Methoden in der Kurzschreibweise für Typen als CONSTANT_Utf8_info steht. attributes_count ist die Anzahl der zusätzlichen Attribute, die im Array attributes[attributes_count] gespeichert sind. Die einzigen benutzten Attribute für Methoden sind z.Zt. das Code- und das Exception-Attribut. Wir beschränken uns hier auf das Code-Attribut. Das Code-Attribut hat die Form

```
Code_attribute {
u2 attribute_name_index;
u4 attribute_length;
u2 max_stack;
u2 max_locals;
u4 code_length;
u1 code[code_length];
u2 exception_table_length;
exception exception_table[exception_table_length];
u2 attributes_count;
attibute_info attributes[attributes_count];
}
```

attribute_name_index ist ein Verweis in den constant_pool, an dessen Stelle der String „Code" als CONSTANT_Utf8_info-Datum steht. attibute_length enthält die Größe der Datenstruktur Code_attribute. max_stack gibt die maximale Anzahl der Wörter an, die während der Ausführung der Methode auf dem Operanden-Stack belegt werden. max_locals ist die Anzahl der lokalen Größen, d. h. der lokalen Variablen und übergebenen Argumente, die beim Methodenaufruf auf den Stack gelegt werden. code_length gibt die Länge des in code[code_length] stehenden Bytecodes der Methodenimplementierung an. Die nachfolgenden zwei Einträge werden u. a. für die Ausnahme-Behandlung verwendet. Die Einträge attributes_count und attributes[attribute_count] der Klassendatei enthalten zusätzliche Informationen, wie z. B. Zeilennummerntabelle oder lokale Variablentabelle.

3.3.1.4 Bemerkungen

Wir sehen, daß die Klassendatei als eine spezielle Darstellung eines Java-Programms angesehen werden kann. Die Übersetzung einer Klassendefinition führt dazu, daß alle Informationen in dieses Klassenfile eingetragen werden. Eine direkte Übersetzungsbeschreibung werden wir im zweiten Teil dieses Buches kennenlernen, in dem wir einen Übersetzer für eine Teilmenge von Java spezifizieren. Aus dieser Spezifikation kann mit Hilfe des MAX-Systems [Poetzsch-Heffter, Eisenbarth 93] ein Compiler für diese Teilmenge generiert werden.

Als nächstes werden wir uns näher mit der Übersetzung von Methodendeklarationen und Methodenaufrufen sowie mit Objekten und insbesondere mit der virtuellen Java-Maschine beschäftigen.

3.3.2 Methodendeklarationen

Methodendeklarationen werden, wie wir bereits gesehen haben, im Klassenfile in der Datenstruktur

```
method_info {
u2 access_flags;
u2 name_index;
u2 descriptor_index;
u2 attributes_count;
attribute_info attributes[attributes_count];
}
```

abgelegt.

Wir abstrahieren von dieser Assembler-Ebene und betrachten die Ebene, die der Java-Disassembler aus diesem Assembler-Code erzeugt. Die Methode setValue der Klasse IntExpr

```
public IntExpr setValue(int c) {
  i = c;
  return(this);
}
```

wird übersetzt zu

public IntExpr setValue(int);
   /* Stack=2, Locals=2, Args_size=2 */
   // d. h. Größe des Stacks sind 2 Wörter, es gibt 2 lokale Größen und
   // 2 Argumente, erstes Argument ist „this".

Method IntExpr setValue(int)
  0 **aload_0**   // lege lokale Größe 0 (Objekt), d. h. this-Verweis, auf
                         // den Stack
  1 **iload_1**   // lege lokale Größe 1 (Integer c), d. h. 1. Argument, auf
                         // den Stack
  2 **putfield** #13 <Field IntExpr.i I>
                         // Speichert in der Instanzvariablen i des this-Objekts
                         // (liegt auf dem Stack) den Wert des Arguments (liegt
                         // ebenfalls auf dem Stack).
  5 **aload_0**   // Objekt selbst, d. h. this-Verweis, wird als Ergebnis
                         // auf dem Stack zurückgegeben.
  6 **areturn**   // Rücksprung, Objekt-Verweis wird als Ergebnis auf dem
                         // Stack zurückgegeben.

Die Befehle, die mit a bzw. i beginnen, arbeiten auf Objekten bzw. ganzen Zahlen. Die obige Datenstruktur vom Typ method_info wird wie folgt aufgebaut:

method_info minfo;
minfo.access_flags = ACC_PUBLIC;   // Methode ist public
minfo.name_index = 0x29;   // constant_pool[0x29] = „setValue"
minfo.descriptor_index = 0x28;   // constant_pool[0x28] = „(I)LIntExpr"
minfo.attributes_count = 1;   // nur 1 Attribut: Code-Attribut

attribute_info ainfo;
ainfo.attribute_name_index = 0x1e   // constant_pool[0x1e] = „Code"
ainfo.attribute_length = 0x??   // Länge des Attributs, ??, da nur Teile
                             // betrachtet
ainfo.max_stack = 0x02   // Stack hat Größe 2
ainfo.max_locals = 0x02   // 2 lokale Größen
ainfo.code_length = 0x07   // Länge des Codes
ainfo.code[] = „aload_0   // Code steht nicht in dieser Form,
         iload_1   // sondern als Zahlen im Klassenfile
         putfield #13
         aload_0
         areturn"

// weitere Daten werden in ainfo abgespeichert.

minfo.attributes[ ] = ainfo

Beispiel

Übersetzen wir wieder unser Java-Programm mit der erweiterten Klasse

class IntExpr **extends** ConstExpr {
  // Instanzvariablen
  int i;

```
// Methoden
public IntExpr(int c) {
  i = c;
}

public Type typeOfExpr() {
  return(new IntType());
}

public IntExpr setValue(int c) {
  i = c;
  return(this);
}

public int value() {
  return(i);
}
}
```

so erhalten wir

```
class IntExpr extends ConstExpr {
  int i;
  public IntExpr(int);
    /* Stack=2, Locals=2, Args_size=2 */
  public Type typeOfExpr();
    /* Stack=2, Locals=1, Args_size=1 */
  public IntExpr setValue(int);
    /* Stack=2, Locals=2, Args_size=2 */
  public int value();
    /* Stack=1, Locals=1, Args_size=1 */

Method IntExpr(int)
...

Method Type typeOfExpr()
...

Method IntExpr setValue(int)
... siehe vorherige Seite

Method int value()
  0 aload_0              // lege lokale Größe 0 (Objekt), d. h. this-Verweis,
                         // auf den Stack.

  1 getfield #13 <Field IntExpr.i I>
                         // hole Wert der Instanzvariablen i und lege ihn auf
                         // den Stack.
  4 ireturn             // Integer-Wert wird als Ergebnis zurückgeliefert
                         // und Rücksprung.
}
```

◆

3.3.3 Methodenaufruf und Rücksprung

Ein Methodenaufruf in Java führt zu folgenden Pseudo-Befehlen:

```
<Empfänger auf den Stack legen>
<Wert des ersten Arguments berechnen und auf Stack legen>
<Wert des zweiten Arguments berechnen und auf Stack legen>
...
<Wert des n-ten Arguments berechnen und auf Stack legen>
<invoke> k
```

wobei

- **invokevirtual** ist, falls es sich um eine virtuelle Methode einer Klasse handelt, d. h. um eine Methode, die re-definiert worden ist und zur Laufzeit gesucht werden muß.
- **invokeinterface** ist, falls es sich um eine virtuelle Methode einer Interface-Klasse handelt.
- **invokespecial** (früher: **invokenonvirtual**) ist, falls es sich um eine Methode handelt, deren Implementierung zur Übersetzungszeit bestimmt werden kann.
- **invokestatic** ist, falls es sich um eine Klassenmethode (Java: static) handelt.
- Der Eintrag constant_pool[k] ist vom Datentyp CONSTANT_Methodref_info, der einen Verweis auf den Namen der Klasse, in der die Methode definiert ist, den Methodennamen selbst und die Funktionalität der Methode enthält.

Die Befehle **invokevirtual** und **invokeinterface** haben somit eine ähnliche Semantik, wie die Befehle **MSend** und **MBegin** der abstrakten Maschine AM.

Der Befehl **invokevirtual** k liefert über den Eintrag im constant_pool[k] den Methodennamen und die Funktionalität der Methode; somit kann die Anzahl der Argumente und die Stelle im Stack, an der das Empfängerobjekt steht, bestimmt werden. In dem Klassenfile des Empfänger-Objekts wird nach der Methode gesucht. Wird sie nicht gefunden, werden rekursiv alle Superklassen durchsucht. Wird die Methode gefunden, stehen im Code-Attribut die notwendigen Informationen, um ein Stack-Frame anlegen zu können, nämlich die maximale Anzahl der lokalen Größen (Empfänger-Objekt, Anzahl der Argumente und Anzahl der lokalen Variablen) und die maximale Größe des Operandenstacks, der im Stack-Frame enthalten ist, um die Methode ausführen zu können.

Nach einem Methodenaufruf werden die Argumente und die Objektreferenz auf das Empfänger-Objekt vom Stack entfernt und das Ergebnis des Methodenaufrufs auf dem Stack abgelegt. Diese Aufgaben erledigen die Return-Befehle der virtuellen Java-Maschine. Es gibt für die vordefinierten Datentypen spezielle Return-Befehle, z. B. ireturn für die Ergebnisse byte, short, char, int und areturn, falls das Ergebnis eine Objektreferenz ist. Sie entfernen den Stack-Frame der aktuellen Methodeninkarnation und setzen den Frame-Pointer auf den aufrufenden Frame. Das Ergebnis der Methode steht als oberstes Element auf dem Stack. Ein Beispiel für den erzeugten Code findet sich im Anhang.

3.3.4 Objekte

Objekte werden mit dem JVM-Befehl

new k

erzeugt, wobei k ein Index in den Konstantenpool constant_pool ist und constant_pool[k] Informationen der Klasse (Typ: CONSTANT_Class_info) enthält. Das neu erzeugte Objekt ist Instanz dieser Klasse.

Der Klassenname liegt bei **new** in textueller Form vor, z. B. als IntExpr. Der Klassenname wird resolviert und, falls die Klasse noch nicht geladen ist, wird die Klasse geladen. Im Klassenfile findet man die Anzahl der Instanzvariablen in der fields_count-Komponente und die Beschreibung der Instanzvariablen, insbesondere den Typ der Instanzvariablen, in field_info. Mit diesen Daten kann der Speicherplatzbedarf des neuen Objekts bestimmt und eine neue Instanz dieser Klasse erzeugt werden. Als Ergebnis des new-Befehls wird ein Verweis auf die Objektbeschreibung der neuen Instanz auf dem Keller abgelegt. Die Objektbeschreibung wird auf der Halde abgelegt und besteht aus zwei Teilen:

– Der erste Teil ist ein Verweis auf die Klassendatei und auf die Methoden des Objekts.
– Der zweite Teil ist ein Verweis auf den Speicherplatz der Instanzvariablen im Heap.

Durch diese indirekte Adressierung kann die Halde kompaktifiziert werden, ohne daß alle Verweise auf die Instanzvariablen nachgezogen werden müssen. Man erhält:

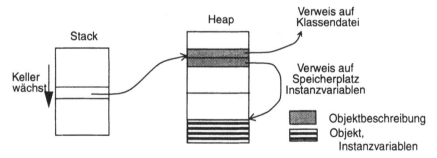

3.3.5 Die virtuelle Maschine von Java

Die virtuelle Maschine, auf die die Programmiersprache Java übersetzt wird, ist von der Grundidee her der abstrakten Maschine AM und der virtuellen Smalltalk-80-Maschine ähnlich. Sie besitzt aber einen viel komplexeren Befehlsvorrat, um alle Datentypen, die auf der Java-Ebene vorkommen, zu unterstützen, um Java-Sprachkonstrukte einfach übersetzen zu können und um Maschinencode, der wenig Speicherplatz benötigt, zu erzeugen. Der Maschinencode muß kurz sein, um möglichst wenig Daten über das Netz übertragen zu müssen.

Die virtuelle Maschine von Java besteht aus

– einem Stack,
– einem Heap,
– einem Methodenbereich,
– einem Konstantenpool,
– einem *native* Methodenstack und
– einem Programm-, Stack- und Heapzeiger.

Der *Stack* nimmt bei Methodenaufrufen die Frames auf. Ein Frame besteht aus den lokalen Größen (Empfänger-Objekt, Argumente, lokale Variablen) und dem Operandenstack, der zur Berechnung der Ausdrücke in der Methode benötigt wird. Die Größe des Operandenstacks ist in der Klassendatei abgespeichert. Ein neuer Frame wird bei einem Methodenaufruf erzeugt und beim Verlassen der Methode wieder gelöscht. Zu jedem Zeitpunkt des Programmablaufs ist genau ein Frame (pro Thread) aktuell (oder aktiv). Der neu erzeugte Frame wird zum aktuellen Frame. Nach Abarbeitung der Methode wird der Frame der aufrufenden Methode wieder der aktuelle.

Auf dem *Heap* werden die Objekte und Arrays angelegt. Ihr Speicherplatz wird automatisch von der Speicherbereinigung (garbage collection) freigegeben, wenn die Objekte nicht mehr „benötigt" werden. Wann ein Objekt nicht mehr benötigt wird, werden wir in Kap. 6 (Speicherbereinigung) kennenlernen.

Der *Methodenbereich* und der *Konstantenpool* beschreiben die interne Repräsentation der Klassendateien.

Um Java-Programme mit Modulen, die in anderen Programmiersprachen, etwa C, geschrieben sind, verbinden zu können, besitzt die JVM einen speziellen Stack (*native Stack*), auf dem diese Module ihre Berechnungen ausführen können.

Der *Programmzähler* der JVM zeigt auf den nächsten auszuführenden Befehl. Der *Stackzeiger* verweist auf den aktuellen Frame und der *Heapzeiger* auf die freien Bereiche im Heap.

Der *Befehlszyklus* der Java-Maschine ist den Befehlszyklen ähnlich, die wir bereits bei den anderen abstrakten Maschinen kennengelernt haben:

```
do {
  <hole Operatorcode>;
  if (<Operatorcode hat Argumente>)
    <hole Operanden>;
  <führe die Aktionen für den Operatorcode aus>;
} until (<nix mehr zu tun>);
```

Die virtuelle Java-Maschine unterstützt die Datentypen int, long, short, byte, char, float, double, reference und arrays sowie Konvertierungsfunktionen darauf.

Die Befehle der virtuellen Maschine gliedern sich in

– Lade- und Speicherbefehle, z. B. lade lokale Variable, speichere Wert des Operandenstacks in eine lokale Variable.

– Arithmetische Befehle, z. B. Addition von Integer-Zahlen oder Negation, Shift, sowie Boolesche Verknüpfungen.
– Objekterzeugungs- und Objektmanipulationsbefehle, z. B. erzeuge Objekt einer Klasse bzw. speichere Wert in einer Instanzvariablen.
– Sprungbefehle, z. B. bedingte und unbedingte Sprünge.
– Verwaltungsbefehle für den Operandenstack, z. B. hole das oberste Element vom Stack oder lege eine Kopie des obersten Elements des Stacks auf den Stack.
– Methodenaufruf- und Rücksprungbefehle, z. B. Aufruf virtueller Methoden bzw. Rücksprung, wobei als Ergebnis ein Integer-Wert auf dem Stack zurückgeliefert wird.

Eine Auswahl von Befehlen der JVM sind im 2. Teil zusammengefaßt (vgl. Kap. 11). Die Java virtuelle Maschine besitzt außerdem Befehle, um

– Monitore effizient zu implementieren,
– vordefinierte Datentypen zu konvertieren,
– Source-Code-Debugging zu unterstützen,
– dynamisch Optimierungen durchzuführen, indem der Inhalt der Klassendatei, der zur Laufzeit im Speicher vorliegt, durch effizientere Befehle optimiert wird, und
– Ausnahmebehandlung zu erlauben.

Die abstrakte Maschine AM verfügt über eine beliebige Anzahl von Registern. In der Java-Maschine wird die Registeradressierung nicht unterstützt, sondern alle Berechnungen werden auf dem Stack ausgeführt. Deswegen besitzt die Java-Maschine leistungsfähige Stackoperationen. Darüber hinaus greift die Java-Maschine über den Methodennamen, d. h. über einen String, auf Methodenimplementierungen zu. Um dadurch die Abarbeitung nicht zu sehr zu verlangsamen, stellt die virtuelle Maschine Befehle zur Verfügung, um nach dem ersten Zugriff über den Namen direkt auf die Methodenimplementierung zugreifen zu können.

Monitor-Handling

Um Monitore effizient und einfach implementieren zu können, werden sie von der abstrakten Maschine unterstützt, d. h., es gibt spezielle Befehle für Monitore. Die Java-Maschine kennt hierfür die Befehle monitorenter und monitorexit, um den Eintritt in einen Monitor bzw. den Austritt aus einem Monitor auf Maschinenebene zu realisieren.

Ausnahmebehandlung

Ausnahmen werden eingesetzt, um gezielt auf Programmfehler reagieren zu können. Java unterstützt die Ausnahmebehandlung, und die virtuelle Maschine spiegelt diese Konstrukte wider.

Die virtuelle Java-Maschine kann mit dem Befehl athrow eine Ausnahmebehandlung ausführen. Der aktuelle Stack wird auf „undefiniert" gesetzt und dann wird die Klausel gesucht, die als Ausnahmebehandlung in Frage kommt.

Typkonversion

Ein wichtiges Konzept von Java ist die explizite Typkonvertierung (type casting), die in anderen Programmiersprachen (z. B. C++) implizit ausgeführt wird. Diese explizite Typkonvertierung führt auf der Programmiersprachenseite zu mehr Sicherheit, da sich der Programmierer darüber im klaren sein muß, daß er eine Typumwandlung vornimmt. Für die Konvertierung können Maschinenbefehle verwendet werden. Somit wird die Implementierung der Konvertierung maschinenunabhängig spezifiziert, da alle von Java unterstützten Konvertierungen direkt in Konvertierungsbefehle der virtuellen Maschine übersetzt werden können.

3.4 C++-Realisierung

C++ ist der am weitesten verbreitete Vertreter objektorientierter Programmiersprachen, der auch in der Industrie häufig zum Einsatz kommt. Bei C++ handelt es sich nicht um eine reine objektorientierte Programmiersprache, sondern um eine hybride Sprache. Die imperative Programmiersprache C wurde um objektorientierte Konzepte erweitert, die es erlauben, in C++ objektorientiert zu programmieren. Aber da C eine echte Teilmenge von C++ ist, ist es auch möglich, imperativ in C++ zu programmieren. Die Übersetzung von C++ wird in [Wilhelm, Maurer 97; Ellis, Stroustrup 90] behandelt. Wir orientieren uns an diesen beiden Darstellungen.

3.4.1 Methoden, Klassen und einfache Vererbung

In verschiedenen Klassen können Methoden denselben Namen besitzen, z. B. gibt es die Methode valueOfExpr sowohl in der Klasse BinExpr als auch in der Klasse AddExpr (sowie in weiteren Klassen). Um die beiden Methodenimplementierungen unterscheiden zu können, werden Methodennamen in C++ auf die Form

<Methodenname>__<LängeKlassenname><Klassenname><VerschlüsselteTypen>

gebracht. In unserem Beispiel heißt das, wir erhalten die Methodennamen

valueOfExpr__7BinExpr9ConstExpr

und

valueOfExpr__7AddExpr9ConstExpr

Somit ist es auch möglich, an Hand der Argumenttypen zu unterscheiden, welche Methodenimplementierung aufgerufen wird, falls Methodennamen überladen sind (Overloading). „Überladener Methodenname" heißt, daß Methoden mit gleichem Namen definiert werden, sich die Methoden aber in der Anzahl und/oder im Typ der Argumente unterscheiden. Unterschiedliche Ergebnistypen allein reichen nicht aus! Methoden werden in C++ analog zu imperativen Programmiersprachen übersetzt mit dem Unterschied, daß Objekte auf ihre Instanzvariablen und Methodenimplementierungen zugreifen können. Dies wird in C++ dadurch erreicht, daß Methoden als implizites Argument einen Verweis auf das Objekt, an das eine Nachricht geschickt wird, besitzen. Eine Methode m einer Klasse A mit der Funktionalität

$$m: C_1, ..., C_n \rightarrow C$$

besitzt implizit die Funktionalität

$$m: A, C_1, ..., C_n \rightarrow C$$

In C++ wird zu jeder Methode m eine Funktion f_m mit dieser erweiterten Funktionalität assoziiert. Ein Zugriff auf eine Komponente k des Objekts, d. h. auf eine Instanzvariable oder Methode, erfolgt durch this.k, wobei this das Objekt des impliziten Arguments ist.

Außerdem unterscheidet C++ zwischen Methoden, die in Unterklassen nicht redefiniert werden dürfen, und Methoden, die re-definiert werden dürfen. Re-definierbare Methoden werden in C++ *virtuell* (*virtual*) genannt. Genau diese re-definierbaren Methoden machen die Übersetzung objektorientierter Programmiersprachen schwierig, da zur Laufzeit für diese Methoden ihre Implementierung gesucht werden muß. Um virtuelle Funktionsaufrufe effizient implementieren zu können, benutzt C++ *virtuelle Funktionstabellen* (*virtual function tables*). Betrachten wir dazu unser Beispiel:

Beispiel

Die Klassenhierarchie für unseren Interpreter war definiert als:

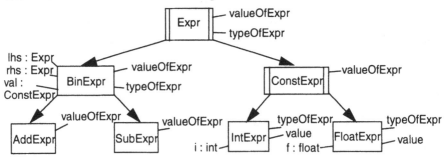

In dieser Klassenhierarchie müssen in C++ die Methoden valueOfExpr und typeOfExpr der Klasse Expr als *virtual* definiert werden, da sie in Unterklassen überschrieben werden. Zur Laufzeit des Programms muß abhängig von der Klasse des Objekts (implizites Argument der Funktion!) die passende Methodenimplementierung ausgeführt werden.   ♦

Deswegen legt C++ für jede Klasse, die virtuelle Methoden enthält bzw. re-definiert (überschreibt) eine virtuelle Funktionstabelle an. Die Einträge sind Funktionszeiger auf die Methodenimplementierung. Eine überschreibende Methode wird selbst wieder als virtuelle Methode aufgefaßt.

Die virtuelle Funktionstabelle einer Klasse C wird wie folgt aufgebaut:

– Existiert eine Superklasse der Klasse C, so wird eine Kopie der virtuellen Funktionstabelle der Superklasse angelegt.
– Re-definierte Methoden werden durch die neue Definition überschrieben.
– Neue Methoden der Klasse werden am Ende der Tabelle angehängt.

Somit erhalten Methodennamen, die bereits in einer Superklasse definiert wurden, den gleichen Index in der Funktionstabelle der neuen Klasse wie in der Funktionstabelle der Superklasse. Die Darstellung der Funktionstabelle kann bereits zur Übersetzungszeit festgelegt werden.

Beispiel

Die virtuelle Funktionstabelle für die obige Klassenhierarchie sieht folgendermaßen aus:

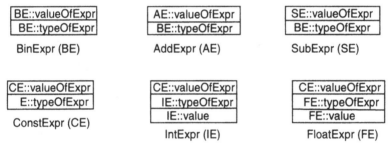

BE::valueOfExpr notiert die Methodenimplementierung von valueOfExpr der Klasse BinExpr

♦

Bemerkung:
In C++ wie auch in vielen anderen objektorientierten Programmiersprachen ist es *nicht* erlaubt, bei einer Re-Definition die Funktionalität der Methoden zu ändern. Falls eine Funktion/Methode mit einer anderen Funktionalität in einer Unterklasse definiert wird, handelt es sich um eine neue Methode, die eine gleichnamige Methode einer Superklasse *nicht* überschreibt. Die Methoden müssen sich bzgl. der Argumenttypen unterscheiden, da aufgrund der Ergebnistypen keine Differenzierung möglich ist.

Neben virtuellen Funktionen gibt es noch *rein virtuelle Funktionen* (*pure virtual functions*) in C++; damit werden in C++ abstrakte Klassen definiert, d. h. Klassen ohne Implementierung. Eine abstrakte Klasse in C++ ist eine Klasse, in der mindestens eine Funktion als rein virtuell definiert ist. Die Notation abstrakter Funktionen ist „=0" anstelle des Funktionsrumpfes.

Eine abstrakte Klasse darf in C++ nicht als Argumenttyp, Ergebnistyp oder Typ einer expliziten Typkonversion verwendet werden.

3.4.2 Objekte

Zur Laufzeit werden die konkreten Instanzen einer Klasse im Speicher abgelegt. Jede Instanz einer Klasse mit virtuellen Methoden enthält in C++ einen Verweis auf die virtuelle Funktionstabelle ihrer Klasse sowie Speicherplatz für die Instanzvariablen:

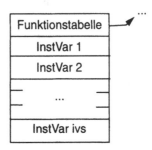

Abb. 22. Darstellung von Objekten im Speicher

Der Verweis auf die virtuelle Funktionstabelle ist nur für Instanzen von Klassen mit virtuellen Funktionen enthalten. Die Reihenfolge, in der die Instanzvariablen abgelegt werden, ist von der C++-Sprachdefinition nicht festgelegt.

Eine alternative Darstellung von Objekten im Speicher könnte aus Verweisen auf die virtuelle Funktionstabelle, auf eine Offset-Tabelle und auf den Speicherplatz der Instanzvariablen bestehen (Abb. 23).

Durch diese Repräsentation im Speicher erhält man wieder Objektbeschreibungen, die unabhängig vom Speicherplatz der Instanzvariablen auf dem Heap sind; insbesondere kann der Heap kompaktifiziert werden, ohne den Verweis auf die Objektbeschreibung zu ändern.

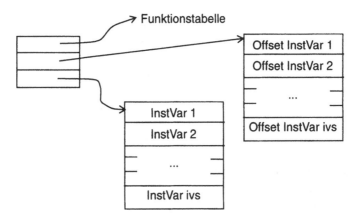

Abb. 23. Darstellung von Objekten im Speicher mit Offsets

Wenn eine Klasse B direkt oder indirekt von einer Klasse A erbt, dann ist B Unterklasse von A und Objekte der Klasse B können überall dort verwendet werden, wo Instanzen der Klasse A erwartet werden. Deswegen muß der Compiler auf Instanzen der Klasse B eine Sicht definieren können, die es erlaubt, sie als Instanzen der Klasse A zu behandeln. Die dynamische Bindungsregel besagt aber, daß eine Methode m der Klasse A, die in einer Unterklasse B überschrieben wird, bei Instanzen der Klasse B, die als Instanzen der Klasse A betrachtet werden, trotzdem die Methode m der Klasse B aufruft. Deswegen muß es zur Laufzeit möglich sein, von der einen Sicht, daß ein Objekt zur Klasse B gehört, auf die andere Sicht, daß ein Objekt zur Klasse A gehört, umzuschalten. Ist die Klasse A Superklasse der Klasse B, dann besteht eine A-Klassen-Sicht auf ein Objekt b der Klasse B aus dem Anfangsbereich der Instanzvariablen des Objekts b und einem Anfangsbereich der Methodentabelle von B. Die Anfangsbereiche entsprechen genau den Instanzvariablen und Methoden, die von A geerbt wurden.

Beispiel

Ein AddExpr-Objekt mit den jeweiligen Sichten sieht folgendermaßen aus:

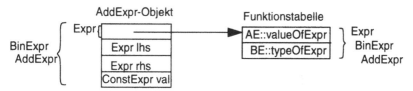

Ein IntExpr-Objekt sieht wie folgt aus:

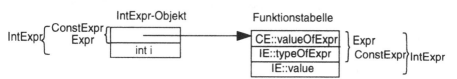

3.4.3 Methodenaufruf

Durch die Verwendung virtueller Funktionstabellen ist ein effizienter Methodenaufruf möglich.

Der Compiler bindet zur Übersetzungszeit die Methodennamen an Indizes in der Funktionstabelle. Beim Methodenaufruf wird die Funktion angesprungen, die unter dem entsprechendem Index in der Funktionstabelle gespeichert ist. Ein virtueller Methodenaufruf

o->mid(arg$_1$,..., arg$_{args}$)

wird zu einem normalen C-Funktionsaufruf der Form

(*(o->vtpr[i]))(o, arg$_1$,..., arg$_{args}$),

wobei der Index der virtuellen Methode mid die Konstante i ist.

Der Zugriff o->vtpr[i] liefert den Funktionszeiger, d. h. die Methodenimplementierung; *(o->vtpr[i]) realisiert den eigentlichen Funktionsaufruf. Man beachte, daß der Methode das Objekt selbst als Argument mitgegeben wird, um auf die Instanzvariablen sowie auf die Methoden des Objekts zugreifen zu können.

Beispiel

Betrachten wir folgende C++-Notation unseres Beispiels und die obige virtuelle Funktionstabelle, so wird

```
AddExpr *a = new AddExpr(...);
...
a->typeOfExpr();
```

übersetzt zu

```
(*(a->vtptr[1]))(a);
```

(Beachte, die Zählung beginnt bei 0.) Der Zugriff a->vtptr[1] liefert den Funktionszeiger, d. h. die Methodenimplementierung (BE::typeOfExpr); *(a->vtptr[1]) realisiert den eigentlichen Funktionsaufruf.

Somit ergibt sich bei Einfachvererbung:

– ein Overhead von einem Verweis pro Objekt, dessen Klasse virtuelle Methoden enthält,
– ein Overhead von einer Funktionstabelle pro Klasse, die virtuelle Methoden besitzt, sowie
– ein Runtime-Overhead für
  • den Zugriff auf die Funktionstabelle,
  • den Indexzugriff auf die Methode,
  • den Methodenansprung und
  • die Objektgenerierung und -initialisierung mit ihrem dazugehörigen Funktionstabellenzeiger.

3.4.4 Mehrfachvererbung

Dieser Abschnitt über die Mehrfachvererbung in C++ orientiert sich an [Ellis, Stroustrup 90].

Die Klasse C sei abgeleitete Klasse der Klassen B_1, B_2, ..., B_n. Es liegt der einfachste Fall von Mehrfachvererbung vor, wenn die Instanzvariablen- und Methodennamen der Klassen B_1, B_2, ..., B_n und ihrer Superklassen paarweise verschieden sind. Diese Bedingung impliziert, daß die Klassen B_1, B_2, ..., B_n keine gemeinsamen Superklassen besitzen.

Dieser Fall kann wie die Einfachvererbung behandelt werden, d. h., die Klasse C enthält die vollständigen Kopien der Klassen B_1, B_2, ..., B_n. Für $n = 2$ erhält man die Klassenhierarchie

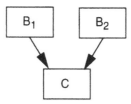

mit Objekt-Struktur

Wird eine Methode der Klasse B_1 aufgerufen, muß das aufrufende Objekt Instanz der Klasse B_1 sein. Für jede Unterklasse C einer Superklasse B_1 muß es daher eine B_1-Sicht auf C-Objekte geben. Da B_1-Teilobjekte am Anfang eines C-Objekts abgelegt werden, kann wie im Falle der Einfachvererbung vorgegangen werden. Somit ist die B_1-Sicht auf ein C-Objekt der Anfang dieses Objekts (B_1-Teil). Wird dagegen eine Methode der Klasse B_2 aufgerufen, erwartet diese Methode ein B_2-Objekt. Somit muß eine B_2-Sicht auf ein C-Objekt realisiert werden. Die Vorgehensweise wie für die B_1-Sicht funktioniert nicht, da der B_2-Teil des Objekts erst nach dem B_1-Teilobjekt folgt. Um eine B_2-Sicht auf ein C-Objekt zu erhalten, wird ein Zeiger auf den Anfang des B_2-Teilobjekts gesetzt, der den Beginn des B_2-Objekts repräsentiert. Effizient kann dieser Zeiger durch einen Offset relativ zum Objektanfang implementiert werden. Dasselbe Problem muß bei der Typkonversion gelöst werden, wenn ein Objekt einer Klasse in ein Objekt ihrer Superklasse konvertiert wird.

Eine kompliziertere Vorgehensweise ist bei der folgenden Klassenhierarchie notwendig:

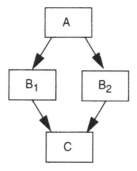

Wir nehmen an, daß die Klasse A in der Klasse C nur einmal instantiiert wird und keine virtuellen Funktionen verwendet werden. Dann enthält jedes B_1- und B_2-Objekt ein A-Teilobjekt. Aber jedes C-Objekt enthält nur ein A-Teilobjekt. Somit kann ein A-Objekt, das Teil eines B_1- bzw. B_2-Objekts ist nicht die gleiche Position in B_1 und B_2 haben. Zur Markierung der Teilobjekte virtueller Superklassen können Zeiger oder Offsets verwendet werden. Die Objektstruktur eines B_1- und eines B_2-Objekts ist

bzw.

sowie für ein C-Objekt

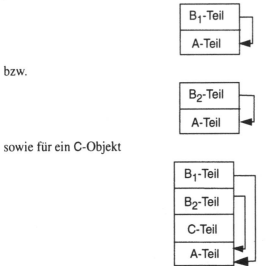

Als nächsten Fall betrachten wir die Mehrfachvererbung, wobei virtuelle Funktionen verwendet werden.

Betrachten wir die folgenden Klassendefinitionen in C++-Notation:

```
class B1 {              class B2 {              class C: public B1,
public:                 public:                         public B2 {
    virtual void f();       virtual void f();   public:
}                           virtual void g();       void f();
                        }                       }
```

Die dazugehörige Klassenhierarchie ist

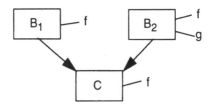

Das Teilprogramm

```
C *pc = new C;
B1 *pb1 = pc;
B2 *pb2 = pc;
```

führt bei den Methodenaufrufen

```
pb1->f();
pb2->f();
pc->f();
```

dazu, daß jeweils die Methode C::f() ausgeführt wird. Die Methode f erwartet ein C-Objekt und nicht ein B_1- oder B_2-Objekt. In unserem Beispiel sieht ein Objekt der Klasse C folgendermaßen aus

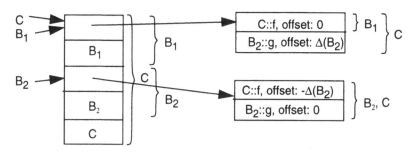

$\Delta(B_2)$ gibt den Offset relativ zum Anfang des C-Objekts an

Die Funktionstabelle für Klassen mit virtuellen Methoden enthält neben den Funktionszeigern auf die Methodenimplementierungen auch noch den Offset des relevanten Teilobjekts relativ zum Anfang des Objekts, da zur Übersetzungszeit die Klasse eines Objekts oft noch nicht bekannt ist. d. h. wird die Methodenimplementierung B_2::g aufgerufen, so erwartet die Methode ein B_2-Objekt. Der Zeiger auf das C-Objekt zeigt aber auf das B_1-Teilobjekt und nicht auf das B_2-Teilobjekt. Aus diesem Grund wird die relative Position des relevanten Teilobjekt in der Funktionstabelle mit abgespeichert. Die Tabelle wird komplizierter, wenn es *virtuelle Superklassen* gibt.

Beispiel

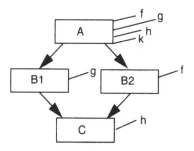

Man betrachtet folgende Methode:

```
void g(C *pc) {
    pc->f()        // ruft B2::f() auf
    pc->g()        // ruft B1::g() auf
```

```
    pc->h()                // ruft C::h() auf
    B1 *pb1 = pc;
    pb1->f()               // ruft B2::f() auf!
}
```

Ein Aufruf einer virtuellen Methode innerhalb des einen Pfades der Vererbungshierarchie (hier: $A \to B_1 \to C$) führt zum Aufruf einer Funktion, die auf einem anderen Pfad der Vererbungshierarchie (hier: $A \to B_2 \to C$) re-definiert wurde.
Objekte der Klasse haben dabei die folgende mögliche interne Darstellung:

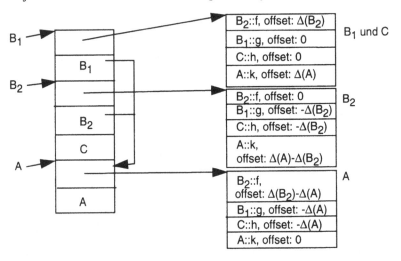

3.5 Parametrisierung

In Kap. 2 haben wir uns bereits mit dem Konzept der Parametrisierung beschäftigt.
Mit Parametrisierung ist es möglich,

- generische Datentypen zu definieren und
- Operationen zu definieren, die polymorph sind, d. h. auf verschiedenen Typen ar-
  beiten können.
- Generische Datentypen können auf zwei Arten implementiert werden:

Kopiervariante:
Die generische Definition wird als *Pattern* (Muster) aufgefaßt, und bei Instantiierung wird die Klasse kopiert, dabei werden die formalen durch die aktuellen Para-
meter ersetzt. Das Ergebnis ist eine Klassen- bzw. Funktionsdefinition, die ein Pro-
grammierer durch Kopieren und Ändern hätte erzeugen können.
   Dies führt bei mehrfacher Instantiierung mit verschiedenen aktuellen Parametern
dazu, daß ein Programm verschiedene Instanzen dieser Klasse enthält, wobei jede
Instanz ihre eigene Kopie der Methoden- bzw. Funktionsimplementierungen hat.
Insbesondere wird mit jeder Instanz der parametrisierten Klasse der Code um den
Code für die instantiierte Klasse vergrößert.

Echte generische Variante:

Für eine generische Klasse wird einmal Zielcode erzeugt und dann arbeitet jede Instanz der parametrisierten Klasse (wieder eine Klassendefinition) mit den gleichen Methodenimplementierungen, die für alle Instanzen dieser Klasse verwendet werden. Das Problem dieser Vorgehensweise ist, daß der Speicherplatzbedarf der möglichen Parametertypen gleich sein muß, damit für die Variablen, die im parametrisierten Datentyp vorkommen, genügend Speicherplatz bereitgestellt werden kann. Dies wird erreicht, wenn alle vordefinierten Datentypen und Objektverweise den gleichen Speicherplatzbedarf haben. Dazu werden komplexe Objekte durch Objektverweise in der übersetzten parametrisierten Klasse realisiert. Listen können mit List<Expr>, aber auch mit List<Person> instantiiert werden, wobei Person eine komplexe Klasse sein kann. In den Variablen der parametrisierten Datentypen werden nur Objektverweise gespeichert. Dadurch brauchen beide Instantiierungen der parametrisierten Klasse den gleichen Speicherplatz bzgl. der verwendeten Variablen. In Eiffel ist diese Form der Parametrisierung möglich, da alle Methodenparameter, Methodenergebnisse und Instanzvariablen einen festen Laufzeittyp der Form *Integer, Character, Boolean, Real* oder *Reference* haben, die alle den gleichen Speicherplatz benötigen. Objekte werden dabei nie direkt manipuliert, sondern immer über ihre Referenzen.

3.5.1 Kopierende Sicht

Die Kopier-Sicht generischer Klassen und Methoden findet z. B. in C++ in Form von *templates* Verwendung (siehe z. B. [Wilhelm, Maurer 97]), obwohl nicht alle C++-Compiler das Konzept der *templates* unterstützen. In C++ können neben Klassen auch Funktionen parametrisiert werden. Eine parametrisierte Methode, die den Inhalt zweier Variablen vertauscht, kann in C++ folgendermaßen implementiert werden:

```
template <class T> void vertausche(T &v1, T &v2) {
    T h;
    h = v1;
    v1 = v2;
    v2 = h;
}
```

T &v1 bedeutet in C++-Notation eine *Call-by-reference*-Parameterübergabe (&) mit den formalen Parametern v1 vom Typ T. Der Parameter der Methode ist eine Klasse T. In unserer erweiterten Java-Syntax würde die Funktion definiert werden als

```
void vertausche <T> (T v1, T v2) {
    T h;
    h = v1;
    v1 = v2;
    v2 = h;
}
```

Diese Funktion kann in den Kontexten

```
int i1, i2;
...
vertausche(i1, i2);
```

und

```
double d1, d2;
...
vertausche(d1, d2);
```

verwendet werden, da die Methode vertausche mit Argumenten beliebigen, aber gleichen Typs aufgerufen werden kann.

Der Compiler erzeugt für jeden Funktionsaufruf mit neuen Argumenttypen eine neue Kopie der parametrisierten Funktion, wobei der Typparameter durch den zur Übersetzungszeit berechneten Typ der Methodenargumente ersetzt wird. In unserem Beispiel werden Funktionsimplementierungen für

void vertausche(int &i1, int &i2);

und

void vertausche(double &d1, double &d2);

erzeugt. Das heißt, es könnten die beiden Funktionen vertausche_II und vertausche_DD erzeugt werden:

```
void vertausche__II(int &v1,int &v2) {        void vertausche__DD(double &v1,
    int h;                                                               double &v2) {
    h = x;                                        double h;
    v1 = v2;                                      h = x;
    v2 = h;                                       v1 = v2;
}                                                 v2 = h;
                                              }
```

Somit übernimmt der Compiler das Kopieren und Ändern, das normalerweise der Programmierer vornimmt; insbesondere braucht sich der Programmierer keine Gedanken bzgl. der Umbenennung der Funktions- und Klassennamen zu machen. Diese erfolgt automatisch durch den Compiler.

Der Funktionsname vertausche ist überladen, da abhängig vom Typ der Parameter eine andere Funktionsimplementierung aufgerufen wird. C++ erlaubt nicht nur bei parametrisierten Funktionen, daß Funktionen denselben Namen haben dürfen. Sie müssen sich aber in der Anzahl und/oder dem Typ der Argumente unterscheiden. Eine Unterscheidung über die Ergebnistypen ist nicht erlaubt.

Typischerweise erfolgt in C++ die Übersetzung einer Instantiierung einer generischen Klasse bzw. Funktion mit neuen Parametern durch Kopie der Klasse bzw. Funktion und durch Ersetzen der formalen Parameter durch die aktuellen Parameter.

Wir sehen an diesem Beispiel, daß pro Instanz mit neuen Parametern einer parametrisierten Klasse (Analoges gilt für Funktionen) eine neue Kopie der Klasse angelegt wird. Insbesondere enthält jede Instanz einer parametrisierten Klasse eigene Methodenimplementierungen. Diese Vorgehensweise führt zu einer großen Anzahl neuer Klassen und Methodenimplementierungen mit hohem Speicherplatzbedarf. Ein Vorteil dieser Methode besteht darin, daß für jede Instantiierung eine spezialisierte und für einen Datentyp eine optimierte Kopie des Codes erzeugt wird. Der Grund, warum es sich in den meisten Fällen um verschiedene Funktionen bzw. Klassen handelt, liegt darin, daß die verschiedenen Instanzen auf verschiedenen Datentypen mit unterschiedlichem Speicherplatzbedarf arbeiten. Benötigen alle Datentypen den gleichen Speicherbedarf, reicht eine Implementierung der Funktion bzw. Klasse aus (vgl. Eiffel).[11] Darüber hinaus unterstützt C++ die Parameterrestriktion, d. h., auf den formalen Parametern können bestimmte Bedingungen definiert werden, die vorschreiben, daß der aktuelle Parameter Subklasse einer oder mehrerer Klassen sein muß. Die Typisierung in C++ erfolgt erst dann, wenn eine parametrisierte Klasse instantiiert wurde, Es erfolgt keine Überprüfung der parametrisierten Klasse.

[Odersky, Wadler 97] bezeichnen in ihrer Arbeit die Kopiersicht als *heterogene Übersetzung*. Die Publikation behandelt Erweiterungen von Java, wie z. B. Parametrisierung und ihre Übersetzung.

Betrachten wir als abschließendes Beispiel noch einmal die Klasse Pair:

```
class Pair< elem > {
  // Instanzvariablen
  elem x, y;

  // Methoden
  Pair(elem x, elem y) {
    this.x = x;
    this.y = y;
  }

  void vertausche() {
    elem t = x;
    x = y;
    y = t;
  }
}
```

Diese Klasse kann folgendermaßen verwendet werden:

```
Pair<String> p1 = new Pair("world!", "Hello ");
p1.vertausche();
```

---

[11]C++ erlaubt als Parameter von Funktionen bzw. Klassen sogar alle Formen von Parametern, die für Funktionsdefinitionen als formale Parameter möglich sind.

```
Pair<String> p2 = new Pair("you!", "hi ");
p2.vertausche();

Pair<int> p3 = new Pair(22, 64);
p3.vertausche();
```

Als Ergebnis der heterogenen Übersetzung erhält man die Klassendefinitionen

```
class Pair_String {
    // Instanzvariablen
    String x, y;

    // Methoden
    Pair_String(String x, String y) {
        this.x = x;
        this.y = y;
    }

    void vertausche() {
        String t = x;
        x = y;
        y = t;
    }
}

class Pair_int {
    // Instanzvariablen
    int x, y;

    // Methoden
    Pair_int(int x, int y) {
        this.x = x;
        this.y = y;
    }

    void vertausche() {
        int t = x;
        x = y;
        y = t;
    }
}
```

und für das Restprogramm

```
Pair_String p1 = new Pair_String("world!", "Hello ");
p1.vertausche();

Pair_String p2 = new Pair_String("you!", "hi ");
p2.vertausche();

Pair_int p3 = new Pair_int(22, 64);
p3.vertausche();
```

Das heißt für jede Instanz der parametrisierten Klasse wird eine eigene (neue) Klasse angelegt.

In [Odersky, Wadler 97] wird noch eine andere Kopier-Sicht vorgestellt: die *homogene Übersetzung*. Sie liefert Code, der universell für alle Instanzen der parametrisierten Klasse verwendet werden kann. Dadurch wird im Gegensatz zur heterogenen Übersetzung insgesamt kompakterer Code erzeugt. Er ist langsamer als der Code der heterogenen Übersetzung, da kein spezialisierter Code erzeugt werden kann.

Die homogene Übersetzung baut auf Überlegungen wie Vererbung, die zur Simulation der Parametrisierung eingesetzt werden kann, auf. Wiederholen wir noch einmal kurz den Gedankengang. Sind alle Klassen Unterklassen einer gegebenen Basisklasse, z. B. der Klasse Object in Java, kann man anstelle der Parameterklasse die Basisklasse verwenden, da jede Instanz einer Unterklasse der Basisklasse auch Instanz der Basisklasse ist. Damit ist eine Zuweisung x = y an eine Variable x der Basisklasse immer typkorrekt. Somit kann überall dort, wo ein Parametertyp bei einer Instanz- oder Methodenvariablendefinition verwendet wird, dieser Typ durch die Basisklasse ersetzt werden. In unserem Beispiel erhält man die Instanzvariablen als Object x, y und die Methodendefinition Pair(Object x, Object y). Wie wir bereits gesehen haben, erlaubt eine derartige Klassendefinition Objekterzeugungen der Form Pair("Schrott", new Integer(23)). Die Werte der Instanzvariablen x und y enthalten aber Objekte der Basisklasse. Im Programm, das auf der instantiierten Klasse Pair<String> aufbaut, erwartet man als Typ der Instanzvariablen String und nicht die Basisklasse Object. Deswegen muß auf dem Ergebnis eine explizite Typkonvertierung durchgeführt werden, um keine Laufzeitfehler zu erhalten. Um diese auszuschließen, kann man Typüberprüfungsregeln einbauen.

Wird diese Idee auf das Beispiel Pair angewandt, erhält man die Klasse

```
class Pair {
    // Instanzvariablen
    Object x, y;

    // Methoden
    Pair(Object x, Object y) {
        this.x = x;
        this.y = y;
    }

    void vertausche() {
        Object t = x;
        x = y;
        y = t;
    }
}
```

Da in Java jede Klasse die Klasse Object erbt, kann jede Instanz einer Klasse C in eine Instanz der Klasse Object konvertiert werden. Deswegen können wir in der übersetzten Klasse die formale Parameterklasse elem durch die Klasse Object ersetzen. Wird diese Klasse verwendet, muß bei Konstruktor- und Methodenaufrufen ihre allgemeinere Funktionalität berücksichtigt werden, etwa Pair(Object x, Object y). Auf einem zurückgelieferten Ergebnis einer Methode muß, bei Funktionalitätsänderung, eine Typkonvertierung auf den erwarteten Typ erfolgen:

```
Pair p = new Pair("world!", "Hello ");
p.vertausche();
String s1 = (String) p.x;
String s2 = (String) p.y;
```

Wir haben bereits parametrisierte Klassen mit Parameterrestriktion kennengеlernt. In der Klasse Pair mußte der formale Parameter der parametrisierten Klasse Ord<elem> genügen, d. h., der aktuelle Parameter muß eine Methode less von geeigneter Funktionalität implementieren:

```
interface Ord<elem> {
    boolean less (elem o);
}
```

Wiederholen wir die Klassendefinition von Pair mit Parameterrestriktion:

```
class Pair<elem implements Ord<elem>> {
    // Instanzvariablen
    elem x, y;

    // Methoden
    Pair(elem x, elem y) {
        this.x = x;
        this.y = y;
    }

    elem min() {
        if (x.less(y))
            return(x);
        else
            return(y);
    }
}
```

und OrdInt

```
class OrdInt implements Ord<OrdInt> {
    // Instanzvariablen
    int i;

    // Methoden
    OrdInt(int iv) {
        i = iv;
    }

    int value() {
        return(i);
    }
}
```

```
  boolean less(OrdInt o) {
    return(i < o.value());
  }
}
```

Eine mögliche Instantiierung der Klasse ist folgendermaßen möglich:

```
Pair<OrdInt> p = new Pair(new OrdInt(22), new OrdInt(55));
OrdInt o = p.min();
int i = o.value();
```

Auch für diese Art des Polymorphismus kann sowohl eine homogene als auch eine heterogene Übersetzung angegeben werden.

Die homogene Übersetzung ersetzt in einer parametrisierten Klasse den Parametertyp durch die Klasse der Parameterrestriktion. Dies ist erlaubt, da als aktuelle Parameter nur Unterklassen der Klasse der Parameterrestriktion zulässig sind.

Man erhält somit:

```
interface Ord {
  boolean less (Object o);
}

class Pair {
  // Instanzvariablen
  Ord x, y;

  // Methoden
  Pair(Ord x, Ord y) {
    this.x = x;
    this.y = y;
  }

  Ord min() {
    if (x.less(y))
      return(x);
    else
      return(y);
  }
}

class OrdInt implements Ord {
  // Instanzvariablen
  int i;

  // Methoden
  OrdInt(int iv) {
    i = iv;
  }

  int value() {
    return(i);
  }
```

```
  boolean less(OrdInt o) {
    return(i < o.value());
  }

  boolean less(Object o) {
    return (this.less((OrdInt) o));
  }

}

Pair<OrdInt> p = new Pair(new OrdInt(22), new OrdInt(55));
Ord o = p.min();
int i = ((OrdInt) o).value();
```

Zu beachten ist, daß less sowohl in Ord, als auch zweimal in OrdInt definiert ist, wobei die Methoden verschiedene Funktionalitäten besitzen. In Ord wird ein Argument vom Typ Object erwartet, diese Methode wird in OrdInt durch die Methode less mit Argument vom Typ Object implementiert. Die Methode less in OrdInt mit Argument vom Typ OrdInt definiert dabei die <-Relation auf ganzen Zahlen.

Bei der heterogenen Übersetzung wird eine Kopie für jede Instanz der parametrisierten Klasse mit neuem Parametertyp angelegt, wobei die Namen eindeutig vergeben und die formalen Parameter durch die aktuellen Parameter ersetzt werden. Insbesondere müssen die Methodennamen eindeutig notierbar sein:

```
interface Ord_OrdInt {
  boolean less (OrdInt o);
}

class Pair_OrdInt{
  // Instanzvariablen
  OrdInt x, y;

  // Methoden
  Pair_OrdInt(OrdInt x, OrdInt y) {
    this.x = x;
    this.y = y;
  }

  OrdInt min() {
    if (x.less(y))
      return(x);
    else
      return(y);
  }
}

class OrdInt implements Ord_OrdInt {
  // Instanzvariablen
  int i;
```

```
// Methoden
OrdInt(int iv) {
    i = iv;
}

int value() {
    return(i);
}

boolean less(OrdInt o) {
    return(i < o.value());
}

}

Pair_OrdInt p = new Pair_OrdInt(new OrdInt(22), new OrdInt(55));
OrdInt o = p.min();
int i = o.value();
```

3.5.2 Echte generische Sicht

In diesem Abschnitt beschäftigen wir uns mit der echten generischen Sicht auf parametrisierten Klassen (siehe auch [Bank et al. 96]), d. h., es wird aus einer parametrisierten Klasse Code erzeugt, der für alle Instanzen der parametrisierten Klasse verwendet wird, ohne Spezialisierungen (vgl. heterogene Übersetzung) oder Verallgemeinerungen (vgl. homogene Übersetzung). Die Realisierung dieser Übersetzung wird am Beispiel von Java präsentiert. Dazu diskutieren wir die notwendigen Erweiterungen der virtuellen Java-Maschine, des Klassenfiles und der Übersetzungsprozedur.

Bei der Instantiierung einer parametrisierten Klasse überprüft der Compiler, ob die aktuellen Parameter die Parameterrestriktionen erfüllen, d. h., ob die aktuellen Parameter die geforderten Konstruktoren und Methoden mit passenden Funktionalitäten besitzen.

Parameterrestriktionen dienen dazu, von den konkreten Instanzen einer parametrisierten Klasse zu abstrahieren. Somit können statische Programmkorrektheitsaspekte (z. B. Typisierung, Funktionalitäten) untersucht werden, ohne daß konkrete Instanzen vorliegen müssen.

Innerhalb der parametrisierten Klasse dürfen die formalen Parameter nur die in der Parameterrestriktion angegebenen Komponenten (Instanzvariablen und Methoden) verwenden; insbesondere muß ihre Funktionalität berücksichtigt werden.

Der Compiler überprüft diese Eigenschaften bei der Übersetzung der parametrisierten Klasse genau einmal, unabhängig davon, wie oft und mit welchen aktuellen Parametern sie instantiiert wird.

Wird eine parametrisierte Klasse instantiiert, überprüft der Compiler, ob die aktuellen Parameter mit den Parameterrestriktionen kompatibel sind. Der Begriff der Kompatibilität wird in diesem Zusammenhang unterschiedlich definiert, u.a.:

- Der aktuelle Parameter muß die Parameterrestriktion genau erfüllen, d. h., er muß die gleichen Instanzvariablen und Methoden mit der gleichen Funktionalität implementieren und zugleich keine weiteren Komponenten anbieten.
- Wie der erste Punkt mit dem Unterschied, daß weitere Komponenten im aktuellen Parameter definiert sein dürfen.
- Der aktuelle Parameter hat mindestens die Methoden und Instanzvariablen der Parameterrestriktion, wobei die Argumente der Methoden des aktuellen Parameters Superklassen der Argumente der Methoden des formalen Parameters und die Ergebnistypen der aktuellen Parametermethoden Subklassen der Ergebnistypen sind. Da die meisten objektorientierten Programmiersprachen Overloading erlauben, kann mehr als eine Methode des aktuellen Parameters kompatibel mit einer Methode der Parameterrestriktion sein. Hier wird die Methode ausgewählt, die am besten paßt (vgl. z. B. die Java-Lösung bei überladenen Methoden). Gibt es keine eindeutig beste Übereinstimmung, muß eine Fehlermeldung ausgegeben werden.

Zwei Instantiierungen einer parametrisierten Klasse definieren dieselbe Klasse, genau dann, wenn sie dieselbe parametrisierte Klasse instantiieren und ihre aktuellen Parameter paarweise gleich sind. Um parametrisierte Klassen in Java-Bytecode übersetzen zu können, müssen bestimmte Erweiterungen der JVM vorgenommen werden. In Java werden alle Objekte selbstdefinierter Klassen durch Objektreferenzen dargestellt; setzt man bei den vordefinierten Datentypen voraus, daß sie den Speicherplatz einer Objektreferenz benötigen[12], ist der Speicherplatzbedarf aller Instanzvariablen gleich. Probleme bereiten Methodenaufrufe und Instanzinformationen der instantiierten parametrisierten Klassen. Es müssen abhängig von der jeweiligen Instantiierung der Klasse unterschiedliche Methodenimplementierungen der aktuellen Parameter aufgerufen werden. Dazu müssen zusätzliche Informationen in der Klassendatei abgespeichert werden. Die Klassendatei muß erweitert werden um

- parametrisierte Klassen mit formalen Parametern und Restriktionen,
- Instantiierungsinformationen einer parametrisierten Klasse, insbesondere aktuelle Parameter, und
- Typsignaturen der instantiierten parametrisierten Klassen.

Zunächst unterscheiden sich die einzelnen instantiierten Klassen durch bestimmte Konstanten voneinander. Um diese Daten abspeichern zu können, wird das Klassenfile um einen Instanzenpool (ipool) erweitert, in dem die instanzspezifischen Informationen gespeichert werden.

```
u2 ipool_count;
ipool_info ipool[ipool_count];
```

---

[12]Dies kann z. B. auf zwei Arten geschehen: Man repräsentiert vordefinierte Datentypen als Objektreferenzen wie in der abstrakten Maschine AM, oder man weist vordefinierten Datentypen soviel Speicherplatz zu, wie eine Objektreferenz benötigt.

Gemeinsame Informationen einer parametrisierten Klasse werden weiterhin im Konstantenpool gespeichert. Die Indizes des Instanzenpools sind für alle Instanzen einer parametrisierten Klasse gleich, damit im Bytecode einheitlich auf die jeweiligen Klassen und Methoden der aktuellen Parameter zugegriffen werden kann. Die Inhalte im Instanzenpool sind abhängig von der jeweiligen Instanz und somit in der Regel verschieden. Für jede Instanz einer parametrisierten Klasse wird ein Instanzenpool-Eintrag angelegt:

```
CONSTANT_InstClass_info {
    u1 tag;                     // CONSTANT_InstClass
    u2 param_class_index;       // Index auf parametrisierte Klasse
    u2 actual_params_index      // Index auf aktuelle Parameterinfos
                                // vom Typ CONSTANT_actual_params_info
}
CONSTANT_actual_params_info {
    u1 tag;
    u2 params_count;
    actual_param_info actparams [params_count];
}

actual_param_info {
    u2 descriptor_index;        // Index aktueller Parametertyp
}
```

Der tag gibt an, daß es sich um Informationen einer instantiierten Klasse handelt. In param_class_index steht die parametrisierte Klasse, von der die Klasse eine Instanz ist. actual_params_index enthält einen Verweis auf die aktuellen Parameter, deren Anzahl identisch zu der Anzahl der formalen Parameter der parametrisierten Klasse ist. In CONSTANT_actual_params_info werden die Typen der aktuellen Parameter angegeben.

Da die gemeinsamen Informationen im Konstantenpool und die unterschiedlichen Informationen im Instanzenpool gespeichert werden, ist ein geringer zusätzlicher Speicheraufwand notwendig. Alle Instanzen einer parametrisierten Klasse teilen den Code der Methodenimplementierungen und den Konstantenpool.

Die Speicherung der Informationen über die formalen Parameter und ihre Restriktionen erfolgt in den Datenstrukturen

```
CONSTANT_formal_params_info {
    u1 tag;                     // CONSTANT_formal_params
    u2 params_count;
    formal_param_info formalparams[params_count];
}

formal_param_info {
    u2 name_index;              // Index auf formalen Parameternamen
    u2 param_restriction_index; // Index auf Parameterrestriktion
}
```

tag hat den Wert CONSTANT_formal_params, um festzulegen, daß es sich um die Einträge für die formalen Parameter handelt. Die Anzahl der formalen Parameter ist params_count. Der Array formalparams enthält als Einträge die Namen der formalen Parameter mit ihren Parameterrestriktionen.

Die Klasseninformationen im Konstantenpool müssen um wie folgt erweitert werden

```
CONSTANT_Class_info {
    u1 tag;               // wie vorher
    u2 name_index;        // wie vorher
    u2 params_index       // Index auf die Informationen der formalen Parameter
                          // vom Typ CONSTANT_formal_params_info oder 0
}
```

Der Code der Methodenimplementierung wird unabhängig von den aktuellen Parametern erzeugt. Trotzdem muß in der parametrisierten Klasse auf die Instanzvariablen und Methodenimplementierungen der aktuellen Parameter zugegriffen werden.

Bei Instanzvariablen werden der Name und Typ der Instanzvariablen sowie der Index der parametrisierten Klasse und die Nummer des formalen Parameters abgespeichert. Wird auf eine Instanzvariable eines aktuellen Parameters zugegriffen, kann über die Instanzinformation und die Nummer des formalen Parameters die Instanzvariable des aktuellen Parameters bestimmt werden. Diese Information wird abgespeichert als (vgl. CONSTANT_FieldRef)

```
CONSTANT_ParamFieldRef_info {
    u1 tag;
    u2 instance_class_index;
    u2 formal_param_number;
    u2 name_and_type_index;
}
```

tag hat den Wert CONSTANT_ParamFieldRef; instance_class_index ist ein Verweis auf den Instanzenpool ipool, in dem die Daten der aktuellen Instanz gespeichert sind; formal_param_number enthält die Nummer des formalen Parameters in dem die Instanzvariable definiert wurde; name_and_type_index dient zum Speichern des Namens und Typs der Instanzvariablen.

Außerdem werden neue JVM-Befehle eingeführt, die Werte aus diesen Instanzvariablen auslesen und darin ablegen:

putparamfields k

bzw.

getparamfields k

Wird auf eine Instanzvariable eines Objekts einer instantiierten Klasse zugegriffen, so wird zunächst die dazugehörige CONSTANT_ParamFieldRef_info geholt.

Mit Hilfe des instance_class_index kann die Instanzinformation der parametrisierten Klasse bestimmt werden. Der Wert des Eintrags formal_param_number wird verwendet, um den Typ des aktuellen Parameters aus dem actparams-Array zu bestimmen. Mit diesen Daten kann auf die Instanzvariable wie bei der Standard-JVM zugegriffen werden. Bei einem Methodenaufruf eines Objekts einer Instanz einer parametrisierten Klasse wird bei der Code-Erzeugung unterschieden, ob es die Methode eines Parameters ist oder nicht. Handelt es sich nicht um eine Methode eines Parameters, wird ein normaler Methodenaufruf erzeugt. Im anderen Fall kennt man zur Laufzeit die Instanz der parametrisierten Klasse. Der Methodenaufruf erfolgt mit dem neuen Befehl

invokeparam k

der diese Methode in den aktuellen Parametern sucht. Wird sie gefunden, wird die Methodenimplementierung ausgeführt; ansonsten wird ein Laufzeitfehler ausgegeben. Das Finden der Methodenimplementierung erfolgt analog zu der Suche nach der relevanten Instanzvariable. Java-Klassenfiles speichern für Methoden und Instanzvariablen die Typen bzw. Funktionalitäten ab. Um den Typ einer parametrisierten Klasse anzugeben, muß die Typbeschreibung für parametrisierte Klassen und ihre Instanzen möglich sein. Der Typ einer parametrisierten Klasse <classname> mit den aktuellen Parametern <actual_param$_1$>,..., <actual_param$_n$> wird abgespeichert als

M<classname>[<actual_param$_1$>,..., <actual_param$_n$>]

Dieses Format wird, wie in Java üblich, als String in der Klassendatei abgelegt. Auf die aktuellen Parameter wird über ihren Index, z. B. mit 0, 1 usw. zugegriffen.

4 Typinferenz und Typüberprüfung

In diesem Kapitel beschäftigen wir uns mit der Typisierung objektorientierter Programmiersprachen. Zunächst gehen wir genauer auf die Aufgabenstellung der Typisierung und die Typisierungsarten ein. Die Schwerpunkte dieses Kapitels liegen auf der Typisierung mit Hilfe der Datenflußanalyse und der Typisierung mit Constraints. Einen guten Überblick geben die Arbeiten von [Blair et al. 89; Booch 94; Cardelli, Wegner 85; Bruce 96; Palsberg, Schwartzbach 94].

4.1 Typisierung und Binden

In diesem Unterabschnitt beschäftigen wir uns mit der Typisierung, dem Binden, der Methodensuche und den Typisierungsproblemen.

4.1.1 Typisierung

Programmiersprachen werden neben der klassischen Aufteilung in imperative (prozedurale), funktionale, logische und objektorientierte Programmiersprachen auch bzgl. ihrer Typisierung unterschieden, d. h., es wird unterschieden, ob eine Programmiersprache typisiert oder untypisiert ist. Pascal und C sind typisierte Programmiersprachen, während Smalltalk-80 oder Lisp untypisierte Sprachen sind. Bei den untypisierten Programmiersprachen gibt es Sprachen, die ganz ohne Typinformation auskommen, wie Lisp, und solche, bei denen keine Typinformationen im Programm angegeben werden, die aber typisiert werden können, z. B. Smalltalk-80 oder BOPL. Enthält ein Programm keine Typdeklarationen, so klingt es verwunderlich, daß Typüberprüfungen durchgeführt werden können. Aus dem Kontext eines Ausdrucks ergeben sich jedoch gewisse *Anforderungen* an seinen Typ. Wird z. B. eine Instanzvariable bei einer Addition verwendet, muß der Typ der Instanzvariablen eine Addition erlauben, und die Bedingung eines if-Ausdrucks muß vom Typ boolean sein. Bei der Typüberprüfung wird die Einhaltung dieser *Anforderungen* überprüft. Kann die Einhaltung zur Übersetzungszeit nicht festgestellt werden, werden *dynamische Typüberprüfungen* eingefügt.

Typannotationen erhöhen die Lesbarkeit der Programme; insbesondere wenn Typinformationen aussagekräftige Namen haben, können sie als zusätzliche (oder oft auch einzige) Kommentare angesehen werden. Durch Typisierung ist es außerdem möglich, typ-inkorrekte Zuweisungen und Operationen auf den Daten zu vermeiden. Darüber hinaus kann die Effizienz verbessert werden, indem Laufzeit-

Checks vermieden werden und Typinformationen zur Erzeugung eines effizienteren Codes (z. B. direkter Methodenaufruf anstelle der aufwendigen Methodensuche) verwendet werden. Durch Typinformationen können automatische Typkonvertierungen durchgeführt und Inkonsistenzen entdeckt werden. Darüber hinaus sind Typinformationen notwendig, um den Speicherplatzbedarf der Variablen zur Übersetzungszeit bestimmen und zur Laufzeit effizient verwalten zu können. Kann die Typisierung vollständig oder zum Teil zur Übersetzungszeit bestimmt werden, muß keine bzw. wenig Typinformation im übersetzten Programm mitabgespeichert werden.

Man unterscheidet verschiedene Formen der Typisierung:

- *statische Typisierung*: Der Typ aller Ausdrücke kann bereits zur Übersetzungszeit bestimmt werden, d. h., insbesondere zur Laufzeit des Programms sind keine Typüberprüfungen notwendig.
- *dynamische Typisierung*: Der Typ einzelner Ausdrücke kann erst zur Laufzeit bestimmt werden und führt damit zu dynamischer Methodensuche.

Werden die Typen zur Übersetzungszeit berechnet, unterscheidet man zwischen *Typinferenz* und *Typüberprüfung*. *Typinferenz* bezeichnet die Typberechnung, wenn wenig oder keine Typinformation explizit angegeben ist. Das heißt, es wird die konsistente Verwendung bzgl. den Definitionen sichergestellt. *Typüberprüfung* ist der Test, ob die berechneten Typen mit den Typangaben im Programm übereinstimmen bzw. die Anforderungen, die sich aus dem Kontext des Ausdrucks ergeben, erfüllt sind. Typisierung kann somit Typinkonsistenzen feststellen. Mögliche Fehlerquellen von Typinkonsistenten sind

- die Parameterübergabe: der Typ eines aktuellen Parameters ist nicht kompatibel mit dem Typ des formalen Parameters;
- der Methodenaufruf: eine Methode ist für den aktuellen Typ / die aktuelle Klasse nicht definiert;
- die Zuweisung: linke und rechte Seite einer Zuweisung müssen typkompatibel sein.

4.1.2 Binden und Methodensuche

Unter *Binden* versteht man die Abbildung eines Methodennamens auf seine Implementierung. Bei *statischem Binden* kann die Abbildung eines Methodennamens auf seine Implementierung bereits zur Übersetzungszeit erfolgen. Im Gegensatz dazu erfolgt bei *dynamischem Binden* die Abbildung eines Methodennamens auf seine Implementierung erst zur Laufzeit des Programms.

4.1.3 Zusammenhang von Typisierung und Binden

Das Zusammenspiel unterschiedlicher Typisierungs- und Bindungsarten läßt sich in folgender Tabelle zusammenstellen:

Tabelle 4. Kombination Binden und Typüberprüfung

	statische Typüberprüfung	dynamische Typüberprüfung
statisches Binden	- Typkorrektheit sichergestellt - wenig Flexibilität	- sinnlos
dynamisches Binden	- Typkorrektheit sichergestellt - gute Flexibilität	- Typfehler müssen zur Laufzeit abgefangen werden - volle Flexibilität

Statisches Binden und statische Typüberprüfung kann sicherstellen, daß keine Typfehler zur Laufzeit auftreten, da Typisierunginformationen bereits zur Übersetzungszeit komplett bestimmt werden können.

Die Typisierung zur Übersetzungszeit ist dafür aber weniger flexibel als die Kombination von statischer Typüberprüfung mit dynamischem Binden, die ebenfalls die Typkorrektheit sicherstellt.

Volle Flexibilität erreicht man mit dynamischem Binden / dynamischer Typüberprüfung. Hierbei können zur Laufzeit Typfehler auftreten, die abgefangen werden müssen.

Mit Hilfe der Typisierung können Methodenaufrufe (teilweise) direkt an die Methodenimplementierung gebunden werden, und es muß keine dynamische Methodensuche erfolgen. Darüberhinaus ermöglicht die statische Methodensuche die Verwendung herkömmlicher Optimierungstechniken.

4.1.4 Typisierungsprobleme

Wiederholen wir noch einmal die Probleme, die durch Vererbung entstehen können, und untersuchen wir die Aspekte noch einmal im Hinblick auf die Typisierung.

Eine Zuweisung der Form a = b, wobei in den Variablen a und b Objekte der Klasse A bzw. B gespeichert sind, ist zulässig, wenn

– Klasse A und B identisch sind oder
– Klasse B eine Unterklasse der Klasse A ist (A → B).

Eine Methode m mit der Funktionalität

$$m: C_1, C_2, ..., C_n \rightarrow C$$

darf, da alle Instanzen einer Klasse auch Instanzen ihrer Superklasse sind, mit Argumenten vom Typ (Klasse) $C'_1, C'_2, ..., C'_n$ aufgerufen werden, falls C'_i mit $1 \leq i \leq n$ eine Unterklasse von C_i ist.

Anstelle eines Objekts der Klasse C darf die Methode m auch ein Objekt der Klasse C' zurückliefern, falls C' Unterklasse der Klasse C ist. Zu beachten ist, daß die Klasse C' eine Methode der Klasse C re-definieren kann, die andere Werte als die Methode der Klasse C liefert.

Falls eine Klasse B von einer Klasse A erbt und eine Methode m überschreibt, muß die in B definierte Methode m (geschrieben als B::m) für ein Objekt der Klasse B benutzt werden, auch wenn die Variable, in der das Objekt gespeichert ist, von der Klasse A ist (Methodenauswahlregel).

Wird eine Methode

$$m: C_1, C_2, ..., C_n \to C$$

einer Klasse A in einer Unterklasse B von A mit Funktionalität

$$m: C'_1, C'_2, ..., C'_n \to C'$$

re-definiert, haben wir in Abschnitt 2.2 verschiedene Lösungsmöglichkeiten kennengelernt.

Sowohl bei der covarianten als auch bei der contravarianten Lösung kann man Typisierungen angeben, die die Typsicherheit garantieren (vgl. [Castagna 96]).

Die covariante Regel charakterisiert die Spezialisierung (das Überschreiben) der Methodenimplementierungen, z. B. DeepCopy.

Die contravariante Regel beschreibt die Subtypisierungsrelation, d. h. die Relation, die angibt, welche Menge von Funktionen ersetzt werden kann, unabhängig vom Kontext, in der eine andere Menge von Funktionen verwendet werden.

4.2 Typisierung mit Datenflußanalyse

In diesem Unterabschnitt gehen wir zunächst auf die Datenflußanalyse ein und betrachten dann als eine Anwendung davon die Typisierung.

4.2.1 Datenflußanalyse

Die Datenflußanalyse ist eine Art der abstrakten Interpretation von Programmen und wird zumeist für die intraprozedurale Analyse, d. h. die Analyse des Programms erfolgt immer innerhalb der einzelnen Prozeduren, verwendet. Dabei wird aus einem Programm ein Flußgraph gemäß den Programmkonstrukten aufgebaut und anschließend annotiert. Wir werden die Datenflußanalyse sowohl für die Typisierung in diesem Kapitel als auch für verschiedene Optimierungen auf objektorientierten Programmen einsetzen. Die nachfolgenden Ausführungen orientieren sich teilweise an [Wirsing 90].

Beispiel

Betrachten wir folgendes Teilprogramm, um die Datenflußanalyse schrittweise zu erarbeiten:

```
int maxn = 5;
IntExpr m, n;
BinExpr b;
m   = new IntExpr(0);
n   = new IntExpr(maxn);
int i = n.value();
while (i >= 0) {
  b = new AddExpr(n, m);
  m = new IntExpr(b.value());
  i = n.value()-1;
  n = new IntExpr(i);
}
```

Die Abarbeitung des Programms kann durch einen *Flußgraphen* visualisiert werden. Deklarationen und Zuweisungen werden sequentiell dargestellt, und Schleifen werden durch Zyklen im Graphen repräsentiert, wobei die Schleifenbedingung als Prädikat den Ablauf des Programms steuert. Am Anfang der Schleife steht die Schleifenbedingung, dann wird der Rumpf der Schleife als Flußgraph repräsentiert, wobei am Ende der Schleife eine Verzweigung vor das Prädikat erfolgt. Ist die Schleifenbedingung nicht erfüllt, wird der Flußgraph nach der Schleife abgearbeitet. Wir erhalten:

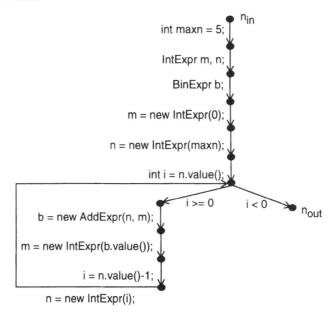

Den Eingangsknoten bezeichnen wir mit n_{in} und den Ausgangsknoten mit n_{out}.

◆

Definition (Flußgraph, Programmflußgraph)

Ein *Flußgraph* ist ein zusammenhängender gerichteter Graph $G = (N, E, n_{in}, n_{out})$ mit

– einer Knotenmenge N,
– einer Kantenmenge $E \subseteq N \times N$,
– einem Eingangsknoten $n_{in} \in N$ und
– einem Ausgangsknoten $n_{out} \in N$.

O.B.d.A. kann man sich auf einen Eingangs- und einen Ausgangsknoten beschränken, da verschiedene Eingangs- und Ausgangsknoten auf jeweils einen Knoten zusammengelegt werden können.

Ein *Programmflußgraph* ist ein Flußgraph G mit der Markierungsfunktion

prog: $E \rightarrow$ *Zuweisung* $\cup$ *Variablendeklaration* $\cup$ *Prädikat*,

die jeder Kante eine Markierung zuordnet. $prog((n, n'))$ ist nur dann eine Zuweisung bzw. Variablendeklaration, wenn (n, n') die einzige von n ausgehende Kante ist. Bei mehreren von n ausgehenden Kanten müssen die Kanten mit einem Prädikat markiert sein. ◆

Ein Programmflußgraph kann abstrakt interpretiert werden; dazu wird jedem Knoten des Programmflußgraphen eine bestimmte Information zugewiesen, z. B. die mögliche Klasse eines Objekts, das in einer Variablen gespeichert ist.

Beispiel

Für unser Beispiel erhalten wir folgende Interpretation:

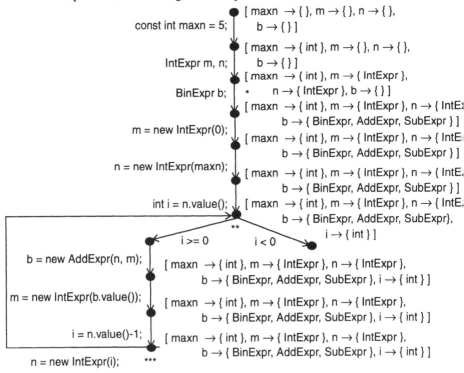

Die Variablendeklaration BinExpr b (*) impliziert, daß in der Variablen b auch Instanzen aller Unterklassen von BinExpr gespeichert werden.

Man sieht an dem Knoten **, daß zunächst ein Wert für diesen Knoten berechnet wird. Nach der while-Schleife, d. h. vom Knoten *** zum Knoten **, wird wieder der Wert des Knotens ** berechnet. Das heißt der Knoten ** muß mit einem Wert belegt werden, der mit dem neu berechneten Wert „kompatibel" ist. Dies ist in unserem Beispiel der Fall.

Damit das Verfahren terminiert und stabile Zustände (Fixpunkte) erreicht werden, müssen bestimmte Anforderungen an die Informationen, die mit den Knoten assoziiert werden, gestellt werden.

Somit gehören zur Interpretation eines Flußgraphen

- eine Menge M mit Halbordnung $\leq$ [13], die
  - entweder ein größtes Element $\top$ enthält und für alle Ketten $m_1 \geq m_2 \geq m_3 \geq \ldots$ ein Infimum $\cap_i m_i$ (größte untere Schranke) besitzt (größter Fixpunkt),
  - oder ein kleinstes Element $\perp$ enthält und für alle Ketten $m_1 \leq m_2 \leq m_3 \leq \ldots$ ein Supremum $\cup_i m_i$ (kleinste obere Schranke) besitzt (kleinster Fixpunkt),
- und eine Funktion $I: E \to [M \to M]_{stetig}$, die jeder Kante von G eine stetige Operation auf M zuordnet.

Interpretationen von Flußgraphen dienen dazu, die in M codierte Information entlang der Kanten durch den Graphen zu propagieren. Dabei wird jedem Knoten ein mit I verträglicher Wert aus M zugeordnet.

Formal entspricht die Menge der gesuchten Knotenwerte $\{ \, wert(n) \mid n \in N \, \}$ der Lösung eines der folgenden Gleichungssysteme:

Tabelle 5. Berechnung kleinster und größter Fixpunkt

Suche nach dem größten Fixpunkt:	Suche nach dem kleinsten Fixpunkt:
a) Vorwärtstraversierung des Graphen: $wert(n_{in}) = c \in M$ $wert(n') = \cap_{(n,\,n') \in E} I(n, n')(wert(n'))$	a) Vorwärtstraversierung des Graphen: $wert(n_{in}) = c \in M$ $wert(n') = \cup_{(n,\,n') \in E} I(n, n')(wert(n'))$
b) Rückwärtstraversierung des Graphen: $wert(n_{out}) = c \in M$ $wert(n') = \cap_{(n,\,n') \in E} I^{-1}(n, n')(wert(n'))$	b) Rückwärtstraversierung des Graphen: $wert(n_{out}) = c \in M$ $wert(n') = \cup_{(n,\,n') \in E} I^{-1}(n, n')(wert(n'))$

c ist ein Wert, der dem Eingangsknoten bei Vorwärtstraversierung und dem Ausgangsknoten bei Rückwärtstraversierung per definitionem zugewiesen wird. I^{-1} be-

---

[13]Eine Relation $\leq \, \subseteq M \times M$ auf einer Menge M heißt *partielle Ordnung* oder *Halbordnung*, falls für beliebige Elemente $x, y, z \in M$ gilt:
(1) $x \leq x$ *(reflexiv)*,
(2) aus $x \leq y$ und $y \leq z$ folgt $x \leq z$ *(transitiv)*,
(3) aus $x \leq y$ und $y \leq x$ folgt $x = y$ *(antisymmetrisch)*.

zeichnet die Umkehrabbildung der Interpretationsfunktion I. Diese muß für die Rückwärtstraversierung existieren.

Der Algorithmus für die Vorwärtstraversierung und die Infimumberechnung $\cap$ ist definiert als

```
wert(n_in) = c;
besucht = { n_in };
E' = ∅;
while ∃ n'∈ N. n' ∉ besucht do
    // vom Eingangsknoten aus werden alle erreichbaren Knoten genau
    // einmal besucht und der Ausgangswert für alle Knoten berechnet
    wähle n ∈ besucht und (n, n') ∈ E \ E'
    wert(n') = I(n, n') (wert(n));
    E' = E' ∪ { (n, n') };
    besucht = besucht ∪ { n' };
od
E' = E \ E';
while ∃ (n, n') ∈ E' do
    // Einschwingphase
    if not (wert(n') ≤ I(n, n')(wert(n)))
        // keine schwächere Vorbedingung als berechnet
        then   wert(n') = wert(n') ∩ I(n, n') (wert(n));
               E' = (E' \ { (n, n') }) ∪ { (n', m) | (n', m) ∈ E };
               // nimm alle Kanten hinzu, die bei n' beginnen, um die
               // Auswirkungen der neuen Berechnung zu berücksichtigen
        else   E' = E' \ { (n, n') };
od
```

Der Algorithmus für die Rückwärtstraversierung und die Infimumbildung $\cap$ ist definiert als

```
wert(n_out) = c;
besucht = { n_out };
E' = ∅;
while ∃ n ∈ N. n ∉ besucht do
    // vom Ausgangsknoten aus werden alle erreichbaren Knoten genau
    // einmal besucht und der Ausgangswert für alle Knoten berechnet
    wähle n' ∈ besucht und (n, n') ∈ E \ E'
    wert(n) = I^{-1}(n, n') (wert(n'));
    E' = E' ∪ { (n, n') };
    besucht = besucht ∪ { n' };
od
E' = E \ E';
while ∃ (n, n') ∈ E' do
    // Einschwingphase
    if not (wert(n) ≤ I^{-1}(n, n')(wert(n')))
        // keine schwächere Vorbedingung als berechnet
        then   wert(n) = wert(n) ∩ I^{-1}(n, n') (wert(n'));
               E' = (E' \ { (n, n') }) ∪ { (m, n') | (m, n') ∈ E
```

// nimm alle Kanten hinzu, die bei n' enden, um die Auswirkungen
// der neuen Berechnung zu berücksichtigen
else   E' = E' \ { (n, n') };
od

Die beiden Algorithmen terminieren, falls M Noethersch ist, d. h. keine unendlich absteigenden bzw. aufsteigenden Ketten existieren. Die Algorithmen berechnen den größten Fixpunkt, falls I stetig ist. Der Beweis dieser beiden Eigenschaften sei dem Leser überlassen.

Man kann auch für die anderen beiden Fälle (Vorwärts- bzw. Rückwärtstraversierung mit Supremumbildung) Algorithmen mit analogen Eigenschaften angeben.

4.2.2 Typisierung mit Datenflußanalyse

In diesem Abschnitt verwenden wir die Datenflußanalyse, um die möglichen Klassen eines Objekts, das in einer Variablen gespeichert ist, zu bestimmen. Dazu definieren wir die Menge M mit Halbordnung. Die im obigen Beispiel informell angegebene Abbildung fassen wir formal als Tupel $(v, cset)$, bestehend aus einer Variablen v und einer Menge von Klassen $cset$ auf.

Die Menge $VCSET$ ist definiert als $\{ (v_1, cset_1), (v_2, cset_2), ..., (v_n, cset_n) \}$. Die Halbordnung ist definiert als

$VCSET_1 \leq VCSET_2$ mit o.B.d.A.

$VCSET_1 = \{ (v_1, cset_{11}), (v_2, cset_{12}), ..., (v_n, cset_{1n}) \}$ und
$VCSET_2 = \{ (v_1, cset_{21}), (v_2, cset_{22}), ..., (v_n, cset_{2n}) \}$,

falls $cset_{1i} \subseteq cset_{2i}$ ist mit $1 \leq i \leq n$.

Die Menge $VCSET$ besitzt als kleinste untere Schranke die Menge bei der alle Variablen als mögliche Typen die leere Menge haben und als größtes Element $\top$. $\top$ beschreibt, daß eine Variable Objekte aller Klassen als mögliche Werte enthalten kann. Die Vereinigung $\cup$ ist definiert als

$$VCSET_1 \cup VCSET_2 = \{ (v_1, cset_{11} \cup cset_{21}), (v_2, cset_{12} \cup cset_{22}), ...,$$
$$(v_n, cset_{1n} \cup cset_{2n}) \}$$

mit o.B.d.A.

$VCSET_1 = \{ (v_1, cset_{11}), (v_2, cset_{12}), ..., (v_n, cset_{1n}) \}$ und
$VCSET_2 = \{ (v_1, cset_{21}), (v_2, cset_{22}), ..., (v_n, cset_{2n}) \}$.

Am Eingangsknoten ist die Menge der möglichen Typen für eine Variable die leere Menge.

Sei const eine Konstante der Klasse C_{const}, C eine Klasse, o ein Objekt mit Instanzvariable v der Klasse C_v, x, y und z Variablen, op ein vordefinierter Operator mit Ergebnistyp C_{op} sowie m eine Nachricht, die ein Objekt der Klasse C_m als Ergebnis zurückliefert. Ist die Programmiersprache statisch typisiert, so erhalten wir die folgende Interpretationsfunktion:

$I(n, n')\, M = M\,[\,(x, \{\ \mathsf{C}\ '\ |\ \mathsf{C}\ '\ \text{Unterklasse von}\ \mathsf{C}\ \}\,]$,
falls die Kante mit C x (Variablendeklaration) markiert ist.

$I(n, n')\, M = M\,[\,(x, \{\ \mathsf{C_{const}}\ \})\,]$, falls die Kante mit x = const markiert ist.

$I(n, n')\, M = M\,[\,(x, \{\ \mathsf{C}\ \})\,]$, falls die Kante mit x = new C markiert ist.

$I(n, n')\, M = M\,[\,(x, cset_M(y))\,]$, falls die Kante mit x = y markiert ist.

$I(n, n')\, M = M\,[\,(x, \{\ \mathsf{C_{op}}\ \})\,]$, falls die Kante mit x = y op z markiert ist.

$I(n, n')\, M = M\,[\,(x, \{\ \mathsf{C}\ '\ |\ \mathsf{C}\ '\ \text{Unterklasse von}\ \mathsf{C_m}\ \})\,]$, falls die Kante mit
x = o.m(...) markiert ist.

$I(n, n')\, M = M\,[\,(x, \{\ \mathsf{C'}\ |\ \mathsf{C'}\ \text{Unterklasse von}\ \mathsf{C_v}\ \})\,]$, falls die Kante mit
x = o.v markiert ist.

Die Klasse C ist in dieser Definition jeweils auch Unterklasse von sich selber.
$M\,[\,(x, cset)\,]$ bedeutet, daß die Menge der möglichen Klassen für x um die Elemente in $cset$ erweitert wird, und ist definiert als

$M\,[\,(x, cset)\,] = \{\ M \setminus \{(x, cset')\} \cup \{(x, cset \cup cset')\}$, wobei $(x, cset') \in M$
und $cset_M(x)$, liefert die Menge der möglichen Klassen von x, definiert als

$cset_M(x) = cset$, wobei $(x, cset) \in M$.

Die Informationen, die durch diese Datenflußanalyse berechnet worden sind, können verwendet werden, um Methodenaufrufe direkt an die Methodenimplementierung zu binden. Unter Berücksichtigung der Vererbungshierarchie kann teilweise auch noch festgestellt werden, daß zwar in einer Variablen Objekte verschiedener Klassen definiert sind, aber nur eine Klasse dieser Klassen eine Methodenimplementierung für einen Aufruf zu Verfügung stellt.

Kennt man, wie in unserem Beispiel, die möglichen Klassen der Variablen b als { BinExpr, AddExpr, SubExpr } und wird ein Methodenaufruf der Form b.typeOfExpr() übersetzt, kann unter Verwendung der Klassenhierarchie die Methode typeOfExpr nur in der Superklasse BinExpr der beiden Klassen AddExpr und SubExpr definiert sein; somit wird die Methodenimplementierung direkt an den Methodenaufruf gebunden.

Zu beachten ist, daß nach einer Bestimmung der Methodenimplementierung die Klassenhierarchie nicht mehr verändert werden darf, da z. B. in einer Unterklasse von AddExpr die Methode typeOfExpr re-definiert werden kann und somit bei einem Objekt dieser Klasse die neue Methodenimplementierung aufgerufen werden muß. Das heißt bei Änderungen der Klassenhierarchie und der Klassen muß der Compiler alle davon abhängigen Klassen neu übersetzen.

Verwendet man bei der obigen Datenflußanalyse die Schnittmenge auf den Mengen und darüberhinaus die größer-gleich-Relation, so wird die Menge von Klassen eines Objekts berechnetet, die mindestens in der Variablen gespeichert sind. Diese Information kann dann für Customization (vgl. Abschnitt 5.2) verwendet werden.

4.3 Typisierung mit Constraints

Die Grundidee constraintbasierter Typinferenzalgorithmen besteht in der Definition von Typvariablen für die unbekannten Typinformationen und in der Herleitung von Relationen (Constraints) zwischen diesen Typvariablen aus einem gegebenen Programm (vgl. auch [Palsberg, Schwartzbach 94]). Die Lösung dieses Constraintsystems liefert die gewünschten Typinformationen. Die Typbedingungen spiegeln die Semantik der Quellsprache wider und werden über die syntaktischen Konstrukte der Sprache definiert.

Mit dieser Methode werden für alle Typvariablen und Ausdrücke des Programms ihre Typinformationen berechnet. In objektorientierten Sprachen vorkommende Ausdrücke besitzen Werte vordefinierter Datentypen (wie z. B. *Integer, Bool*) oder Objekte, d. h. Instanzen einer bestimmten Klasse. Wir bezeichnen die Menge aller im Programm vorkommenden Typen mit AT:

$$AT = \{ \text{int, bool},..., C_1,..., C_n \}$$

wobei $C_1,..., C_n$ die in einem Programm definierten Klassen sind. Mögliche Typen sind Teilmengen der Menge AT. Somit ergibt sich die Subtyprelation als Mengeninklusion. Wir schreiben <<E>> für den Typ eines Ausdrucks E , z. B.

$$<< 2 + 3 >> = \{ \text{int} \}$$

d. h., der Typ des Ausdrucks 2 + 3 ist int.

Definition (Typvariable)

Eine *Typvariable* (*type variable*) ist eine Variable für den Typ einer im Programm vorkommenden Variablen bzw. eines dort vorkommenden Ausdrucks. Die Werte der Typvariablen sind Teilmengen von AT.   ◆

Definition (Typbedingung)

Eine *Typbedingung* (*type constraint*) ist eine Relation zwischen Typvariablen. Typbedingungen haben die Formen:

- $C \subseteq X$ Start-Constraint
- $X \subseteq Y$ propagierender Constraint
- $c \in X \Rightarrow Y \subseteq Z$ bedingter Constraint

wobei c ein Typbezeichner, d. h. Klasse oder vordefinierter Datentyp, C eine Typmenge und X, Y, Z Typvariablen sind.

Start-Constraints sind Anfangsbedingungen. Sie drücken z. B. aus, daß eine Instanzvariable i mit null vorbesetzt ist oder daß die Konstante 5 vom Typ int und die Konstante true vom Typ boolean ist. Die Notation sieht wie folgt aus:

$$\{ \text{null} \} \quad \subseteq \quad <<i>>$$
$$\{ \text{int} \} \quad \subseteq \quad <<5>>$$
$$\{ \text{boolean} \} \quad \subseteq \quad <<\text{true}>>$$

Propagierende Constraints geben Typinformationen weiter. Betrachten wir die Zuweisung x = y; x wird der Wert von y zugewiesen, und der Wert des ganzen Ausdrucks ist der Typ von y[14]. Das gleiche gilt für Typen, was als Typbedingungen wie folgt formuliert wird:

    <<y>> ⊆ <<x>>

    <<y>> ⊆ <<x = y>>

Die *bedingten Constraints*

    $c \in X \Rightarrow Y \subseteq Z$

sind folgendermaßen zu verstehen: Falls aus den anderen Typbedingungen $c \in X$ inferiert werden kann, gilt auch die Typbedingung $Y \subseteq Z$.   ◆

Diese komplizierteren Typbedingungen sind notwendig für die Behandlung der Methodenaufrufe, die später genauer erläutert werden.

Beispiel

    b = true;   { Bool } ⊆ <<true>>

                     <<true>> ⊆ <<b>>

                     <<true>> ⊆ <<b = true>>

                                          ◆

Es kommen keine Gleichheiten, sondern nur Mengeninklusionen in unseren Typbedingungen vor. Der Typinferenzer beginnt mit der leeren Typmenge für eine neue Typvariable. Jeder neue Mengeninklusionstest bedeutet eine Hinzunahme von zusätzlichen Typannotationen zu der bisherigen Typmenge, falls sie nicht schon in der Menge enthalten sind. Diese Vorgehensweise führt dazu, daß immer eine Lösung existiert. Eine Lösung, die allerdings höchst uninteressant ist, ist AT oder ⊤ für alle Typvariablen. Wir wollen aber genauere Lösungen mit möglichst kleinen Typmengen berechnen.

Da der Typinferenzer nicht die Intentionen des Programmierers kennt, kann er in manchen Fällen zu große Typmengen ermitteln.

Gerade die speziellen Eigenschaften objektorientierter Programmierung, wie *spätes Binden* und *Vererbung*, stellen besondere Schwierigkeiten für den Typinferenzer dar.

Betrachten wir einen Teil des Beispiels aus dem Datenflußanalyse-Kapitel:

    int maxn = 5;   (1)

    n = **new** IntExpr(maxn);   (2)

    int i = n.value();   (3)

Aus (1) folgen die Constraints

    { int }   ⊆   <<5>>

    <<5>>   ⊆   <<maxn>>

    <<5>>   ⊆   <<maxn = 5>>

---

[14]Wir gehen von Zuweisungsausdrücken, wie man sie z. B. in C, C++ oder Java findet, aus.

Aus (2) folgen die Constraints

{ IntExpr } $\subseteq$ <<**new** IntExpr(maxn)>>
<<**new** IntExpr(maxn)>> $\subseteq$ <<n>>
<<**new** IntExpr(maxn)>> $\subseteq$ <<n = **new** IntExpr(maxn)>>

Aus (3) folgen die Constraints

FloatExpr $\in$ <<n>> $\Rightarrow$ { float } $\subseteq$ <<n.value()>>
IntExpr $\in$ <<n>> $\Rightarrow$ { int } $\subseteq$ <<n.value()>>
<<n.value()>> $\subseteq$ <<i>>
<<n.value()>> $\subseteq$ <<i = n.value()>>

Hier wurd berücksichtigt, daß in unserem Interpreterbeispiel zwei value-Methoden definiert sind. Insgesamt erhalten wir folgende Lösung:

{ int } $\subseteq$ <<5>>
{ int } $\subseteq$ <<maxn>>
{ int } $\subseteq$ <<maxn = 5>>
{ IntExpr } $\subseteq$ <<**new** IntExpr(maxn)>>
{ IntExpr } $\subseteq$ <<n>>
{ IntExpr } $\subseteq$ <<n = **new** IntExpr(maxn)>>
{ int } $\subseteq$ <<n.value()>>
{ int } $\subseteq$ <<i>>
{ int } $\subseteq$ <<i = n.value()>>

Bemerkung:
Die Lösung kann auch ohne die Angabe von Deklarationsinformationen gefunden werden.

Typinferenzalgorithmus
Folgender Typinferenzalgorithmus wurde eigens für die Typisierung entworfen, löst aber beliebige Mengen von Constraints der drei Grundformen. Auch zyklische Constraints können damit verarbeitet werden.

Definition (Lösung einer Menge von Typbedingungen, minimale Lösung)

Sei M eine Menge von Typbedingungen und seien X_i ($i = 1, 2,..., n$) die in den Typbedingungen vorkommenden Typvariablen. Ein Tupel $S := (S_1, S_2,..., S_n)$ heißt *Lösung* von M, wenn durch die Belegung von X_i mit S_i ($i = 1, 2,..., n$) alle Typbedingungen von M erfüllt sind. Eine Lösung S heißt *minimal*, wenn es keine weitere Lösung $S' = (S_1', S_2',..., S_n')$ mit $S_i' \subset S_i$ (echte Teilmenge) für ein $i \in \{ 1, 2,..., n \}$ gibt. $\blacklozenge$

Bemerkungen

Das Tupel $(AT, AT, ..., AT)$ ist immer eine Lösung einer Menge von Typbedingungen, allerdings eine sehr uninteressante Lösung, da für alle Typvariablen alle Typen möglich sind. ♦

Zu einer beliebigen Menge von Typbedingungen der obigen drei Formen, existiert eine minimale Lösung. (Dies wird hier ohne Beweis festgestellt.)

Eine Möglichkeit, die Lösung einer Menge von Constraints zu bestimmen, besteht darin, ausgehend vom Tupel $(\varnothing, \varnothing, ..., \varnothing)$ alle Constraints in einer gewissen Reihenfolge zu berücksichtigen:

- Bei einem Start-Constraint $C \subseteq X$ wird die Menge C zu der bisherigen Typmenge von X dazugenommen, falls sie nicht enthalten ist.
- Bei einem propagierenden Constraint $X \subseteq Y$ wird die Typmenge von X zu der bisherigen Typmenge von Y dazugenommen, falls sie nicht enthalten ist.
- Bei einem bedingten Constraint $c \in X \Rightarrow Y \subseteq Z$ wird $Y \subseteq Z$ wie ein propagierender Constraint behandelt, wenn c in der Typmenge von X enthalten ist. Sonst ändert sich an den Typmengen nichts.

Die Constraints werden so lange untersucht, bis sich keine Typmenge mehr ändert.

Ein wiederholtes Durchlaufen der ganzen Typbedingungsmenge kann vermieden werden, wenn die Abhängigkeiten der Typbedingungen berücksichtigt werden. Steht z. B. ein bedingter Constraint $c \in X \Rightarrow Y \subseteq Z$ vor einem Start- oder propagierenden Constraint, der diese Bedingung erfüllt, wird dieser Constraint übersprungen. Dazu werden vor der Berechnung die Abhängigkeiten zwischen den Typbedingungen bestimmt.

Definition (Abhängigkeit zwischen Typbedingungen)

Zwei propagierende Typbedingungen $X \subseteq Y$ und $Y \subseteq Z$ hängen voneinander ab, nämlich die zweite von der ersten Typbedingung. Start-Constraints hängen von keinen anderen Typbedingungen ab. Ein bedingter Constraint $c \in X \Rightarrow Y \subseteq Z$ hängt von allen Typbedingungen ab, in denen X oder Y *rechts* vom $\subseteq$-Zeichen vorkommt. Bezeichnen wir die *links* bzw. *rechts* vom Inklusionssymbol $\subseteq$ vorkommenden Typvariablen einer Typbedingung mit

lhsVars(constraint) bzw. *rhsVars(constraint)*,

können die Abhängigkeitsrelationen der Typbedingungen als Mengeninklusion zwischen Typvariablen ausgedrückt werden.

- $lhsVars(C \subseteq X) = \varnothing,$ $rhsVars(C \subseteq X) = \{ X \}$ Start-Constraint
- $lhsVars(X \subseteq Y) = \{ X \},$ $rhsVars(X \subseteq Y) = \{ Y \}$ propagierender Constraint
- $lhsVars(c \in X \Rightarrow Y \subseteq Z) = \{ X, Y \}, rhsVars(c \in X \Rightarrow Y \subseteq Z) = \{ Z \}$
                                                                  bedingter Constraint

Eine Typbedingung *constraint*$_2$ ist abhängig von *constraint*$_1$, falls

$rhsVars(constraint_1) \subseteq lhsVars(constraint_2).$

Für eine Menge von Constraints kann gemäß der Relation *ist abhängig von* ein gerichteter Graph mit Constraints als Knoten und Kanten, die zwei abhängige Constraints gemäß ihrer Abhängigkeit verbinden, aufgebaut werden. Start-Constraints sind Knoten, zu denen keine Kanten führen. ♦

Die Wege in diesem Graphen geben, ausgehend von den Start-Constraints, genau die Reihenfolge wieder, in der die im Graphen enthaltenen Constraints abgearbeitet werden müssen.

Dieser Typinferenzalgorithmus berechnet die Typen der Variablen und Ausdrücke eines Programms. Durch eine anschließende Typüberprüfung wird getestet, ob die berechneten Typen mit den Typangaben übereinstimmen und ob die kontextbedingten Bedingungen eingehalten werden. Zum Beispiel muß ein Ausdruck, der in einer while-Bedingung vorkommt, vom Typ boolean sein.

Die Typüberprüfung selbst ist sehr einfach. Wir bezeichnen den deklarierten bzw. kontextbedingten Typ mit Safety und den inferierten Typ eines Ausdrucks mit Type, dann muß folgende Mengeninklusion eingehalten sein:

Type $\subseteq$ Safety

Wir betrachten bei der Typüberprüfung folgende Fälle:

(1) Type $\subseteq$ Safety
(2) Type $\subseteq$ Safety   und Type $\cap$ Safety $\neq$ { }
(3) Type $\subseteq$ Safety   und Type $\cap$ Safety = { }

Im Fall (1) steht schon zur Übersetzungszeit fest, daß ein Ausdruck zur Laufzeit den korrekten Typ haben wird. Im Fall (2) gilt Type $\cap$ Safety $\neq$ { }, d. h., es gibt Fälle, in denen das Programm korrekt laufen wird. Es ist aber möglich, daß zur Laufzeit Typinkonsistenzen auftreten; deswegen wird Code für *dynamische Typabprüfungen* erzeugt. Im Fall (3) entdeckt der Compiler wegen Safety $\cap$ Type = {}, daß das Programm nie korrekt laufen wird. Er kann bereits zur Übersetzungszeit eine entsprechende Fehlermeldung ausgeben.

Fassen wir die Regeln für Type zusammen:

{ bool } $\subseteq$ <<x>>   für x $\in$ { true, false }
{ int } $\subseteq$ <<x>>   für x $\in$ { 0, 1, 2,... }
...
{ bool } $\subseteq$ <<x op y>>   falls op eine Boolesche Operation ist,
                                     z. B. and, or
int $\in$ <<x>> $\Rightarrow$ { int } $\subseteq$ <<x + y>>>
float $\in$ <<x>> $\Rightarrow$ { float } $\subseteq$ <<x + y>>

analog für -, *, /

<<y>> $\subseteq$ <<x>>   für x = y
<<y>> $\subseteq$ <<x=y>>

$\{\,C\,\} \quad \subseteq \quad \texttt{<<x>>}$ für eine Anwendungsstelle von x,
wobei C der deklarierte Typ von x ist

$\texttt{<<e2>>} \subseteq \texttt{<<e1; e2>>}$

$\texttt{<<e2>>} \subseteq \texttt{<<if e1 then e2 else e3>>}$

$\texttt{<<e3>>} \subseteq \texttt{<<if e1 then e2 else e3>>}$

$\{\,\text{Void}\,\} \subseteq \texttt{<<while(...) \{...\}>>}$

$\{\,C' \mid C' \le C_{\text{this}}\,\} \subseteq \texttt{<<this>>}$ wobei $\le$ die Unterklassenrelation beschreibt
und C_{this} die Klasse von this ist.

$\{\,C' \mid C' \le C_{\text{super}}\,\} \subseteq \texttt{<<super>>}$ wobei $\le$ die Unterklassenrelation beschreibt
und C_{super} die Klasse von super ist.

$\{\,C\,\} \quad \subseteq \texttt{<<new C>>}$

Beim Methodenaufruf der Form $\text{o.m}(e_1,..., e_n)$, wobei die Methode m die Funktionalität

$$C_0\ m(C_1\ id_1,..., C_n\ id_n)$$

hat, erhält man für jede Klasse C, die als Typ des Empfängers in Frage kommt, folgende Constraints:

$$C \in \texttt{<<o>>} \Rightarrow \begin{cases} \texttt{<<e1>>} \subseteq \texttt{<<id1>>} \\ \texttt{<<e2>>} \subseteq \texttt{<<id2>>} \\ \quad\quad \cdots \\ \texttt{<<en>>} \subseteq \texttt{<<idn>>} \\ \{\,C_0\,\} \subseteq \texttt{<<o.m(e1,..., en)>>} \end{cases}$$

Als Typ des Empfängers o kommen alle Klassen vor, die eine zum Aufruf passende Methode m verarbeiten können, d. h. selbst definieren, oder eine Superklasse haben, die eine passende Methode definiert.

Die Typmengen für Safety lassen sich wie folgt zusammenfassen:

$\{\,C' \mid C' \le C\,\}$	für Variablendeklaration C x
$\{\,\text{Bool}\,\}$	für Bedingungen von if- und while-Schleifen
$\{\,\text{Bool}\,\}$	für Operanden von Booleschen Operatoren
$\{\,\text{int, float}\,\}$	für Operanden von arithmetischen Ausdrücken
$\{\,\text{„alle erlaubten Empfänger"}\,\}$	für o in o.m(...)
AT	für alle anderen Fälle

In einem Forschungprojekt mit der Universität Helsinki wurde das MAX-System, das an der Technischen Universität München entwickelt wurde, um Constraints erweitert, so daß spezielle Probleme (wie z. B. Typinferenzalgorithmen) sehr elegant spezifiziert werden können, und MAX aus der Spezifikation die richtige Kombination von Attributauswertung und Constraints-Lösen generiert (vgl. auch [Huber 97]).

5 Optimierungen

Das Haupteffizienzproblem rein objektorientierter Programmiersprachen liegt im Nachrichtenaustausch. Der Nachrichtenaustausch erfolgt in zwei Stufen:

- Methodensuche, etwa über Funktionstabellen (z. B. C++) oder Klassenhierarchien (z. B. Java, Smalltalk-80) und
- Methodenaufruf durch Sprung zur Methodenimplementierung.

Die Methodensuche dauert relativ lange im Vergleich zum Sprung an die Methodenimplementierung; deswegen sind Optimierungen notwendig, um gleiche Programmlaufzeiten zu erhalten. Ist die Methodenimplementierung zur Übersetzungszeit unbekannt, können meist keine herkömmlichen Optimierungstechniken angewandt werden.

Darüber hinaus zeichnen sich objektorientierte Programme oft durch kleine Methoden aus, die viele Methodenaufrufe verursachen.

Aufgrund der Methodensuche ist somit eine effiziente Implementierung rein objektorientierter Programmiersprachen nicht direkt möglich. Deswegen müssen Analysen durchgeführt werden, die es erlauben, die Methodenimplementierungen zumindest teilweise zur Übersetzungszeit zu bestimmen.

Hybride objektorientierte Programmiersprachen können effizient übersetzt werden, da herkömmliche Optimierungstechniken verwendet werden können und somit auf Nachrichtenaustausch verzichtet werden kann. Globale Prozeduren können durch einfache Sprunganweisungen realisiert werden, und nicht über teure Methodensuchverfahren. Außerdem unterstützen sie Standarddatentypen wie Integer und Arrays und erzeugen dafür effizienten Code.

Rein objektorientierte Programmiersprachen fassen auch Standarddatentypen als Klassen mit Senden von Nachrichten auf. Auf der objektorientierten Seite werden Operationen auf Standarddatentypen oft auf der abstrakten Maschine realisiert, um Laufzeitverbesserungen zu erhalten.

Die Ziele der Codeoptimierung sind:

- Verkleinern des erzeugten Codes,
- Verkleinern des Speicherbedarfs zur Laufzeit und
- Verbesserung der Laufzeiteffizienz.

Diese Ziele werden durch codeverbessernde Transformationen erreicht, die bestimmten Anforderungen genügen müssen:

- Die Semantik des Programms muß erhalten bleiben.

– Es müssen sich meßbare Verbesserungen ergeben, denn Optimierungen kosten Übersetzungszeit.

Um kurze *turn-around*-Zeiten zu erhalten, sind nicht optimierende Übersetzer während der Entwicklungs- und Testphase besser. In der Anwendungsphase sind optimierte Programme vorzuziehen. Es muß abgewägt werden, ob sich längere Übersetzungszeiten im Vergleich zu den erzielten Laufzeitverbesserungen lohnen.

Die Codeoptimierung kann an zwei Stellen im Übersetzungsprozeß erfolgen. Die Optimierungen können dabei sowohl zielmaschinenunabhängig als auch zielmaschinenabhängig erfolgen. Die Abbildung des Methodennamens auf die Methodenimplementierung kann z.B. unabhängig von der Zielmaschinenarchitektur durchgeführt werden. Der Zwischencode wird dagegen zielmaschinenabhängig optimiert. Zum Beispiel kann bei einer Zielmaschine mit Registern der Code derart optimiert werden, daß alle Register ausgenutzt werden. Außerdem können bei parallelen Zielarchitekturen Teile des Programms parallelisiert werden. Die in diesem Abschnitt vorgestellten Optimierungsverfahren greifen für beide Optimierungsphasen.

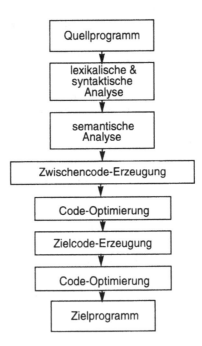

Abb. 24. Phasen der Übersetzung: Codeoptimierung

Zu beachten ist, daß oft keine scharfe Trennlinie zwischen Codeerzeugung und Codeoptimierung gezogen werden kann; in vielen Fällen sind die Übergänge fliessend.

Man unterscheidet *lokale* und *globale Optimierungen*. Man spricht von lokalen Optimierungen, wenn die Optimierung innerhalb eines Basisblocks erfolgt (z.B. *Peephole-Optimierungen*), und von globalen Optimierungen, wenn das gesamte Programm oder größere Teile eines Programms bei der Optimierung miteinbezogen werden.

Unsere Betrachtungen zur Optimierung objektorientierter Sprachen gliedern sich in zwei Teile.

Im ersten Teil wird auf Standardoptimierungen eingegangen, die bei der Optimierung objektorientierter Sprachen verwendet werden müssen, um gute Laufzeitergebnisse zu erzielen. Insbesondere benutzen wir dazu die Technik der Datenflußanalyse, die wir im Kapitel über die Typisierung kennengelernt haben. Die Verwendung dieser Techniken setzt voraus, daß bereits Optimierungen bzgl. der objektorientierten Konzepte erfolgt sind.

Die Optimierung der objektorientierten Konzepte behandeln wir im zweiten Unterabschnitt (vgl. auch [Wirsing 90]).

5.1 Standardoptimierungen

In diesem Abschnitt wollen wir einen Überblick über die bekanntesten Standardoptimierungen, wie sie auch für imperative Programmiersprachen verwendet werden, geben. Die meisten der vorgestellten Optimierungen können durch Datenflußanalyse berechnet werden.

5.1.1 Elimination redundanter Ausdrücke

Betrachten wir folgendes Beispiel:

```
...
x = 3 + 5 * z;
y = 5 * z;
...
```

Hier wird der Ausdruck 5 * z sowohl bei der Berechnung von x als auch von y ausgewertet. Mit der Datenflußanalyse kann man bestimmen, welche (Teil-)Ausdrücke bereits berechnet worden sind und sich seitdem nicht mehr geändert haben. In diesem Fall kann man die Teilausdrücke einmal auswerten und dann mit ihren Ergebnissen weiterrechnen.

Unser Beispiel kann dadurch optimiert werden zu

```
...
h = 5 * z;
x = 3 + h;
y = h;
...
```

Man könnte auch folgendes Programmfragment erhalten:

```
...
y = 5 * z;
x = 3 + y;
...
```

Die dazugehörigen Datenflußinformationen, die zur Elimination redundanter Ausdrücke verwendet werden, sind die verfügbaren Ausdrücke. Ihre Berechnung läßt sich folgendermaßen charakterisieren:

Definition (verfügbare Ausdrücke)

Ein Ausdruck t' heißt *definiert* in (n, n') (i.Z.: $def((n, n')))$, falls der Wert von t' auf

(n, n') berechnet wird, d.h. $\begin{array}{c} \bullet\,n \\ \big| \quad x = t \\ \downarrow \\ \bullet\,n' \end{array}$ bzw. $\begin{array}{c} \bullet\,n \\ \big| \quad t \\ \downarrow \\ \bullet\,n' \end{array}$ und t' Teilausdruck von t ist. Ein

Ausdruck t heißt *überschrieben* in (n, n') (in Zeichen: $killed((n, n')))$, falls eine seiner Variablen in (n, n') neu berechnet wird, d.h. $\begin{array}{c} \bullet\,n \\ \big| \quad x = t' \\ \downarrow \\ \bullet\,n' \end{array}$ und $x \in var(t)$.

Ein Ausdruck t heißt *verfügbar* im Knoten n (in Zeichen: $avail(n)$), falls auf jedem Weg von n_{in} zu n eine Definition von t enthalten ist, die nach der Definition nicht überschrieben wird. Somit gilt:

$avail(n_{in})$ = „Menge der am Eingangsknoten n_{in} verfügbaren Ausdrücke"

$$avail(n') = \bigcap_{(n, n') \in E} [\; (avail(n) \setminus killed((n, n'))) \cup def((n, n')) \;] \qquad \blacklozenge$$

Die Elimination redundanter Teilausdrücke ist typischerweise nach der Übersetzung von Arrayindizierungen anwendbar. Mehrdimensionale Arrays werden dabei linearisiert. Die Arrayzugriffe bei der Berechnung des Ausdrucks

```
x = a[ i, 1 ] + a[ i, j ]
```

und bei dem Array a[n, m] werden realisiert als

```
x = a[ a0 + (m+1)*i+1 ] + a[ a0 + (m+1)*i+j ]
```

Dabei wird der Wert von (m+1)*i zweimal berechnet; a0 ist die Anfangsadresse des Arrays.

5.1.2 Konstantenfaltung

Die Berechnung konstanter Ausdrücke zur Übersetzungszeit (*Konstantenfaltung*, *constant folding*) wird durch das nachfolgende Beispiel veranschaulicht:

```
int n = 100;        // n werde als Konstante vom Typ int deklariert.
...
x = 4;
...                 // in diesem Teil des Programms bleibt der Wert von x
                    // konstant.
```

```
y = n * x;
...
```

Zunächst kann überall im Programm die Konstante n durch ihren Wert 100 ersetzt werden. Darüber hinaus kann durch Datenflußanalyse bestimmt werden, daß der Wert von x bei der Zuweisung an y den Wert 4 hat. Das heißt man hat die Zuweisung y = 4 * 100, dessen Wert man bereits zur Übersetzungszeit bestimmen kann. Man erhält

```
int n = 100;       // n werde als Konstante vom Typ int deklariert.
...
x = 4;
...                // in diesem Teil des Programms bleibt der Wert von x
                   // konstant.
y = 400;
...
```

Wird die Variable y weiter unten im Programm verwendet, ohne daß vorher eine Zuweisung an sie erfolgte, kann man durch weitere Konstantenfaltung ihren Wert einsetzen.

Diese Art der Optimierung kann durch Verwendung von Implementierungsparametern (in unserem Beispiel die Konstante n), die dazu dienen, Programme änderungsfreundlich zu halten, notwendig werden. Darüber hinaus kann Konstantenfaltung zu weiteren Konstantenfaltungen führen, falls z.B. y weiter unten im Programm verwendet wird. Außerdem kann nach Prozedurexpansion (inlining) die Konstantenfaltung zum Einsatz kommen (vgl. Abschnitt 5.2).

5.1.3 Elimination toten Programmcodes

Es kann Programmstellen geben, die nie erreicht werden, z.B.

```
boolean b = false;
...                // b wird nicht verändert
while (b) {
...                // wird nie erreicht
}
```

werden die Anweisungen der while-Schleife nie durchlaufen. Solche Stellen sind oft semantische Fehler im Programm. Der Compiler kann eine Warnung ausgeben, daß die Schleife nie durchlaufen wird, und die while-Schleife wegoptimieren. Außerdem können manche Zuweisungen überflüssig sein:

```
...
x = 3;
...                // hier wird x nicht verwendet
x = 5 * z;
...
```

Die erste Zuweisung an x kann eliminiert werden, da die Variable x bis zur nächsten Zuweisung an x nicht verwendet wird.

Man bezeichnet diese Art der Optimierung als Elimination *überflüssiger Zuweisungen* bzw. als Elimination *toten Codes* (*dead code elimination*). Diese Optimierungsart kann immer dann angewandt werden, wenn versehentlich alter Code bei Änderungen stehengelassen worden ist oder wenn durch andere Optimierungen Zuweisungen redundant werden, etwa bei Konstantenfaltung. Wann eine Zuweisung an eine Variable eliminiert werden kann, kann durch Datenflußanalyse bestimmt werden. Der Programmflußgraph wird dabei rückwärts traversiert.

5.1.4 Kopien-Verbreitung

Unter *Kopien-Verbreitung* (*copy propagation*) versteht man, daß ein Ausdruck einer Variablen zugewiesen wird, die bis zur nächsten Verwendung unverändert bleibt, wobei der berechnete Ausdruck in der Variablen nur einmal Verwendung findet. In diesem Fall wird der Ausdruck an der Verwendungsstelle der Variablen für die Variable eingesetzt; beispielsweise wird

```
...
x = 3 + 5 * z;
y = 3 * n;
z = x;
...
```

transformiert zu

```
...
y = 3 * n;
z = 3 + 5 * z;
...
```

Die Variable x kann dabei wegoptimiert werden. Die Möglichkeit, diese Optimierungsart anzuwenden, ergibt sich oft durch Konstantenfaltung bzw. dadurch, daß Code automatisch geändert wurde und somit eine Teilausdruck-Elimination, die von Hand durchgeführt wurde, überflüssig geworden ist.

5.1.5 Schleifenoptimierungen

Bei Schleifen kann man u.a. zwei Optimierungen verwenden, nämlich *Export schleifeninvarianter Ausdrücke* und *Elimination von Induktionsvariablen*.

Definition (schleifeninvariant)

Eine Variable, an die innerhalb einer Schleife keine Zuweisung erfolgt, heißt *schleifeninvariant*. Ein Ausdruck e ist schleifeninvariant, genau dann, wenn e nur schleifeninvariante Variablen enthält.   ◆

Betrachten wir folgendes Beispiel:

```
...
while (i > 0) {
  y = 5 * z + j * y;
  j = i * 2;
  i = i - 1;
}
...
```

Die Variable z ist schleifeninvariant, und somit ist auch der Teilausdruck 5 * z schleifeninvariant. Die Berechnung des Ausdrucks 5 * z kann aus der Schleife herausgezogen werden. Man erhält somit

```
...
h = 5 * z;
while (i > 0) {
  j = i * 2;
  y = h + j * y;
  i = i - 1;
}
...
```

In jedem Schleifendurchlauf wird die Variable i um 1 und als Konsequenz daraus die Variable j um 2 erniedrigt.

Definition (Induktionsvariable)

Eine Variable, deren Wert bei jedem Schleifendurchlauf erhöht bzw. erniedrigt wird, heißt *Induktionsvariable*. ♦

Ziel der Elimination von Induktionsvariablen ist es, möglichst viele Induktionsvariablen zu eliminieren. In unserem Beispiel kann man die Induktionsvariable i eliminieren, da nur j und nicht i in der Berechnung von h + j * y verwendet wird. Dazu muß der Wert von j vor der Schleife auf den Wert i * 2 gesetzt und in der Schleife pro Durchlauf um 2 erniedrigt werden. Abschließend muß noch die Schleifenbedingung geändert und nach der Schleife die Variable i auf 0 gesetzt werden (Annahme: vor der Schleife war i > 0). Man erhält:

```
...
h = 5 * z;
j = i * 2;
while (j > 0) {
  y = h + j * y;
  j = j - 2;
}
i = 0;
...
```

5.1.6 Reduktion des Operators und algebraische Umformungen

Verfügt die abstrakte Maschine bzw. die Zielmaschine über spezielle Befehle für Binärzahlen, kann z.b. $x * 2^n$ durch x shiftl n ersetzt werden, wobei der Befehl shiftl den Wert von x um n Binärstellen nach links schiebt.

Ebenso können algebraische Umformungen vorgenommen werden. Ausdrücke wie x + 0 oder x * 1 können durch x ersetzt werden. Außerdem können algebraische Gesetze auf Ausdrücke angewandt werden, die die Berechnung vereinfachen; etwa könnte ein Ausdruck x^2 ersetzt werden durch x * x oder a * b + a * c durch a * (b + c).

Zu beachten ist, daß durch Umformungen aufgrund von Rundungsfehlern möglicherweise andere Ergebnisse geliefert werden als vor der Umformung.

5.1.7 Kontrollflußoptimierungen

In einem Programm der Form

```
        goto L1:
        ...
    L1: goto L2
        ...
    L2:
```

kann der Sprung zu L1 ersetzt werden durch einen Sprung zu L2. Diese Optimierungsart ergibt sich an den Übergangsstellen verschiedener übersetzter Sprachkonstrukte.

5.2 Objektorientierte Optimierungen

Dieser Teilabschnitt orientiert sich vor allem an [Chambers et al. 96]. Man kann verschiedene Verfahrensarten unterscheiden:

– *statische, intraprozedurale Analyse*: Es wird eine Art Datenflußanalyse durchgeführt, die eine obere Schranke der Menge der möglichen Klassen liefert, deren Instanzen in einer Variablen gespeichert oder Ergebnis eines Ausdrucks sein können. Ausgehend von diesen Informationen, die den Empfänger einer Nachricht charakterisieren, versucht der Compiler, zur Übersetzungszeit die Methodenimplementierung zu bestimmen und die dynamische Abbildung einer Nachricht auf ihre Implementierung durch einen normalen Prozeduraufruf zu ersetzen.
  Der erhaltene Code kann weiter optimiert werden, etwa durch Inlining oder herkömmliche Optimierungstechniken.
– *Klassenhierarchie-Analyse*: Die intraprozedurale Analyse kann das Wissen über die Vererbungshierarchie miteinbeziehen. Somit kann der Übersetzer die Zahl der möglichen Unterklassen einer Klasse auf die tatsächlichen Unterklassen beschränken. Dieses Wissen ist besonders dann nützlich, wenn eine Methode nicht in Unterklassen überschrieben wird. Ist die Anzahl der möglichen Methodenim-

plementierungen auf nur wenige beschränkt, können dynamische Laufzeit-Checks bzgl. der Argumenten eingefügt werden, um die dynamische Methodensuche durch direkte Prozeduraufrufe zu ersetzen.

– *dynamisches Profiling*: Informationen über die relative Aufrufhäufigkeit der Methodenimplementierungen erlauben es dem Compiler, den Empfänger einer Nachricht „vorherzusehen". Dadurch können die Überprüfungen, zu welcher Methodenimplementierung eine Nachricht gehört, in der Reihenfolge ihrer Häufigkeit erfolgen. Durch Verwendung von Splitting-Techniken werden die Kosten redundanter Klassentests reduziert.

– *selektive Methodenspezialisierung*: Dieses Verfahren erzeugt spezialisierte Versionen einer Quellmethode. Jede Version wird übersetzt und optimiert für eine Teilmenge der potentiellen Argumentklassen der ursprünglichen Methode. Die Klassenhierarchie-Information kann verwendet werden, um die Menge der Klassen, die eine spezialisierte Version benutzen können, zu identifizieren. Die dynamische Profile-Information wird verwendet, um für die am häufigsten aufgerufenen Methodenimplementierungen spezialisierten Code zu erzeugen.

5.2.1 Intraprozedurale Klassenanalyse

Ein Ziel der Optimierung objektorientierter Programme ist, die dynamische Methodensuche durch direkte Prozeduraufrufe zu ersetzen. Dazu muß die Klassenzugehörigkeit eines Objekts bestimmt werden. Falls diese Klasseninformation zur Übersetzungszeit (also statisch) bestimmt werden kann, können weitere Optimierungstechniken eingesetzt werden.

Die intraprozedurale Klassenanalyse berechnet für jeden Programmpunkt eine Abbildung der Variablen auf die Menge der möglichen Klassen, deren Instanzen in der Variablen zur Laufzeit gespeichert sein können. Diese Berechnungen haben wir bereits als Beispiel der Datenflußanalyse kennengelernt. Ziel ist es, die kleinste Menge von möglichen Klassen zu berechnen, um

– die dynamische Methodensuche zu optimieren und
– Laufzeitchecks zu vermeiden.

Laufzeitchecks können eliminiert werden, wenn die Analyse eine bestimmte Klassenzugehörigkeit sicherstellt.

Bei der Optimierung der dynamischen Methodensuche überprüft der Übersetzer, ob alle Klassen der berechneten Menge (diese Menge muß beschränkt sein!) dieselbe Methodenimplementierung für eine Nachricht aufrufen. Falls dies der Fall ist, wird die dynamische Methodensuche durch einen direkten Aufruf der Methodenimplementierung ersetzt. Im Falle einer kleinen Menge von möglichen Methodenimplementierungen werden Fallunterscheidungen mit direkten Aufrufen erzeugt.

5.2.2 Analyse der Klassenhierarchie

Bei der intraprozeduralen Klassenanalyse stehen keine Informationen über das Programm außerhalb der gerade analysierten Methode zur Verfügung. Insbesondere gibt es keine Informationen über

– die aktuellen Parameter einer aufgerufenen Methode,
– den Inhalt der Instanzvariablen und
– das Ergebnis nicht expandierter Methoden.

Interprozedurale Klassenanalyse kann die Qualität der intraprozeduralen Analyse verbessern. Auf diesem Gebiet sind etliche neuere Arbeiten erschienen, z.B. [Palsberg, Schwartzbach 91; Oxkoj et al. 92; Plevyak, Chien 94; Agesen 95; Pande, Ryder 94]. Die Analysetechniken sind immer noch Schwerpunkt aktueller Forschungsarbeiten. Das Hauptproblem der interprozeduralen Analyse sind zyklische Abhängigkeiten. Die bis jetzt entwickelten Techniken sind für größere Programme meistens noch nicht anwendbar.

Eine Alternative zur interprozeduralen Klassenanalyse stellt die Berücksichtigung der Klassenhierarchie dar.

Die Analyse der Klassenhierarchie erweitert die intraprozedurale Analyse um Informationen über die Vererbungsrelationen und den in den Klassen (re-)definierten Methoden. Somit ist eine Menge { C' | C' ist Unterklasse von C } beschränkt, da nur endlich viele Unterklassen in der Vererbungshierarchie für die Klasse C existieren. Dadurch kann ein Teil der Methodenaufrufe direkt an die Methodenimplementierung gebunden werden, obwohl ein Objekt Instanz mehrerer Klassen sein kann. Ist eine Variablen b eine Instanz der Klassen { BinExpr, AddExpr, SubExpr }, kann der Methodenaufruf b.typeOfExpr() direkt an die Methodenimplementierung gebunden werden.

5.2.3 Effiziente Implementierung der Methodensuche
zur Übersetzungszeit

Eine mögliche Implementierung der Methodensuche zur Übersetzungszeit im Falle mehrerer möglicher Empfängerklassen läßt sich wie folgt charakterisieren: Alle Elemente der Mengen werden durchlaufen. Für jede Klasse wird die Methodenimplementierung gesucht, und falls alle Klassen die gleiche Methodenimplementierung besitzen, wird diese direkt angesprungen. Dies ist bei großen Klassenhierarchien eine langwierige Suche.

Alternativ dazu kann man für jede Methodenimplementierung die Menge der möglichen Klassen berechnen (*applies-to*-Menge), die diese Methodenimplementierung verwenden. Wird an einer Stelle im Programm eine Methode *m* aufgerufen, so wird überprüft, ob es für diese Methode *m* genau eine *applies-to*-Menge gibt, die mindestens die Menge der möglichen Empfänger der Nachricht enthält. Ist dies der Fall, wird diese Methodenimplementierung verwendet.

Die Effizienz dieses Verfahrens ist abhängig von der Berechnung der *applies-to*-Mengen und der Schnittmengen.

Die *applies-to*-Menge für eine Methode C::m ist definiert als

$$\text{Subclasses(C)} \setminus \cup_{D \in \{ D \mid \text{Klasse D überschreibt m} \}} \text{Subclasses(D)},$$

wobei Subclasses(C) die Menge aller Unterklassen von C ist.

Um dynamisch typisierte Sprachen mit diesem Mechanismus bearbeiten zu können, benötigt man eine Methode, die aufgerufen wird, wenn keine Methodenimplementierung existiert.

5.2.4 Inkrementelle Programmentwicklung und separate Übersetzung

Nach der Ersetzung der Methodensuche durch den direkten Ansprung der Implementierung darf die Klassenhierarchie nicht mehr verändert werden, da sonst Unterklassen Methoden re-definieren können. Für Instanzen dieser Klassen müssen die re-definierten Methoden aufgerufen werden. Dies impliziert, daß bei jeder Änderung der Klassenhierarchie der Compiler alle davon abhängigen Klassen neu übersetzen und optimieren muß.

Eine Möglichkeit, dieses Problem zu umgehen, besteht darin Optimierungen erst am Ende der Programmentwicklung durchzuführen, wenn die Klassenhierarchien und Methodenimplementierungen bereits feststehen.

Aber die Klassenhierarchie-Analyse kann auch während der Programmentwicklung eingesetzt werden. Bei Änderungen der Klassenhierarchie müssen Teile des Codes neu übersetzt werden. Durch Abhängigkeitsrelationen zwischen den einzelnen Klassen kann man die Anzahl der neu zu übersetzenden Klassen minimal halten. Die Abhängigkeitsinformation kann durch gerichtete, azyklische Graphen beschrieben werden. Die Knoten dieses Graphen spiegeln die Informationen wider, einschließlich des Programmcodes und der Informationen, die durch verschiedene Hierarchie-Analysen berechnet worden sind. Die Kanten geben an, daß eine Abhängigkeit der Informationen besteht. Folgende Probleme können bei separater Übersetzung auftreten:

- Auf den Programmcode kann nicht direkt zugegriffen werden, wenn gekaufte Libraries verwendet werden. Somit sind keine Optimierungen möglich.
- Oft kann zwar auf den Programmcode nicht zugegriffen werden, aber der Code steht in einer bestimmten Zwischenform, etwa dem Java-Bytecode, zur Verfügung, auf dem Optimierungen durchgeführt werden können.

5.2.5 Klassentest

Die Analyse der Typen und Klassenhierarchien führt nicht notwendigerweise dazu, daß die Methodenimplementierung bei jedem Methodenaufruf eindeutig bestimmt werden kann. Oft ist aber die Anzahl der möglichen Methodenimplementierungen klein. Es können explizite Tests bzgl. der Klassenzugehörigkeit eines Objekts eingefügt und die richtige Methodenimplementierung aufgerufen werden. Das heißt das Senden einer Nachricht wird übersetzt in eine Menge statisch gebundener Aufrufe. Die Vorteile, die daraus resultieren, sind:

– Alle Aufrufe werden statisch an eine einzelne Routine gebunden.
– Die Tests können teilweise schneller implementiert werden als die dynamische Methodensuche.
– Durch anschließende weitere Optimierungen können zusätzliche Effizienzverbesserungen erzielt werden.

5.2.5.1 Einfach-Klassentest

Alle objektorientierten Programmiersprachen-Implementierungen erlauben eine eindeutige Identifikation eines Objekts und seiner zugehörigen Klasse. Die Überprüfung, ob ein Objekt zu einer bestimmten Klasse gehört, kann relativ einfach implementiert werden.

Betrachten wir unsere Klassenhierarchie

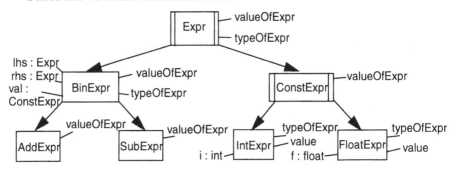

und das Teilprogramm

```
Expr e;
...
ConstExpr c = e.valueOfExpr();
...
```

Dieser Methodenaufruf kann die Implementierungen BinExpr::valueOfExpr, AddExpr::valueOfExpr und SubExpr::valueOfExpr ausführen, abhängig von der Klasse des Objekts, das in der Variablen e gespeichert ist. Somit kann die Nachricht ohne zusätzliches Wissen nicht an die Methodenimplementierung gebunden werden. Wenn explizite Tests bzgl. der Klassenzugehörigkeit des Objekts eingeführt werden, kann abhängig von der Klasse die richtige Methodenimplementierung ohne dynamische Suche ausgewählt werden.

Damit erhält man folgendes Programm:

```
Expr e;
...
ConstExpr c;
```

```
if (e instanceof AddExpr)
    c = e.AddExpr::valueOfExpr();
else if (e instanceof SubExpr)
        c = e.SubExpr::valueOfExpr();
        else c = e.BinExpr::valueOfExpr();
...
```

Man beachte, daß die Klassen Expr und ConstExpr als abstrakte Klassen implementiert wurden, von denen keine Instanzen gebildet werden dürfen. Wir verwenden **instanceof** um die Klassenzugehörigkeit zu überprüfen.

Diese Vorgehensweise impliziert aber auch bestimmte Probleme:

– Bei einer großen Klassenhierarchie erhält man zu viele Fallunterscheidungen und
– Programmänderungen, z.B. die Definition einer Unterklasse von SubExpr, die die Methode valueOfExpr überschreibt, führen zu Änderungen der Fallunterscheidungen.

Deswegen müssen effizientere Tests durchgeführt werden. In Verbindung mit Profile-Informationen können die Fälle, die am häufigsten vorkommen, als erstes überprüft werden. Für seltene Fälle kann man die normale Methodensuche verwenden, um die Anzahl der Fälle klein zu halten.

Außerdem kann man die Aufrufhäufigkeit von Standardmethoden in diese Überlegungen miteinbeziehen. Zum Beispiel ist bekannt, daß 80% der Additionen auf Integer-Werten arbeiten.

5.2.5.2 Unterklassentest

Falls die Programmiersprachen-Implementierung effiziente Tests bzgl. der Zugehörigkeit eines Objekts zu Unterklassen einer Klasse erlaubt, relativieren sich die obigen Probleme. Das heißt, der Compiler könnte Tests der Form

```
if (e instanceof BinExpr)
```

erzeugen, die überprüfen, ob das Objekt in der Variablen e Instanz der Klasse BinExpr oder Instanz einer ihrer Unterklassen ist. Somit kann die Anzahl der Fallunterscheidungen gering gehalten werden, wenn in Unterklassen eine Methode nicht überschrieben wird. Außerdem führen Modifikationen der Klassenhierarchie, etwa wenn eine Unterklasse eingefügt wird, die keine Methoden überschreibt, nicht notwendigerweise zu einer Änderung der Fallunterscheidung.

Im Falle der einfachen Vererbung kann diese Überprüfung relativ einfach implementiert werden. Jedem Knoten (sprich Klasse) der Klassenhierarchie wird ein Nummernpaar (l, h) zugewiesen, wobei für jeden Knoten im Baum gelten muß:

„x hat y als Superklasse" genau dann, wenn „$x.l \geq y.l$ und $x.h \leq y.h$"   (*)

Ein einfacher Algorithmus zur Bestimmung der Werte l und h durchläuft den Klassenhierarchie-Baum für die Werte von l in *preorder* und für die Werte von h in *postorder*. Diesen Ansatz findet man z.B. bei dem SRC-Modula-3-Compiler.

Bei Mehrfachvererbung kann keine Annotation definiert werden, die (*) erfüllt. Aber man kann bei Mehrfachvererbung eine Boolesche $N \times N$-Matrix definieren, wobei N die Anzahl der Klasse im Programm ist, so daß der Eintrag (i, j) in der Matrix true ist, falls i Unterklasse der Klasse j ist; andernfalls ist der Eintrag false.

5.2.5.3 Verwendung von Klassentests und Splitting

Das Einfügen von Tests kann dazu führen, daß die Abarbeitungszeit verlangsamt wird. Werden an ein Objekt, das in einer Variablen gespeichert ist, nacheinander verschiedene Nachrichten oder in einer Schleife eine Nachricht gesendet, können die eingeführten Klassentests redundant sein. Um diese redundanten Tests zu vermeiden, kann der Kontrollflußgraph derart modifiziert werden, daß der Flußgraph zwischen dem Auftreten eines Klassentests und dem nächsten Auftreten des gleichen Tests getrennt wird (Splitting). Betrachten wir folgendes Beispiel

```
ConstExpr c;
...
x1   = c.value();
y    = z;
x2   = c.typeOfExpr();
...
```

mit seinem dazugehörigen Flußgraphen

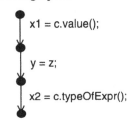

Mit Klassentests erhält man

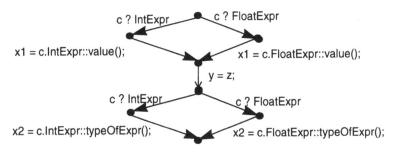

Aufgrund von Splitting wird der Klassentest nur einmal durchgeführt:

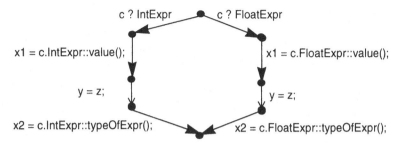

Auch bei Schleifen kann Splitting verwendet werden, wobei dann die Vorgehensweise komplizierter ist. Betrachten wir die Schleife (P0, P1, P2 und P3 stellen Programmteile dar, die die Klasse des Objekts in der Variablen e nicht verändern)

```
while (p) {
    P0;
    if (e instanceof AddExpr) {
        P1;
    } else {
        P2;
    }
    P3;
}
```

mit dem dazugehörigen Flußgraphen

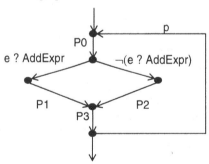

so erhält man:

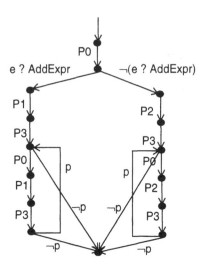

In diesem Beispiel wird der Klassentest aus der Schleife herausgezogen, was dazu führt, daß der Schleifenrumpf in beiden Fällen vorkommt. Für den ersten Schleifendurchlauf wird die Schleife linearisiert.

Zu beachten ist, daß sich durch Splitting zwar Verbesserungen in der Laufzeit erzielen lassen, aber auch drastische Vergrößerungen des Codes möglich sind. Dies ergibt unter Umständen insgesamt längere Programmlaufzeiten. Deswegen muß abgewägt werden, wann ein Pfad aufgesplittet werden soll.

Es gibt auch ausgefeilte Techniken, um Effizienzverbesserungen zu erzielen, falls sich der Typ eines Objekts innerhalb einer Schleife ändert.

5.2.6 Funktionsexpansion

Die Methodensuche kann zur Übersetzungszeit erfolgen, falls man den Typ des Empfängers einer Nachricht bereits zur Übersetzungszeit bestimmen kann. Ist die Methodenimplementierung bekannt, kann unter bestimmten Voraussetzungen der Methodenaufruf durch den Code der Methode ersetzt werden; man spricht von *Funktionsexpansion* (*inlining*). Betrachten wir das Programm

```
...
IntExpr ie = new IntExpr(n);
int i = ie.value() - 1;
...
```

Der Methodenaufruf ie.value() kann ersetzt werden durch den Zugriff auf die Instanzvariable ie.i. Man erhält den Code

```
...
IntExpr ie = new IntExpr(n);
int i = ie.i - 1;
...
```

Welche Routinen geeignet sind, expandiert zu werden, hängt davon ab

- Wie groß die zu expandierende Routine ist. Wird durch die Expansion der Code zu groß, ist es besser, sie nicht zu expandieren.
- Ob sie rekursiv ist, denn rekursive Routinen dürfen nicht expandiert werden.
- Wie oft sie aufgerufen wird. Falls sie nie oder selten aufgerufen wird, lohnt sich die Expansion nicht.
- Ob andere Optimierungen im Anschluß daran ausgeführt werden können.

Es gibt ausgeklügelte Mechanismen zur Bestimmung, wann eine Funktion expandiert werden soll. Mit Hilfe von Profiling-Informationen können die am häufigsten aufgerufenen Methoden und solche, die zu erheblichen Geschwindigkeitssteigerungen führen, expandiert werden. Andere Strategien führen Funktionsexpansion nur dann aus, wenn anschließend weitere Optimierungen auf dem expandierten Code möglich sind. Manche Programmiersprachen (z.B. C++) erlauben, mit Hilfe spezieller Konstrukte im Programm zu vermerken, an welchen Stellen eine Funktionsexpansion erfolgen soll.

Zu beachten ist, daß Inlining zu Zugriffsverletzungen führen kann, wenn auf der Zwischencode- bzw. Maschinencode-Ebene Überprüfungen bzgl. der Zugriffsrechte durchgeführt werden. Zum Beispiel überprüft die virtuelle Java-Maschine die Zugriffsrechte. Somit kann es bei Inlining von public-Methoden, bei denen auf private Instanzvariablen zugegriffen wird, zu Problemen kommen. Java gibt zur Laufzeit eine Fehlermeldung aus, wenn auf eine private Komponente eines Objekts zugegriffen wird.

Wenn man bereits zur Übersetzungszeit feststellen kann, daß eine Nachricht an einen vordefinierten Datentyp geschickt wird, kann man die Nachricht auf Maschinenbefehle abbilden, falls dieser Datentyp von der abstrakten Maschine unterstützt wird. Man spricht von *primitive Inlining*.

Das durch Inlining erzeugte Ergebnis kann mit herkömmlichen Optimierungstechniken weiter verbessert werden, z. B. durch *constant folding*.

5.2.7 Wertbasierte Analyse und Instanzvariablen-Optimierung

Bei einer Zuweisung der Form

```
x = y;
```

wobei y einen festen Wert hat, kann diese Information mit Hilfe der Datenflußanalyse weiterverbreitet werden.

Man kann oft beobachten, daß innerhalb einer einzelnen Prozedur ein Objekt erzeugt, initialisiert und modifiziert wird, die Werte von Instanzvariablen ausgelesen werden und anschließend das Objekt deallokiert wird. In diesem Fall versucht man, durch Datenflußanalyse und Funktionsexpansion zu bestimmen, daß ein Objekt gar nicht erzeugt werden muß, sondern daß die Berechnung auch ohne das explizite Erzeugen des Objekts geschehen kann. Oft kann auch nur der Zugriff auf Instanzvariablen optimiert werden.

5.2.8 Profile-Informationen

Die statische Analyse kann als Ergebnis liefern, daß ein Objekt Instanz vieler Klassen sein kann. Wird die statische Analyse mit dynamisch gewonnener Profile-Informationen kombiniert, können Informationen verwendet werden, um vorherzusagen, welche Fälle am häufigsten vorkommen. Folgende Daten können während eines Programmlaufs mitprotokolliert werden:

– Dynamische Ausführungshäufigkeiten, d.h. welche Methoden werden wie oft aufgerufen. Hiermit kann festgelegt werden, ob eine Methode expandiert werden soll. Nur sehr häufig aufgerufene Methoden werden expandiert.
– Informationen über die Empfängerhäufigkeiten, d.h. von welcher Klasse ist ein Objekt, dessen Methode aufgerufen wird. Mit diesen Informationen kann eine Fallunterscheidung konstruiert werden, die bzgl. der dynamischen Informationen optimiert ist. Die Klasse, die am häufigsten vorkommt, wird zuerst abgeprüft. Außerdem ist mit dieser Information eine selektive Auswahl möglich, um spezialisierte Versionen (Customization) von Methodenimplementierungen zu erhalten.

Zu beachten ist, daß die Verwendung von Profile-Informationen auch dazu führen kann, daß schlechter Code erzeugt wird. Liegt Profile-Information für eine Klasse von Eingabedaten vor, und wird mit diesen Informationen das Programm optimiert, kann das Programm bzgl. einer anderen Klasse von Eingabedaten langsamer sein als das nicht optimierte Programm.

5.2.9 Spezialisierte Varianten: Customization

Bei *Customization* werden spezialisierte Varianten von Maschinencode für alle möglichen Typen einer Nachricht erzeugt. Sind die Typen bekannt, kann sofort zur richtigen Implementierung einer Methode verzweigt werden. Der für einen bestimmten Typ spezialisierte Code kann weiter optimiert werden.

Daraus ergeben sich folgende Nachteile: Es wird mehr Code erzeugt. Außerdem haben Änderungen des Codes größere Auswirkungen auf das optimierte Programm. Abhilfe kann in diesem Fall die dynamische Übersetzung leisten.

Unter *Customized Compilation* versteht man die Kombination von *Customization*, d.h. spezialisierte Versionen werden für eine einzelne Methodenimplementierung erzeugt, mit dynamischer Übersetzung, d.h., es wird erst dann Code erzeugt, wenn eine Methode zum ersten Mal aufgerufen wird. Somit kann sichergestellt werden, daß kein Code erzeugt wird, der nie ausgeführt wird.

Normalerweise erfolgt die Spezialisierung nur für den Empfängertyp einer Nachricht, nicht aber für die Argumente. Es ist aber auch denkbar, abhängig von den Argumenttypen Optimierungen durchzuführen.

Bei großen Klassenhierarchien führt *Customization* zu einer großen Zahl spezialisierter Versionen und somit zu größeren Maschinenprogrammen.

Es treten dabei vor allem zwei Probleme auf:

- *Überspezialisierung*: Es werden zu viele Varianten erzeugt, die nicht gebraucht werden.
- *Unterspezialisierung*: Argumente werden nicht berücksichtigt, obwohl Spezialisierungen bzgl. der Argumenttypen zu Optimierungen führen würden.

Wie diese Probleme gelöst werden können siehe z. B.[Dean et al. 95].

5.2.10 Lookup- und Inline-Caches

Lookup-Caches reduzieren den Overhead dynamischer Methodenaufrufe. Ein *lookup cache* bildet Paare der Form (*Empfängertyp*, *Methodenname*) auf Methodenimplementierungen ab und hält das letzte Ergebnis der Methodensuche im Speicher (vgl. auch [Hölzle et al. 91; Chambers, Ungar 91a]).

Beim Senden einer Nachricht wird zunächst im Cache nachgeschaut. Falls die Methode gefunden wird, wird sie aufgerufen; ansonsten erfolgt eine normale Methodensuche, und das Ergebnis der Suche wird im Cache gespeichert.

Auch mit *lookup caches* dauert der Methodenaufruf länger als herkömmliche Prozeduraufrufe, da überprüft wird, an welcher Stelle im Cache die mögliche Methodenimplementierung steht.

Betrachtet man den Typ eines Empfängers an einer bestimmten Stelle im Programm, kann man in den meisten Fällen davon ausgehen, daß bei einem weiterem Aufruf an der Stelle höchstwahrscheinlich der gleiche Typ vorliegt.

Diese Lokalität des Typs kann dazu verwendet werden, die gesuchte Methodenimplementierung an der Aufrufstelle zu cachen, z.B. durch Überschreiben der Aufrufanweisung. Nachfolgende Aufrufe springen dann direkt an die Methodenimplementierung, ohne dynamisch die Methodenimplementierung zu suchen. Da sich der Empfänger einer Nachricht ändern kann, muß im Prolog der Methode überprüft werden, ob die richtige Methodenimplementierung ausgeführt wird. Handelt es sich nicht um die richtige Methodenimplementierung, muß die richtige gesucht werden. Diese Form des Caches wird als *inline cache* bezeichnet.

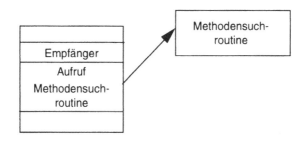

wird zu

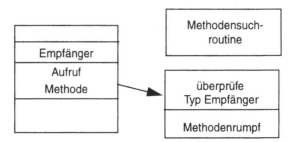

Inline caches sind vor allem dann effizient, wenn der Typ des Empfängers relativ konstant an einer Aufrufstelle ist. Wechselt dagegen der Typ an der Aufrufstelle, wird jeweils der Code geändert.

Die Erfahrung zeigt aber, daß nur wenige Typen an einer Aufrufstelle in Frage kommen. Diese Aufrufstellen werden als *polymorphe Aufrufstellen* bezeichnet.

Ein *polymorpher inline cache* (PIC) erweitert *inline caches*, um auch polymorphe Aufrufstellen bearbeiten zu können. Im Gegensatz zu *inline caches* wird nicht nur die letzte Methodenimplementierung und der Typ gespeichert, sondern PICs speichern alle Methodensuchergebnisse für eine polymorphe Aufrufstelle einer speziell generierten Routine.

6 Speicherbereinigung

Viele objektorientierte und funktionale Programmiersprachen zeichnen sich durch automatische Speicherverwaltung und -bereinigung (garbage collection) aus, d.h., der/die Programmierer/in muß keinen expliziten Code schreiben, um zur Laufzeit selbst angelegten Speicherplatz wieder freizugeben, wenn bestimmte Objekte oder Datenstrukturen nicht mehr benötigt werden. Der Speicherplatz wird dagegen automatisch angelegt und freigegeben, wenn er nicht mehr benötigt wird.

Die Vorteile der automatischen Speicherbereinigung sind:

- einfacheres Programmieren: Der/Die Programmierer(in) muß sich keine Gedanken machen, wann er/sie welchen Speicherplatz anlegen und freigeben kann.
- weniger semantische Fehler: Die explizite Freigabe von Speicher ist eine häufige Fehlerquelle, da oft Speicherplatz freigegeben wird, der von anderen Datenstrukturen aus noch erreichbar ist. Diese Fehler sind besonders schwer zu finden, da die Speicherfreigabe meistens zu globalen Fehlern führt, die schwerer zu lokalisieren sind.

Es gibt verschiedene Arten der Speicherbereinigung. Wir werden uns mit

- *nicht-inkrementellen* Verfahren, d.h., die Abarbeitung des Programms stoppt, die Speicherbereinigung wird durchgeführt, und anschließend wird das Programm weiter ausgeführt, als auch mit
- *inkrementellen* Verfahren, d.h., die Speicherbereinigung erfolgt während der Abarbeitung des Programms.

beschäftigen. Wir orientieren uns in diesem Kapitel an [Wilson 96], eine ausführliche Behandlung findet sich in [Jones, Lins 96].

Es gibt grundsätzlich zwei Arten von Strukturen, die während eines Programmlaufs im Speicher gehalten werden. Dies sind auf der einen Seite die Datenstrukturen des Programms und auf der anderen Seite Implementierungsstrukturen, z.B. Frames, die für neue Methodeninkarnationen auf den Stack gelegt werden.

Objekte und andere von dem/der Programmierer(in) erzeugte Datenstrukturen werden auf der Halde (heap) abgelegt. Die Halde besteht aus einer linear aufgeschriebenen Menge von Zellen. Jede Zelle umfaßt mehrere Bytes, die von fester oder variabler Länge sein können.

Zellen fester Länge zeichnen sich dadurch aus, daß alle Zellen die gleiche Anzahl von Bytes haben. Die Vorteile der Zellen fester Länge sind ihre einfache Organisation und das Wissen über die Grenzen der Zellen. Der Nachteil besteht haupt-

sächlich darin, daß Strukturen fester, aber unterschiedlicher Länge (z.B. Objekte in objektorientierten Programmiersprachen) nicht adäquat behandelt werden können.
Bei Zellen variabler Länge muß die Länge einer Zelle mitabgespeichert werden. Ein Vorteil dieser Zellen ist die konstante Zugriffszeit auf benutzerdefinierte Strukturen. Der Hauptnachteil dieser Zellenorganisation ist ihre kompliziertere Darstellung.

Die Organisation der unbelegten (freien) Zellen auf der Halde geschieht zumeist durch Listen und kellerartige Organisation. Wir werden uns auf die Listenorganisation freier Zellen beschränken.

Bei der Listenorganisation freier Zellen unterscheidet man Zellen mit fester und variabler Länge. Bei konstanter Zellengröße reicht ein Zeiger auf die erste freie Zelle, sowie pro freie Zelle ein Verweis auf die nächste freie Zelle aus. Zellen variabler Zellengröße können durch eine Liste der freien Zellen für jede Zellenlänge verwaltet werden.

Man kann drei Arten von Zellen unterscheiden:

– Freie Zellen sind die noch nicht belegten Zellen.
– Aktive Zellen sind die vom Programm gerade benutzten Zellen, d.h., sie können vom Programm aus erreicht werden.
– Abfallzellen sind vom Programm belegt, aber nicht mehr aktiv, d.h., sie können vom Programm aus nicht mehr erreicht werden.

Die Aufgabe der Speicherbereinigung besteht darin

– die Abfallzellen zu erkennen,
- die Abfallzellen freizugeben und
– eventuell die aktiven Zellen zu kompaktifizieren.

Die Speicherbereinigung kann während der Laufzeit des Programms erfolgen, d.h., das Programm läuft weiter (*inkrementelle Speicherbereinigung*), bzw. der Programmablauf wird angehalten, die Speicherbereinigung wird durchgeführt und anschließend der Programmlauf fortgesetzt (*nicht-inkrementelle Speicherbereinigung*).

6.1 Nicht-inkrementelle Techniken

Bei den nicht-inkrementellen Techniken sind die Mark-Scan- und die kopierenden Speicherbereinigungen die behandelten Varianten.

6.1.1 Mark-Scan-Speicherbereinigung

Die *Mark-Scan-Speicherbereinigung*, auch *Mark-Sweep-Speicherbereinigung* genannt, ist die einfachste Art der Speicherbereinigung. Sie besteht aus zwei Phasen:

– *Markierungsphase*: Alle aktiven Zellen werden markiert; dazu wird die gesamte erreichbare Struktur durchlaufen.

– *Scanphase*: Die gesamte Halde wird durchlaufen, und alle nicht-markierten Zellen werden in die Liste der freien Zellen eingetragen.

Die aktiven Zellen werden bestimmt, indem man von der gerade im Programm aktiven Variablen ausgehend alle davon erreichbaren Objekte besucht. Die aktiven Zellen beschreiben dabei eine Baumstruktur; somit ist der Markierungsprozeß rekursiv. Zum Durchlaufen der Baumstruktur ist ein Hilfskeller notwendig. Der Prozeß wird abgebrochen, wenn eine Zelle schon markiert ist oder ein Atom oder null-Verweis erreicht wird.

Der Hilfskeller kann dadurch so groß werden wie der tiefste Zweig des aktiven Zustandsbaumes. Abhilfe schaffen effiziente Baumdurchlauf-Algorithmen. Beispielsweise kann man beim Baumdurchlauf die Zeiger umdrehen, um zum ursprünglichen Knoten zurückkehren zu können. Mit dieser Technik reichen drei Hilfsregister aus.

Die Vorteile des Mark-Scan-Verfahrens sind seine einfache Implementierung und die Verarbeitung zyklischer Datenstrukturen.

Es handelt sich bei dieser Technik um ein nicht-inkrementelles Speicherbereinigungsverfahren. Dies ist der Hauptnachteil. Außerdem werden alle aktiven Zellen zweimal sowie die Abfallzellen einmal besucht. Da der Speicherbereich nicht kompaktifiziert wird, müssen im Laufe der Zeit entweder Objekte auf mehrere Zellen aufgeteilt werden, oder sie können nicht mehr auf der Halde abgespeichert werden.

Diese Probleme der Speicherfragmentierung und der Speicherallokation können durch das *Mark-Compact-Verfahren* gelöst werden. Wie beim Mark-Scan-Verfahren werden alle erreichbaren Objekte markiert. Anschließend werden die aktiven Objekte (und ihre Zellen) kompaktifiziert, d.h. in einen zusammenhängenden Speicherbereich kopiert. Somit ist auch der freie Speicher wieder zusammenhängend.

Nach dem Kompaktifizieren sind alle Verweise auf andere Objekte nicht mehr gültig, d.h., alle Verweise auf die kopierten Objekte müssen geändert werden.

Um dieses Problem zu lösen, gibt es verschiedene Ansätze. In den folgenden Unterabschnitten werden wir ebenfalls Möglichkeiten kennenlernen.

6.1.2 Kopierende Speicherbereinigung

Wir behandeln in diesem Unterabschnitt die kopierende Speicherbereinigung mit zwei Regionen und die kopierende Speicherbereinigung mit Generationen.

6.1.2.1 Kopierende Speicherbereinigung mit zwei Regionen

Kopierende Speicherbereinigungs-Algorithmen kopieren die gesamte erreichbare Struktur von einem Teil der Halde („From-Space") in einen anderen Teil der Halde („To-Space"). Dabei wird der gesamte Abfall im „From-Space" gelassen. Zellen im „To-Space" werden kellerartig hintereinander abgelegt. Wenn der „To-Space" voll ist, werden „From-Space" und „To-Space" vertauscht.

Betrachten wir folgendes Beispiel. Vor der Speicherbereinigung hat man die folgende Datenstruktur im Speicher:

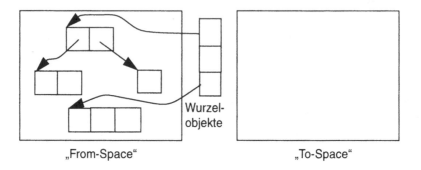

Nach der Speicherbereinigung erhält man folgende Struktur:

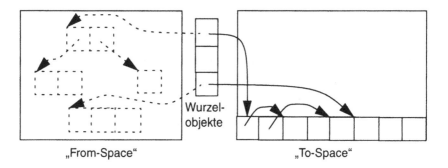

Die einfachste Technik, um die erreichbare Struktur zu bestimmen, ist die Breitensuche. Hierzu sind zwei zusätzliche Zeiger notwendig. Um Objekte, die über mehrere Pfade erreichbar sind, verarbeiten zu können, ist eine etwas komplizierte Vorgehensweise erforderlich. Dazu wird in der alten Kopie der Zelle im „From-Space" eine Nachsendeadresse („forward pointer") hinterlassen. Wenn eine weitere Zelle gefunden wird, die auf die alte Adresse zeigt, wird die alte Adresse durch die Nachsendeadresse ersetzt. Dazu muß die Nachsendeadresse als solche gekennzeichnet werden.

Betrachten wir wieder ein Beispiel:

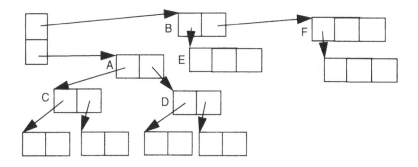

Die Speicherbereinigung dieser Datenstruktur erfolgt folgendermaßen (dargestellt ist der „To-Space"):

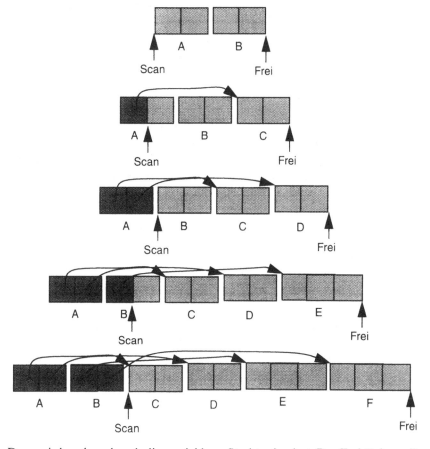

Dazu wird nach und nach die erreichbare Struktur kopiert. Der Frei-Zeiger gibt an, an welcher Stelle im Speicher das Objekt hinkopiert werden kann. Der Scan-Zeiger wird erst dann auf das nächste Objekt gesetzt, wenn die Veweise in dem Objekt nachgezogen werden können, d.h. wenn die Objekte auf die ihre Instanzvariablen zeigen, bereits in den „To-Space" kopiert sind.

Beim Mark-Durchlauf werden die erreichbaren Zellen kopiert und die alten Adressen mit einer Nachsendeadresse versehen, d.h., Mark- und Scan-Phase sind bei diesem Verfahren miteinander verschmolzen.

Wenn beim Mark-Durchlauf ein Zeiger durch eine Nachsendeadresse gebunden wird, wird der Zeiger entsprechend umgesetzt, und der Mark-Algorithmus macht beim nächsten Backtrack-Punkt weiter. Somit können Zyklen erkannt und verarbeitet werden. Wenn keine weiteren Zellen erreichbar sind, stoppt das Verfahren.

Vorteile dieses Verfahrens sind die erhaltenen kompakteren Regionen und die Verarbeitung zyklischer Strukturen.

Nachteil des Verfahrens ist, daß die Hälfte des Speichers zur Ablage der Objekte und die andere Hälfte für das Umkopieren verwendet wird. Heutzutage besitzt man aber große Hauptspeicher oder virtuelle Speicher, so daß dies jedoch kein Problem mehr darstellt. Auch diese Art der Speicherbereinigung ist ein nicht-inkrementelles Verfahren, wobei es für diese Speicherbereinigungstechnik auch inkrementelle Varianten gibt. Bei voller Halde wird das Zeitverhalten schlecht, da alle erreichbaren Zellen kopiert werden müssen, um die notwendigen Abfallzellen zu finden.

Abhilfe schaffen Speicherbereinigungsverfahren, die mit Generationen arbeiten.

6.1.2.2 *Kopierende Speicherbereinigung mit Generationen*

Untersuchungen zeigen, daß die jüngsten Zellen am häufigsten speicherbereinigt werden. Darüber hinaus sind viele Objekte nur eine kurze Zeit und wenige Objekte eine lange Zeit aktiv. Das heißt viele neu erzeugte Objekte sind schon Abfall, bevor die Speicherbereinigung beginnt. Somit müssen sie bei kompaktifizierenden Algorithmen nicht kopiert werden. „Alte" Objekte, d.h. Objekte mit langer Lebensdauer, werden bei jeder Speicherbereinigung kopiert. Dies kostet Zeit.

Teilt man die Halde in n ($n > 2$) gleich große Regionen, von denen $n-1$ aktiv sind und die n-te als „To-Space" benutzt wird, kann man den Regionen bestimmte Generationsnummern zuordnen, geordnet nach der Zeit, in der ihnen Speicher zugewiesen wurde. Ältere Regionen werden weniger häufig bereinigt als jüngere, um die Kosten des Kopierens niedrig zu halten. Jüngere Generationen sind billig zu bereinigen.

Objekte werden in der jüngsten Generation angelegt, bis kein Speicherplatz mehr vorhanden ist. Dann wird nur die jüngste Generation speicherbereinigt, und die aktiven Objekte werden in den „To-Space" kopiert:

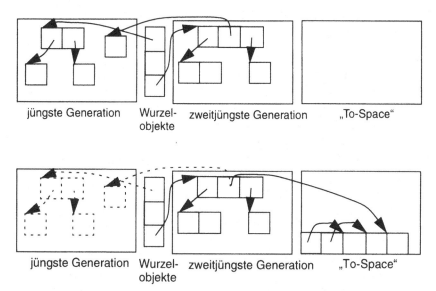

jüngste Generation   Wurzel-   zweitjüngste Generation   „To-Space"
objekte

Überlebt ein Objekt genügend viele Speicherbereinigungen, so wird das Objekt von der jüngsten Generation in die vorherige Generation beim Kompaktifizieren kopiert. Hat dieses Objekt im Speicherbereich der vorherigen Generation keinen Platz mehr, wird auch diese Generation speicherbereinigt. Dies geschieht rekursiv mit allen älteren Generationen.

Eine Strategie für das Altern der Zellen besteht darin festzustellen, wie oft eine Zelle die Speicherbereinigung überlebt hat.

Um dieses Verfahren anwenden zu können, müssen jüngere Generationen unabhängig von älteren Generationen speicherbereinigt werden. Die Menge der aktiven Objekte stellt eine globale Eigenschaft dar, da Zeiger aus älteren Regionen in die neueste Region zeigen. Diese Zeiger müssen bei der Speicherbereinigung neue Adressen erhalten. Im allgemeinen sind dies nur wenige Zeiger; die meisten gehen von neuen Regionen in ältere.

Eine mögliche Lösung ist die Verwendung einer „Entry-Liste" für jede Region, die alle Zeiger enthält, die von älteren Regionen in diese Region zeigen.

Eine alternative Möglichkeit haben wir bereits in dem Abschnitt über die Speicherorganisation von Smalltalk-80 kennengelernt. Hier wurden direkte Verweise auf Objekte nicht im Objekt gepeichert, sondern der Zugriff erfolgte indirekt über eine Objekttabelle. In diesem Fall muß nur der Verweis von der Objekttabelle auf das eigentliche Objekt geändert werden.

6.2 Inkrementelle Techniken: Referenzzählende Algorithmen

Als Beispiel inkrementeller Techniken untersuchen wir in diesem Unterabschnitt referenzzählende Algorithmen. Bei den referenzzählenden Algorithmen erhält jede Zelle ein zusätzliches Feld mit der Anzahl der Zeiger auf diese Zelle. Wenn ein neuer Zeiger auf die Zelle angelegt wird, wird diese Zahl um eins erhöht, im anderen Fall um eins erniedrigt. Hat der Referenzzähler den Wert 0 erreicht, handelt es sich bei der Zelle um eine Abfallzelle, da keine Verweise mehr auf dieses Objekt existieren. Bei der Freigabe des Speicherplatzes eines Objekts werden rekursiv alle Objekte, auf die ein Verweis in den Instanzvariablen des zu löschenden Objekts zeigt, besucht und ihr Zähler erniedrigt. Die Freigabe eines Objekts kann somit zu einer transitiven Abnahme der Referenzzähler führen. Insbesondere können weitere Objekte mit Referenzzähler 0 entstehen.

Die Speicherbereinigung kann daher auch verschränkt mit der Programmausführung erfolgen, insbesondere, wenn man die abhängigen Objekte nicht sofort, sondern Schritt für Schritt bearbeitet. Somit kann dieses Verfahren inkrementell implementiert werden.

Außerdem hat man bei fast voller Halde kein Nachlassen der Effizienz, da keine Zellen kopiert werden. Darüber hinaus handelt es sich um ein lokales Verfahren, da nur die momentan benutzten Zellen angesehen werden müssen.

Dieses Verfahren ist aber schwer zu implementieren und sehr fehleranfällig.

Im allgemeinen sind die Referenzzähler beschränkt, etwa 1 Bit oder 1 Byte. Ist die Grenze überschritten, ist der Zähler auf unendlich gesetzt. In diesem Fall ist ein weiteres Verfahren notwendig, um den Speicherplatz dieser Objekte zu bereinigen.

Probleme bereiten Zyklen in der Objektstruktur, da der Referenzzähler der Objekte in einem Zyklus niemals 0 wird, auch dann nicht, wenn keine Pfade von den Wurzelobjekten zu diesen Objekten existieren.

Beispiel

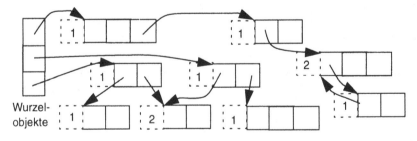

Löscht man in dem obigen Beispiel den Verweis auf das oberste Wurzelelement, erhält man folgende Struktur:

Die markierten Objekte werden nicht bereinigt, obwohl sie nicht mehr erreichbar

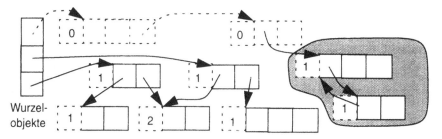

sind. Um zyklische Abhängigkeiten speicherbereinigen zu können, gibt es verschiedene Möglichkeiten:

Man kann dieses Verfahren mit einer anderen Speicherbereinigungstechnik kombinieren, um auch zyklische Strukturen als Abfall zu erkennen und freigeben zu können.

Man führt eine Äquivalenzklassenbildung auf den zyklischen Strukturen durch und betrachtet die Objekte eines Zyklus, d.h. einer Äquivalenzklasse, als ein Objekt. In diesem Fall besitzen auch Zyklusobjekte Referenzzähler.

In unserem Beispiel erhält man bei der Äquivalenzklassenbildung folgende Struktur:

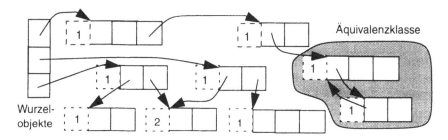

Wird das gleiche Objekt wie vorher gelöscht, erhält man

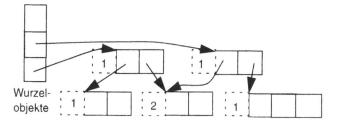

Falls der Zähler der Äquivalenzklasse 0 ist, werden die Objekte der Äquivalenzklasse gelöscht.

7 Ausblick

Nachdem wir uns in den letzten Kapiteln mit objektorientierten Konzepten, der Übersetzung verschiedener objektorientierter Programmiersprachen, Optimierungen und Speicherbereinigungsverfahren beschäftigt haben, geben wir in diesem Kapitel noch einen kurzen Ausblick auf die Compiler-Entwicklung im allgemeinen und auf Varianten von Compilern, bevor wir uns im zweiten Teil des Buches mit der Praxis des Übersetzerbaus beschäftigen.

7.1 Compiler-Entwicklung

Bei der Compiler-Entwicklung unterscheidet man verschiedene Vorgehensweisen: von Hand geschriebene Compiler, recursive descent Parser und Compiler, Bootstrapping und Verwendung von Compiler-Generatoren. Wir werden in unseren Ausführungen auf die letzten beiden Verfahren eingehen.

7.1.1 Bootstrapping und Cross-Compiler

Beim *Bootstrapping* wird ein Compiler für eine Programmiersprache auf einem neuen Rechner Schritt für Schritt entwickelt. Dazu wird zunächst ein Compiler für eine kleine Teilmenge der Programmiersprache entworfen und implementiert. Diese Implementierung erfolgt bei einem neuen Rechner in Maschinensprache. Anschließend wird für eine erweiterte Teilmenge der Programmiersprache der Compiler in der zuvor bereits implementierten Programmiersprache geschrieben. Dies kann über mehrere Schritte erfolgen. Somit muß nur ein sehr eingeschränkter Teil des Compilers in Maschinensprache geschrieben werden, und man kann die bereits implementierte Programmiersprache zur Implementierung des Compilers verwenden. Dieses Verfahren wird als *Bootstrapping* bezeichnet.

Beschreibt man die Übersetzung einer Programmiersprache PS_1 in eine Sprache PS_2, wobei der Compiler in der Programmiersprache PS_3 geschrieben wurde, als

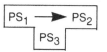

so kann man diese Vorgehensweise wie folgt visualisieren:

Hat man einen Übersetzer 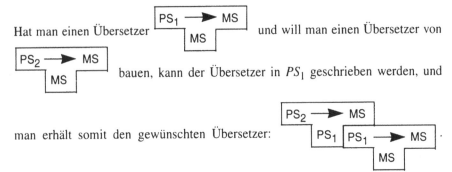 und will man einen Übersetzer von bauen, kann der Übersetzer in PS_1 geschrieben werden, und

man erhält somit den gewünschten Übersetzer: .

Dieses Verfahren kann iterativ angewandt werden. Die Vorteile hiervon sind:

– Der Übersetzer ist besser zu warten, da er in einer höheren Programmiersprache geschrieben ist, und nur ein kleiner Teil in Maschinensprache.

– Der Übersetzer ist leichter an eine andere Maschinensprache anzupassen, da nur der Anfangscompiler neu geschrieben und der restliche Compiler an den Befehlssatz für die neue Maschine angepaßt werden muß.

– Wird der Übersetzer für die Teilsprache verbessert, verbessert man auch den Übersetzer für die komplette Sprache, da er in derselben Programmiersprache geschrieben ist.

Wurde bereits ein Compiler für eine Programmiersprache PS und für einen speziellen Rechner entwickelt und muß für einen neuen Rechner ein Compiler implementiert werden, kann man den Compiler in der Programmiersprache PS schreiben und als Ausgabe Maschinencode für die neue Zielarchitektur erzeugen. Der Compiler läuft dann auf der alten Maschine und erzeugt Code für die neue Maschine. Diese Art von Übersetzern bezeichnet man als *Cross-Compiler*.

7.1.2 Compiler-Generatoren

Ein *Übersetzer-Generator*, auch *Compiler-Generator* oder *Compiler-Compiler* genannt, nimmt als Eingabe eine Spezifikation, die die Syntax der Quell- und Zielsprache enthält und den Übersetzungsvorgang beschreibt und generiert daraus einen Übersetzer von der Quell- in die Zielsprache:

Es gibt für die einzelnen Phasen der Übersetzung (lexikalische Analyse, syntaktische Analyse, semantische Analyse, Codeerzeugung und Codeoptimierung) sehr gute Spezifikationstechniken und Werkzeuge. Aus diesen Spezifikationen werden dann die entsprechenden Teile des Übersetzers generiert.

Die Spezifikation der *lexikalischen Analyse* erfolgt dabei mit regulären Ausdrükken. Das typische Generierungswerkzeug ist dabei *lex* oder *flex*.

Die *syntaktische Analyse* wird durch kontextfreie Grammatiken spezifiziert. Diese Aufgabe kann z.B. mit dem Unix-Tool *yacc* oder *bison* gelöst werden.

Die *semantische Analyse* wird oft mit auf attributierten Grammatiken basierenden Spezifikationstechniken beschrieben. Systeme, die die semantische Analyse und Codeerzeugung durchführen können, sind z.B. das ELI-System oder das MAX-System, das wir im zweiten Teil (Praktikum des Übersetzerbaus) kennenlernen werden.

Für die *Codeoptimierung* gibt es ebenfalls Werkzeuge, die z.B. die Datenflußanalyse unterstützen.

7.2 Varianten von Compilern

Wir sind in den vorherigen Kapiteln von den Standard-Übersetzungsphasen ausgegangen. In diesem Unterabschnitt werden wir uns mit Varianten von Compilern beschäftigen, bei denen die Standard-Übersetzungsphasen zeitlich verschoben oder verzahnt sind.

7.2.1 Dynamische Recompilierung

Bei der dynamischen Recompilierung, wie sie z.B. in der Programmiersprache Self

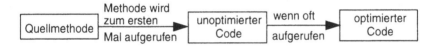

verwendet wird, wird eine Methode beim ersten Aufruf übersetzt. Dabei werden noch keine Optimierungen durchgeführt. Beim wiederholten Aufruf einer Methode wird sie optimiert. Die Festlegung des genauen Zeitpunkts der Recompilierung ist eine wichtige Entscheidung. Erfolgt die Recompilierung zu früh, wird zuviel Übersetzungszeit verbraucht, wenn die Methode nur selten aufgerufen wird. Wird aber zu spät recompiliert, hat man Performanz-Verluste.

Den optimalen Zeitpunkt der Recompilierung kann man durch Zähler, die die Anzahl der Aufrufe protokollieren.

Eine andere Frage ist, was optimiert werden soll. Meist werden kleinere Methoden, mit dem Ziel der Funktionsexpansion, optimiert.

7.2.2 Deutsch-Schiffman-Technik

Die Deutsch-Schiffman-Technik wird in einem optimierenden Compiler für Smalltalk-80 [Deutsch, Schiffman 84] verwendet. Dieses Verfahren stellt eine Kombination von

- dynamischer Übersetzung,
- Codecaches,
- Peephole-Optimierungen,
- festem Binden von Standardnachrichten,
- stackallokierten *Activation Records* für Methodenaufrufe und
- *inline caching*

dar.

Der Quelltext der Methode wird in eine interne Repräsentation umgewandelt. Erst beim Methodenaufruf wird optimierter Code erzeugt. Dieser Code wird anschließend für weitere Aufrufe zwischengespeichert:

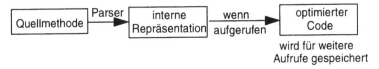

7.2.3 Just-In-Time Compiler

Derzeit sind z.B. für Java verschiedene kommerzielle Implementierungen von Just-In-Time-Compilern verfügbar.

Zunächst werden mit Hilfe des Java-Compilers Java-Klassendateien erzeugt. Beim Methodenaufruf übersetzt der Just-In-Time-Compiler den Code der Methode aus der Klassendatei in die Maschinensprache des Prozessors und führt anschliessend aus:

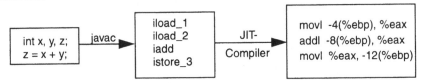

7.2.4 Compiler und Programmkorrektheit

Neuere Ansätze in der Literatur (siehe z.B. [Necula 97]) reichern den erzeugten Maschinencode mit Informationen an, so daß zur Laufzeit überprüft werden kann, ob der Code korrekt bzgl. einer Anforderungsspezifikation ist. Zum Beispiel werden in Java verschiedene Überprüfungen vor der Ausführung durchgeführt, um zu vermeiden, daß der Java-Bytecode während der Übertragung über das Netz verändert wird und somit z.B. unerlaubte Zugriffe erfolgen.

Diese Arbeiten sind aber erst der Anfang in diesem Bereich. Insbesondere können derzeit nur Eigenschaften überprüft werden, die eigentlich nichts mit der realen Semantik des Programms zu tun haben. Zum Beispiel kann nicht durch die Compiler garantiert werden, daß ein Programm bestimmte Vor- und Nachbedingungen erfüllt. Würde man diese Aspekte in den Compiler integrieren, könnte der Compiler die Korrektheit der Programme automatisch überprüfen. Um die Programmverifikation automatisch vom Compiler durchführen zu lassen, fehlen jedoch zur Zeit noch die technischen Möglichkeiten.

7.3 Hardware-Unterstützung

Oft werden Programmiersprachen durch spezielle Hardware-Systeme unterstützt. So gibt es z.B. eine spezielle Maschine für Lisp-Programme.

Auch für die objektorientierte Programmiersprache Java wird derzeit von der Firma SUN ein Chip entwickelt, auf dem Java-Programme effizient abgearbeitet werden können. Dieser Chip kann Bytecode direkt ausführen und ist laut Sun ziemlich schnell. Dieser Chip ist derzeit eher als Mikrokontroller gedacht und soll später auch für Netzcomputer verwendet werden.

**Teil 2
Praxis**

8 Compilerbaupraktikum

In diesem praktischen Teil wird ein Compiler für eine Teilmenge der objektorientierten Programmiersprache Java [Gosling et al. 96] erstellt; die dabei erzeugte Zielsprache ist der Code für die virtuelle Java-Maschine, d.h. ein Java-Klassenfile. Für die Erstellung des Compilers wird das an der TU München am Lehrstuhl für Informatik II (Prof. Dr. J. Eickel) entwickelte übersetzererzeugende System MAX [Poetzsch-Heffter, Eisenbarth 93] verwendet. Das MAX-System läuft auf HP-Unix-Workstations sowie auf PCs. Ein Übersetzer besteht – wie wir bereits gesehen haben – aus folgenden Phasen:

- lexikalische und syntaktische Analyse,
- semantische Analyse,
- Zwischencodeerzeugung,
- Optimierung und
- Zielmaschinencodeerzeugung.

Die Programme für die einzelnen Phasen werden aus den entsprechenden Spezifikationen automatisch generiert. Wir konzentrieren uns – wie im ersten Teil dieses Buches – auf die semantische Analyse und Codeerzeugung für die virtuelle Java-Maschine (JVM), also auf die Zwischencodeerzeugung. Als Spezifikationsmittel dafür werden *funktionale attributierte Grammatiken* verwendet, so daß die Hauptaufgabe im Praktikum darin besteht, geeignete Attributierungen für die vorgegebene abstrakte Syntax von Java in der MAX-Spezifikationssprache anzugeben. Sie können das MAX-System, sowie Tools und Lösungen der Aufgaben unter der WWW-Adresse

> http://www2.informatik.tu-muenchen.de/oobuch/

vom Lehrstuhlrechner laden.

Dieses Compilerbaupraktikum kann als Teil der Entwicklung mehrerer Tools für die Programmiersprache Java sowie als Startpunkt für mehrere weiterführende Praktika gesehen werden. Themenvorschläge für weiterführende Arbeiten könnten sein:

- Optimierungen mit Constraints:
  - Standardoptimierungen und
  - objektorientierte Optimierungen,
- Übersetzung von Ausnahmebehandlung und Threads,
- Parametrisierung von Java:
  - homogene und heterogene Übersetzung der Parametrisierung sowie

- • JVM-Konstrukte für Parametrisierung und Übersetzung,
- – Annotationssprache für die Übersetzung von Java,
- – Java-Erweiterung um Mehrfachvererbung:
  - • Erweiterung von Java,
  - • Erweiterung des Klassenfiles und der JVM,
  - • Übersetzung,
- – Constraintbasierte Typisierung von Java,
- – Einsatz von Constraints zur Überprüfung der statischen Semantik von Java,
- – dynamische Übersetzung / Just-In-Time-Compiler.

9 Java – Die Programmiersprache

In diesem Abschnitt gehen wir noch einmal genauer auf die Programmiersprache Java ein. Die Programmiersprache Java wird von SUN entwickelt und insbesondere für Internet- und Intranet-Anwendungen verwendet. Der Java-Compiler erzeugt zu jeder Klasse C, die er übersetzt, eine Klassendatei C.class. Dieses Klassenfile ist die Zwischenform, die über das Netz übertragen wird, und enthält neben Informationen über die Anzahl und den Typ der Instanzvariablen die Zugriffsrechte der Klassen und Methoden sowie für jede Methode den Java-Bytecode, der auf der virtuellen Java-Maschine abgearbeitet werden kann. Der Bytecode ist die Maschinensprache der virtuellen Java-Maschine JVM.

Beim Aufruf einer Methode einer Klasse C wird die Klassendatei C.class der Klasse C über das Netz geladen und mit Hilfe eines Java-fähigen WWW-Browsers interpretiert. Ein Java-fähiger WWW-Browser muß daher als Bestandteil einen Interpreter für die virtuelle Java-Maschine enthalten, der Klassendateien aufbereiten und den Bytecode interpretieren kann:

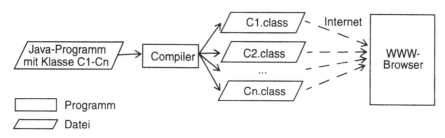

Abb. 25. Übersetzung und Ausführung von Java-Programmen.

Der Compiler erzeugt also nicht eine ausführbare Datei, sondern ein Textfile mit den Klasseninformationen und dem Bytecode für die virtuelle Java-Maschine.

9.1 Java-Merkmale

Die Programmiersprache Java zeichnet sich durch folgende Merkmale aus:

– Sie ist eine explizit typisierte Programmiersprache, d.h., das Programm enthält Typangaben. Der Compiler bestimmt die Typen bei der Übersetzung und überprüft die Konsistenz der berechneten Typen mit den angegebenen Typen.

– Sie enthält die meisten Merkmale objektorientierter Programmiersprachen, d.h.
  • Zustandskonzept,
  • Klassen und Objekte,
  • Nebenläufigkeit,
  • Vererbung,
  • Kapselung,
  • Nachrichten,
  • dynamische Bindung und
  • Polymorphismus (Subklassenpolymorphismus, Overloading, Coercion, aber nicht Parametrisierung).

Beispiel 1:

Als Beispiel betrachten wir ein Java-Programm ohne Vererbung:

```
class ListEntry {
   public int entry;

   ListEntry () {}

   ListEntry (int i) {
      entry = i;
   }
}

class List {
   ListEntry head;
   List tail;

   List () {
      head = null;
      tail = null;
   }

   public ListEntry first () {
      return head;
   }

   public List rest () {
      return tail;
   }

   public boolean isEmpty () {
      return (head == null);
   }

   public List removeFirst () {
      if ((head != null) && (tail != null)) {
         head = tail.first ();
         tail = tail.rest ();
```

```
      } else head = null;
      return this;
   }

   public List append (int h) {
      return (new List ().set(h, this));
   }

   public List set (int h, List t) {
      head = new ListEntry (h);
      tail = t;
      return this;
   }
}

class Stack {
   List data;

   Stack () {}

   public Stack initStack () {
      data = new List ();
      return this;
   }

   public boolean isEmpty () {
      return data.isEmpty ();
   }

   public Stack push (int a) {
      data = data.append(a);
      return this;
   }

   public int pop () {
      int h;
      h = data.first().entry;
      data = data.removeFirst();
      return h;
   }

   public int top () {
      return data.first().entry;
   }

}

class Exp {
   Exp () {}
```

```
public static void main (String [] args) {
    (new Stack ()).initStack().push(11).push(12).push(13);
}
}
```

9.2 Objekte in Java

Objekte in Java zeichnen sich durch folgende Eigenschaften aus:

– Ein Objekt ist *Instanz genau einer Klasse*.
– Es gibt Konstruktoren, um den Instanzvariablen andere Werte als die Standard-
  initialisierungswerte zuzuweisen.
– Objekte werden durch eine vordefinierte Standardmethode new erzeugt. Dabei
  werden die Instanzvariablen initialisiert.
– An Objekte können *Nachrichten* (*Messages*) geschickt werden; dies geschieht
  durch *Methodenaufruf*. Ist die gewünschte Methode in der Klasse definiert, wird
  die Methode abgearbeitet; andernfalls wird die zur Nachricht passende Methodenimplementierung in der Superklasse gemäß der Vererbungshierarchie gesucht bzw. eine Fehlermeldung ausgegeben.

9.3 Ausdrücke und Statements

Die im Praktikum verwendeten Java-Ausdrücke sind induktiv definiert:

– Arithmetische Ausdrücke vom Typ int und boolean sind Java-Ausdrücke.
– Die Metavariablen **this** und **super** sind Java-Ausdrücke.
– Die Metamethode **new** C zur Erzeugung von Objekten ist ein Java-Ausdruck mit
  Klasse C.
– Ein Methodenaufruf ist ein Java-Ausdruck.
– Eine Abfrage nach dem Typ des Objekts ist ein Java-Ausdruck (**instanceof**).

Die betrachteten Java-Statements sind:

– Ein bedingtes Statement ist ein Java-Statement.
– Eine Zuweisung ist ein Java-Statement.
– Ein Block, der aus einer Folge von Statements besteht, ist ein Java-Statement.
– Ein **while**-Statement ist ein Java-Statement.

9.4 Einschränkungen

Die Einschränkungen im Praktikum bzgl. der Programmiersprache Java sind:

– *Zugriffsrechte* werden nur teilweise unterstützt: Der Methodenzugriff ist unein-
  geschränkt möglich, und der Instanzvariablenzugriff ist innerhalb der Klasse und
  in abgeleiteten Klassen erlaubt (d.h. Methoden sind public,und Instanzvariablen
  sind protected).

– Es gibt keine
  - *abstrakten Klassen,*
  - *Arrays,*
  - *Threads,*
  - *Packages,*
  - *Interfaces,*
  - *Typkonversionen,*
  - *Ausnahmebehandlungen.*
– Die vordefinierten *Packages* werden nicht unterstützt.

9.5 Aufgaben

Aufgabe 1 *(Erweiterung des Java-Programms um eine neue Klasse)*
Ergänzen Sie das Java-Programm aus Beispiel 1 um eine Klasse Calculator, so daß folgender Ausdruck ausgewertet werden kann:

(**new** Calculator()).push(60).push(30).push(20).add().sub();

Das heißt, es wird ein Objekt Calculator erzeugt und initialisiert, und die Zahlen 60, 30 und 20 werden auf den Keller des Calculators gelegt. Dann werden die obersten Kellerelemente entfernt, zueinander addiert und das Ergebnis auf den Keller gelegt. Danach werden wieder die obersten Kellerelemente entfernt, eine Substraktion durchgeführt und das Ergebnis auf den Keller gelegt. Das Ergebnis ist 10.

10 Das MAX-System

Das MAX-System ist ein auf attributierten Grammatiken basierendes übersetzererzeugendes System, das am Lehrstuhl von Prof. Dr. Jürgen Eickel von Prof. Dr. Arnd Poetzsch-Heffter am Institut für Informatik der TU München entwickelt worden ist. Die Eigenschaften des MAX-Systems sowie die MAX-Spezifikationen werden in diesem Abschnitt vorgestellt.

10.1 Eigenschaften

Das MAX-System ist ein auf funktionalen attributierten Grammatiken basierendes Werkzeug, mit dem Programmiersprachen spezifiziert und implementiert werden können. Die Eigenschaften von MAX lassen sich folgendermaßen zusammenfassen:

- Es handelt sich um eine funktionale Spezifikationssprache mit mächtigem *pattern matching*, das über bekanntes *pattern matching* funktionaler Programmiersprachen hinausgeht.
- Es können *nichtlokale* Attributabhängigkeiten definiert werden; dazu können Vater-Sohn-Ketten angegeben werden, die vom aktuellen Knoten zum gewünschten Knoten führen.
- Knoten im Syntaxbaum können als Attributwerte verwendet werden, d.h., der Wert eines Attributes kann ein Verweis auf einen Knoten im Syntaxbaum sein.
- Kontextbedingungen können als eingeschränkte prädikatenlogische Formeln über den Knoten des Syntaxbaums definiert werden, z.B. „für alle Knoten im Baum gilt ein Prädikat P".

10.2 MAX-Spezifikationen

Eine MAX-Spezifikation kann folgende Teile enthalten:

- Definition der abstrakten Syntax in Form von Produktionen (in unserem Beispiel Produktionen für die abstrakte Syntax von Java und zur Definition der abstrakten Syntax des zu erzeugenden JVM-Codes),
- Spezifikation der Attributierungsregeln,
- Funktionsdefinitionen,
- Spezifikation der Kontextbedingungen und

– Spezifikation der dynamischen Semantik der Sprache.

In *klassischen attributierten Grammatiken* werden Attributberechnungsregeln produktionslokal angegeben, d.h., in jeder Produktion werden die Berechnungsregeln für alle definierenden Attributvorkommen angegeben.

In *funktionalen attributierten Grammatiken* des MAX-Systems werden die Berechnungsregeln attributbezogen angegeben, d.h., für jedes Attribut gibt es eine Regel, die angibt, wie die Werte der Attributvorkommen an verschiedenen Knoten berechnet werden sollen. Die Werte der Attributvorkommen werden nur einmal berechnet, und das Ergebnis wird im Baum gespeichert.

In den Attributberechnungsregeln können die vordefinierten Funktionen nil (leeres Objekt, z.B. leerer Baum oder leere Liste), root (Wurzel des abstrakten Syntaxbaums), fath (Vaterknoten des aktuellen Knotens), son (Sohnknoten des aktuellen Knotens), rbroth (rechter Bruder des aktuellen Knotens), lbroth (linker Bruder des aktuellen Knotens), term (korrespondierender Term zum aktuellen Knoten; bei Blättern der Terminalwert) und weitere *benutzerdefinierte Funktionen* benutzt werden, die in der MAX-Spezifikation definiert werden.

Durch *Kontextbedingungen* können semantische Überprüfungen mit entsprechenden Fehlermeldungen elegant formuliert werden.

10.3 Ordnungssortierte Terme

Die *abstrakte Syntax* wird im MAX-System durch ordnungssortierte Terme beschrieben, die durch drei Arten von Produktionen konstruiert werden können:

– *Tupelproduktion* $T(T_1 ... T_n)$ ($n \geq 0$)
   definiert sowohl eine Sorte T als auch einen Konstruktor T mit Funktionalität
   $T_1, ..., T_n \rightarrow T$, z.B. Class(ClassDeclId UsedId ClassBody Status);
   das heißt, Class ist ein 4-Tupel mit erster Komponente von der Sorte ClassDeclId, zweiter Komponente von der Sorte UsedId, dritter Komponente von der Sorte ClassBody und vierter Komponente von der Sorte Status.

– *Listenproduktion* L * S
   definiert sowohl eine Sorte L als auch einen Konstruktor L mit Funktionalität $\rightarrow$ L zur Erzeugung von leeren Listen von der Sorte L, z.B. SourceFile *Class;
   das heißt, die Sorte SourceFile ist eine Liste von Elementen der Sorte Class.

– *Variantenproduktion* $V = V_1 | ... | V_n$ ($n \geq 1$)
   definiert eine Ordnungssortierung, d.h. $V_1 \subseteq V, ..., V_n \subseteq V$, wobei $V_1, ..., V_n$ Sorten sind, z.B. BaseType = Integer | Boolean | Character;
   das heißt, Integer, Boolean und Character sind von der Sorte BaseType.

Jede Produktion definiert Terme einer Sorte in der abstrakten Syntax. Die linken Seiten geben die *Sorte* und bei Tupel- und Listenproduktionen auch den *Konstruktor* an, mit dessen Hilfe *Terme* bzw. *Bäume* konstruiert werden. Variantenproduktionen definieren Sorten, die als "Vereinigung" der Subsorten der rechten Seite anzusehen sind, d.h., Integer ist von der Sorte BaseType. In den Termen erscheinen nur die Subsorten. Die Sorten Ident, Int, Bool, Char und String sind vordefiniert.

Terme über der abstrakten Syntax sind rekursiv wie folgt definiert:

– Sei t_i jeweils ein Term der Sorte T_i ($1 \leq i \leq n$) und $T(T_1 \dots T_n)$ eine Tupelproduktion, dann ist T $(t_1,\dots, t_n)$ ein Term der Sorte T.

– Ist L * S eine Listenproduktion, dann ist L() ein Term der Sorte L.

– Ist t ein Term der Sorte V_i ($i \in \{1, 2, \dots , n\}$) und $V = V_1 \mid \dots \mid V_n$ eine Variantenproduktion, dann ist t auch ein Term der Sorte V.

– Terme vordefinierter Sorten werden wie üblich notiert (Ident, Int, Bool, Char, String).

Ein Teil der abstrakten Syntax von Java kann mit dieser Notation folgendermaßen angegeben werden:

Sourcefile	* Class
Class	(ClassDeclId UsedId ClassBody Status)
Status	= Import I UserDef
Import	()
UserDef	()
ClassDeclId	(Modifiers IdentList Int)
DeclId	(Modifiers Ident Int)
UsedId	(IdentList Int)
IdentList	* Ident
ClassBody	* FieldDecl
FieldDecl	= InstVarDecl I Method
InstVarDecl	(DeclId Type)
Method	(DeclId ReturnType ParameterList ExceptionList Block)

Die komplette abstrakte Syntax ist im Anhang zu finden.

10.4 Occurrence- bzw. Knotensorten

Implizit definieren die Produktionen neben den Sorten und Konstruktoren auch *Occurrence-* bzw. *Knotensorten*. Die Elemente dieser Sorten sind Vorkommen von (Teil-)Termen in Termen, die man sich am besten als Knoten in einem Baum vorstellen kann.

– *Knotensorten* werden aus Termsorten durch Anfügen von '@' gebildet; so sind z.B. für die Termsorten SourceFile, Class, BaseType die zugeordneten Knotensorten SourceFile@, Class@, BaseType@.

– Für vordefinierte MAX-Sorten gilt das gleiche; für die vordefinierten Termsorten Int, Bool, Ident sind die zugeordneten Knotensorten somit Int@, Bool@ und Ident@.

– Für eine Occurrence (einen Knoten) N sind die Funktionen:

fath(N), son(i, N), rbroth(N), lbroth(N) und term(N)

definiert, die den Vaterknoten, den i-ten Sohnknoten, den rechten bzw. linken Bruder sowie den zugehörigen Term der aktuellen Occurrence liefern.

10.5 Muster

Ein sehr mächtiges Hilfsmittel in der MAX-Spezifikationssprache sind *Muster*. Sie werden wie Pattern in funktionalen Sprachen verwendet, sind allerdings mächtiger, da in den Mustern auch auf den Kontext des jeweiligen Knotens Bezug genommen werden kann.

10.5.1 Sondersymbole in den Mustern

Folgende Sondersymbole dürfen in Mustern verwendet werden:

– '*'   null oder beliebig viele Vorkommen von Knoten an dieser Position
– '_'   an dieser Position muß genau ein Knoten vorkommen.

Die Musterkonstrukte beschreiben die Struktur eines Baumes. Dabei muß mindestens ein Identifikator gebunden sein. Alle anderen Identifikatoren werden den Teilbäumen zugeordnet, die an den jeweiligen Positionen vorkommen.

10.5.2 Mustersyntax

Die Mustersyntax läßt sich folgendermaßen beschreiben:

```
Pattern       : SortId  SubPatterns  Ident
SubPatterns   : '<' '>'  |   '<' ItemSeq '>'
ItemSeq       : Item     |   ItemSeq ',' Item
Item          : '*'      |   '_'    |  Pattern
```

wobei SortId ein Sortenbezeichner, SubPatterns ein Muster für die Söhne und Ident ein Identifikator für den Knoten von der Sorte SortId ist, auf den SubPatterns treffen soll. *Dabei können einzelne Teile des Patterns fehlen.* '<' '>' beschreibt dabei die leere Liste von Söhnen, '<' ItemSeq '>' beschreibt eine Liste von Item, die aus den obigen Sondersymbolen '*' und '_' bzw. wieder aus Pattern bestehen kann.

Beispiel (Muster)

Auf den Baum

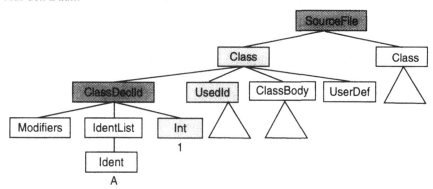

Abb. 26. Muster in einem Syntaxbaum

treffen die Muster

```
SourceFile@      node
SourceFile@      <C,_>
SourceFile@      <*, <_,ui1,_,_> , * , <_,ui2,_,_> ,* >
ClassDeclId@     <_,_,i>
```

Die Wurzelknoten der jeweiligen Muster sind mit ▨▨▨▨ in der Graphik gekennzeichnet, und die Knoten, auf die die Variablen treffen, mit ▭ .   ◆

10.6 Attribute

Attribute werden als Funktionen auf den Attributvorkommen aufgefaßt, und Attri-
butgleichungen werden durch rekursive Funktionsdefinitionen beschrieben. Die
Definition eines Attributs AttrName für einen Knoten Ident der Sorte NodeSort vom
Typ AttrType hat die Form

ATT AttrName (NodeSort Ident) AttrType :Expression

Expression ist rekursiv definiert:

- jede Konstante ist Expression,
- jeder Identifikator ist Expression,
- jeder Stringausdruck ist Expression,
- jede Funktionsapplikation ist Expression,
- **IF** $Condition_1$: $Expression_1$
  | $Condition_2$: $Expression_2$

  ...

  ELSE $Expression_n$

ist Expression, falls jede Condition$_i$ (1 $\leq$ i < n) entweder Formula oder Pattern und jede Expression$_i$ (1 $\leq$ i $\leq$ n) wieder Expression ist. Formula setzt sich aus der vordefinierten und selbstdefinierten Prädikaten, den logischen Verknüpfungen Und (&&), Oder (||), Implikation (->) und Negation(!) zusammen. Zur Klammerung von Formeln werden geschweifte Klammern '{' und '}' benutzt. Die obige **IF**-Anweisung muß gelesen werden als

IF Condition$_1$ **THEN** Expression$_1$
ELSE IF Condition$_2$ **THEN** Expression$_2$
...
ELSE Expressionn

– **LET** Ident == Expression$_1$: Expression$_2$

ist eine Expression, wobei Expression$_1$, Expression$_2$ wieder Expression sind und Ident ein Identifikator. In dem Ausdruck Expression$_2$ darf der Identifikator Ident verwendet werden, der den Wert von Expression$_1$ hat. Der Wert der **LET**-Expression ist der Wert von Expression$_2$.

Beispiel (Decl-Attribut)

Die Attributfunktion Decl

```
ATT Decl (UseNode@ node) Declaration@:
IF LocalOrFieldVar@ node:
        lookupLocalOrFieldVar(node)
|    InstVar@ node:
        lookupInstVar(node)
...
ELSE
        errorMessage(„ATT Decl")
```

liefert für den Knoten node der Sorte UseNode@ als Ergebnis einen Knoten der Sorte Declaration@. Falls der Knoten node dem Muster LocalOrFieldVar@ entspricht, wird als Ergebnis der Wert des Funktionsaufrufs lookupLocalOrFieldVar(node) zurückgeliefert. Falls node ein Knoten der Sorte InstVar@ ist, erfolgt der Funktionsaufruf lookupInstVar(node). ♦

10.7 Funktionen

Die Definition einer Funktion hat die Form

```
FCTName (ParList) ResultType : Expression
```

Funktionen werden analog zu Attributfunktionen definiert, mit dem Unterschied, daß eine Liste von Parametern erlaubt ist, deren Elemente von der Form SortId Ident sind und durch Kommata voneinander getrennt werden, wobei SortId einen Sorten-identifikator und Ident einen formalen Parameteridentifikator bezeichnet. Die Parameterliste kann auch leer sein. Der Unterschied zwischen Attributfunktionen und Funktionen beeinflußt nur die Übersetzung.

Beispiel (enclclass-Funktion)

Die Funktion enclClass berechnet die umschließende Klassendefinition, d.h. den Class@-Knoten, zu einem beliebigen Baumknoten

> **FCT** enclClass **(Node node)** Class@:
> **IF** Class@ node : node
> **ELSE** enclClass(node.fath) ◆

10.8 Kontextbedingungen

Die Definition einer Kontextbedingung hat die Form

> **CND** Pattern : Formula
> | Expression

wobei Formula wie oben definiert ist und Expression einen String ergeben muß. Kontextbedingungen besagen folgendes: Für alle Knoten, die zu Pattern passen, muß Formula den Wert true haben oder Expression-String wird als Fehlermeldung ausgegeben.

Beispiel (Kontextbedingung)

Die Kontextbedingung

> **CND** Sourcefile@< *, < <_ , ID1 , _ >, _ , _ , _ >, *,
>   < <_ , ID2 , _ >, _ , _ , _ >, * > :
>   idList2Str(ID1) # idList2Str(ID2)
> | '"**** FEHLER: Klasse " idList2Str(ID1) " mehrfach definiert \n"'

beschreibt, daß keine Mehrfachdefinitionen von Klassen erlaubt sind. ◆

In den Attribut- und Funktionsdefinitionen sowie Kontextbedingungen können die bereits oben beschriebenen Baumfunktionen sowie die Listenfunktionen front (letztes Element der Liste entfernt), back (erstes Element der Liste entfernt), appfront (Element vorne an die Liste anhängen), appback (Element hinten an die Liste anhängen) und conc (Konkatenation von zwei Listen) verwendet werden.

10.9 Generierung eines Java-Übersetzers mit dem MAX-System

Die Compilergenerierung mit dem MAX-System läßt sich folgendermaßen visualisieren:

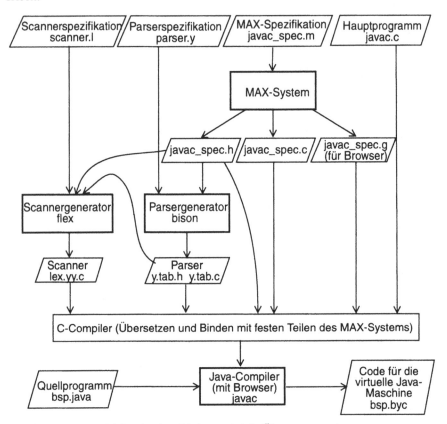

Abb. 27. Zusammenspiel der einzelnen Werkzeuge bei der Übersetzergenerierung

Im Anhang wird die Spezifikation fast der gesamten Java-Syntax präsentiert, um für weiterführende Projekte einen gemeinsamen Ausgangspunkt zu erreichen. In diesem Teil des Buches werden wir nur eine eingeschränkte Menge benutzen.

10.10 Aufgaben

Aufgabe 2 *(Term)*

Geben Sie für folgendes Java-Programm den entsprechenden *Term* der abstrakten Syntax an:

```
1  | class A {
2  |   int a;
3  |   public int m () {
4  |      return a;
5  |   }
6  | }
7  |
8  | class B{
9  |   public static void main() { }
10 | }
```

Ein Baumfragment hierfür sieht folgendermaßen aus:

```
Sourcefile     *  Class
Class          (  ClassDeclId UsedId ClassBody Status)
Status         =  Import | UserDef
Import         ()
UserDef        ()
ClassDeclId( Modifiers IdentList Int )
```

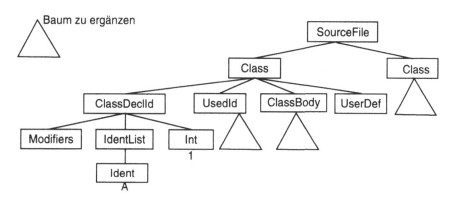

Aufgabe 3 (Abstrakter Syntaxbaum)

Geben Sie für das Java-Programm aus Aufgabe 2 den *abstrakten Syntaxbaum* an.

11 Befehle der virtuellen Java-Maschine

Insgesamt enthält die virtuelle Maschine etwa 200 Befehle. Da wir einen reduzierten Sprachumfang von Java implementieren, benötigen wir nur einen Teil davon. Diese Befehle werden im folgenden kurz beschrieben. In der konkreten Syntax für JVM-Instruktionen besteht ein Befehl aus einem Schlüsselwort, evtl. gefolgt von Parametern, die durch Kommata voneinander getrennt werden. Zu beachten ist, daß auf der JVM-Ebene nicht mehr zwischen int, boolean und char unterschieden wird. Alle drei Typen werden in der virtuellen Java-Maschine durch den Typ int realisiert.

Für Parameter verwenden wir folgende Notation:

- b, s, i   positive oder negative ganze Zahlen (byte, short, int)

  b ist 8-Bit-Größe, d.h. -128 $\leq$ b $\leq$ 127,

  s ist 16-Bit-Größe, d.h. $-32768 \leq$ s ≤ 32767,

  i ist 32-Bit-Größe, d.h. $-2^{31} \leq$ i $\leq 2^{31}-1$.

- k, K   Konstantenpoolindex

  k ist 8-Bit-Größe, d.h. $0 <$ k < 256,

  K ist 16-Bit-Größe, d.h. $256 \leq$ K $<$ constant_pool_count.

- v   Index einer lokalen Variablen

  8-Bit-Größe, d.h. $0 \leq$ v < 256, siehe auch Aufbau von Frames.

- off   Offset, gibt die Sprungdifferenz in Bytes an

  off ist 16-Bit-Größe, d.h. $-32768 \leq$ off ≤ 32767.

Die Befehle kann man in folgende Klassen einteilen:

- Konstanten auf den Keller laden,
- lokale Variablen auf den Keller laden,
- Speichern in eine lokale Variable,
- Manipulation des Kellers,
- Behandlung von Objekten,
- arithmetische Befehle,
- Sprungbefehle,
- Methodenaufruf und Rücksprung sowie
- Überprüfung der Klassenzugehörigkeit.

11.1 Konstanten auf den Keller laden

Wir verwenden bei der Codeerzeugung folgende Befehle, um Konstanten auf den Keller zu laden. Die Notation ... ⇒ ..., i bedeutet, daß zuerst ein beliebiger Kellerinhalt vorliegen darf und durch den JVM-Befehl die Konstante i auf den Keller gelegt worden ist.

bipush b   Stack: ... ⇒ ..., i

Die 8-Bit-Konstante b wird als Integer, d.h. 32-Bit-Größe i, auf den Keller gebracht.

sipush s   Stack: ... ⇒ ..., i

Die 16-Bit-Konstante s wird als Integer, d.h. 32-Bit-Größe i, auf den Keller gebracht.

ldc k   Stack: ... ⇒ ..., i

Der 8-Bit-Index k zeigt auf den Konstantenpool. Das dortige Element muß ein Konstanteneintrag sein. Ist diese Konstante vom Typ int, wird der numerische Wert auf den Keller gelegt. Bei Stringkonstanten wird ein neues Stringobjekt erzeugt und eine Referenz darauf auf den Keller gebracht.

ldc_w K   Stack: ... ⇒ ..., item

Wie ldc k, nur ist hier der Index eine 16-Bit-Größe.

aconst_null   Stack: ... ⇒ ..., null

Eine **null**-Referenz wird auf den Keller gelegt.
Für kleine Konstanten gibt es Kurzbefehle:

iconst_m1   Stack: ... ⇒ ..., -1
iconst_0   Stack: ... ⇒ ..., 0
...
iconst_5   Stack: ... ⇒ ..., 5

Für die Konstanten -1, 0, 1, ..., 5 gibt es jeweils einen eigenen Befehl, um sie auf den Keller zu bringen.

11.2 Lokale Variablen auf den Keller laden

Der Wert value einer lokale Variablen v vom Typ int wird mit dem folgenden Befehl auf den Keller geladen:

iload v   Stack: ... ⇒ ..., value

v ist ein Index in den aktuellen Methodenframe (vgl. Abschnitt 12.7, S. 237). Die dort gespeicherte Variable muß vom Typ int sein. Der Wert value dieser lokalen Variablen wird auf den Keller gebracht. Auch hier gibt es für bestimmte Positionen Kurzbefehle:

iload_0	Stack:	... $\Rightarrow$ ..., value
...		
iload_3	Stack:	... $\Rightarrow$ ..., value

Für die Indexpositionen 0, 1, ..., 3 gibt es jeweils einen eigenen Befehl, um den Wert dieser lokalen Variablen auf den Keller zu bringen. Lokale Variablen, die Objektreferenzen enthalten, werden mit dem folgenden Befehl auf den Keller geladen:

aload v	Stack:	... $\Rightarrow$ ..., objectref

v ist ein Index in den aktuellen Methodenframe (vgl. Abschnitt 12.7, S. 237). Die dort gespeicherte lokale Variable muß eine Objektreferenz enthalten. Diese Objektreferenz objectref wird auf den Keller gebracht. Auch hier gibt es für bestimmte Positionen Kurzbefehle:

aload_0	Stack:	... $\Rightarrow$ ..., objectref
...		
aload_3	Stack:	... $\Rightarrow$ ..., objectref

Für die Indexpositionen 0, 1, ..., 3 gibt es jeweils einen eigenen Befehl, um die Objektreferenz auf den Keller zu bringen.

11.3 Speichern in eine lokale Variable

Um Integerzahlen, die auf dem Keller liegen, in eine lokale Variable zu speichern, verwendet man folgenden Befehl:

istore v	Stack:	..., value $\Rightarrow$ ...

v ist ein 8-Bit-Index in den aktuellen Methodenframe (vgl. Abschnitt 12.7, S. 237). Die lokale Variable und das oberste Kellerelement value müssen vom Typ int sein. Das oberste Kellerelement wird entfernt und in die lokale Variable gespeichert. Auch hier gibt es für bestimmte Positionen Kurzbefehle:

istore_0	Stack:	..., value $\Rightarrow$ ...
...		
istore_3	Stack:	..., value $\Rightarrow$ ...

Für die Indexpositionen 0, 1, ..., 3 gibt es jeweils einen eigenen Befehl, um das oberste Kellerelement in die lokale Integervariable zu speichern.
Objektreferenzen, die auf dem Keller liegen, werden mit folgendem Befehl in eine lokale Variable gespeichert:

astore v   Stack: ..., objectref $\Rightarrow$ ...

v ist ein 8-Bit-Index in den aktuellen Methodenframe (vgl. Abschnitt 12.7, S. 237). Die dort gespeicherte Variable muß vom Referenztyp sein, und das oberste Kellerelement objectref muß eine Objektreferenz enthalten. Das oberste Kellerelement wird entfernt und in die lokale Variable gespeichert. Auch hier gibt es für bestimmte Positionen Kurzbefehle:

astore_0   Stack: ..., objectref $\Rightarrow$ ...

...

astore_3   Stack: ..., objectref $\Rightarrow$ ...

Für die Indexpositionen 0, 1, ..., 3 gibt es jeweils einen eigenen Befehl, um das oberste Kellerelement in die lokale Objektreferenzvariable zu speichern.

11.4 Manipulation des Kellers

Die virtuelle Java-Maschine besitzt ziemlich ausgefeilte Befehle zur Kellermanipulation. Diese sind notwendig, da die gesamten Berechnungen auf dem Keller durchgeführt werden. Insbesondere werden Befehle unterstützt, die die Implementierung von Java erleichtern. Folgende Befehle behandeln Wortgrößen (d.h. 32-Bit-Grössen).

pop   Stack: ..., a $\Rightarrow$ ...

Das oberste Element wird vom Keller entfernt.

dup   Stack: ..., a $\Rightarrow$ ..., a, a

Das oberste Kellerelement wird dupliziert.

dup_x1   Stack: ..., b, a $\Rightarrow$ ..., a, b, a

Das oberste Element auf dem Keller wird dupliziert und dann um zwei Stellen nach unten verschoben.

swap   Stack: ..., b, a $\Rightarrow$ ..., a, b

Die zwei obersten Wörter auf dem Keller werden vertauscht.

11.5 Behandlung von Objekten

Die virtuelle Java-Maschine enthält Befehle zur Objekterzeugung, um Instanzvariablen auszulesen und um Werte in ihnen abzulegen:

new K   Stack: ... $\Rightarrow$ ..., objectref

Erzeugt ein neues Objekt. Der 16-Bit-Index K zeigt in den Konstantenpool. Das dortige Element muß eine Klassenreferenz enthalten. Die Referenz wird aufgelöst, es wird Speicherplatz auf der Halde für die neue Instanz der Klasse reserviert, und die Instanzvariablen werden mit den Default-Werten vorbesetzt. Die Default-Werte für int, char, boolean und Referenztypen sind 0, '\u0000', false und null. Die Referenz auf diese Klasseninstanz, d.h. auf dieses Objekt, wird auf den Keller gelegt.

getfield K   Stack: ..., objectref $\Rightarrow$ ..., value

Lade den Wert einer Instanzvariablen auf den Keller. Der 16-Bit-Index K zeigt in den Konstantenpool. Das dortige Element muß eine Feldreferenz enthalten. Eine Feldreferenz enthält eine Referenz auf den Klassennamen und eine auf den Feldnamen. Die Feldreferenz wird aufgelöst, woraus sich offset und breite des Feldes ergeben. Die Zugriffsrechte werden überprüft: Ist die Instanzvariable protected, muß es eine Instanzvariable der aktuellen Klasse[15] oder deren Superklasse sein, und der Klassentyp von objectref muß die aktuelle Klasse oder eine Unterklasse der aktuellen Klasse sein. Die Objektreferenz wird vom Keller entfernt, und das durch objectref, offset und breite angegebene Feld des Objekts wird auf den Keller gebracht.

putfield K   Stack: ..., objectref, value $\Rightarrow$ ...

Besetze den Wert einer Instanzvariablen mit value. Der 16-Bit-Index K zeigt in den Konstantenpool. Das dortige Element muß eine Feldreferenz enthalten. Eine Feldreferenz enthält eine Referenz auf den Klassennamen und eine auf den Feldnamen. Die Feldreferenz wird aufgelöst, woraus sich offset und breite des Feldes ergeben. Die Zugriffsrechte werden wie für getfield überprüft. Die Objektreferenz und der neue Wert der Instanzvariablen werden vom Keller entfernt, und der Wert value wird in das durch objectref, offset und breite angegebene Feld des Objekts gespeichert.

11.6 Arithmetische Befehle

Die Arithmetikbefehle erwarten ihre Operanden auf dem Keller. Diese Operanden werden vom Keller entfernt, und das Ergebnis der arithmetischen Operation wird auf den Keller gelegt.

iadd   Stack: ..., value1, value2 $\Rightarrow$ ..., result

wobei result = value1 + value2 ist; value1 und value2 müssen vom Typ int sein. Die Befehle isub, imul, idiv und irem sind analog definiert, wobei

result = value1 - value2,

---

[15]Die Methode, die gerade ausgeführt wird, ist die *aktuelle Methode*, und die Klasse, in der die Methode definiert ist, ist die *aktuelle Klasse*.

result = value1 * value2,
result = value1 / value2 und
result = value1 - (value1 / value2) * value2

sind.

ineg   Stack: ..., value ⇒ ..., result

wobei result = -value ist; value muß ein Integerwert sein.

11.7 Sprungbefehle

Bei Sprüngen wird das Sprungziel durch einen Offset off angegeben; off ist eine 16-Bit-Größe, die die Differenz vom aktuellen Befehl zum Sprungziel in Bytes angibt. Das Sprungziel muß sich innerhalb der gleichen Methode befinden wie der jeweilige Sprungbefehl. Methoden werden durch **invokevirtual**, **invokespecial** bzw. **invokestatic** aufgerufen und mit **return**, **ireturn** und **areturn** wieder verlassen.

goto off   Stack: ... ⇒ ...

Unbedingter Sprung, wobei off ein 16-Bit-Offset ist, der das Sprungziel angibt.

if_icmpeq off   Stack: ..., value1, value2 ⇒ ...

Vergleich von zwei Integerwerten und bedingter Sprung; off ist ein 16-Bit-Offset, der das Sprungziel angibt. Die zwei Integerwerte, die verglichen werden, stehen auf dem Keller. Ist der erste Wert gleich dem zweiten, so wird gesprungen; ansonsten wird der nächste Befehl ausgeführt.

Die Befehle **if_icmpne**, **if_icmplt**, **if_icmple**, **if_icmpgt** und **if_icmpge** sind analog zu **if_icmpeq** definiert, wobei gesprungen wird, wenn der jeweilige Vergleich ≠, <, ≤, > und ≥ (in Worten: *nicht gleich, kleiner, kleiner gleich, größer* und *größer gleich*) erfolgreich ist.

ifeq off   Stack: ..., value ⇒ ...

Test auf 0 und bedingter Sprung (**False**-Sprung); off ist ein 16-Bit-Offset, der das Sprungziel angibt, und der Integerwert value steht auf dem Keller. Ist value gleich 0, so wird gesprungen; sonst wird der nächste Befehl ausgeführt.

ifne off   Stack: ..., value ⇒ ...

Test auf 0 und bedingter Sprung (**True**-Sprung); off ist ein 16-Bit-Offset, der das Sprungziel angibt, und der Integerwert value steht auf dem Keller. Ist value verschieden von 0, so wird gesprungen; sonst wird der nächste Befehl ausgeführt.

ifnull off   Stack: ..., objectref ⇒ ...

Test auf **null**-Referenz und bedingter Sprung; off ist ein 16-Bit-Offset, der das Sprungziel angibt, und die Objektreferenz objectref steht auf dem Keller. Ist objectref eine **null**-Referenz, so wird gesprungen; sonst wird der nächste Befehl ausgeführt.

    ifnonnull off   Stack: ..., objectref $\Rightarrow$ ...

Test auf **null**-Referenz und bedingter Sprung; off ist ein 16-Bit-Offset, der das Sprungziel angibt, und die Objektreferenz objectref steht auf dem Keller. Ist objectref keine **null**-Referenz, so wird gesprungen; sonst wird der nächste Befehl ausgeführt.

    if_acmpeq off   Stack: ..., objectref1, objectref2 $\Rightarrow$ ...

Test von zwei Objektreferenzen auf Gleichheit und bedingter Sprung; off ist ein 16-Bit-Offset, der das Sprungziel angibt, und die zwei Objektreferenzen stehen auf dem Keller. Sind die beiden Referenzen gleich, so wird gesprungen; sonst wird der nächste Befehl ausgeführt.

    if_acmpne off   Stack: ..., objectref1, objectref2 $\Rightarrow$ ...

Test von zwei Objektreferenzen auf Ungleichheit und bedingter Sprung; off ist ein 16-Bit-Offset, der das Sprungziel angibt, und die zwei Objektreferenzen stehen auf dem Keller. Sind die beiden Referenzen ungleich, so wird gesprungen; sonst wird der nächste Befehl ausgeführt.

11.8 Methodenaufruf und Rücksprung

Methoden werden durch **invokevirtual**, **invokespecial** bzw. **invokestatic** aufgerufen und mit **return**, **ireturn** und **areturn** wieder verlassen.

    invokevirtual K   Stack: ..., objectref, arg1, ... argn $\Rightarrow$ ...

führt zum Methodenaufruf, wobei die aufzurufende Methode von objectref abhängt (vgl. **invokespecial** und **invokestatic**). K ist ein 16-Bit-Konstantenpoolindex. Das dortige Element muß eine Methodenreferenz enthalten. Die Methodenreferenz wird aufgelöst, woraus sich die Signatur der Methode und die Anzahl der Argumente ergibt. Die Objektreferenz und die Argumente werden auf dem Keller erwartet. *Die Suche nach der Methode mit der Signatur beginnt bei den Methoden des Empfängerobjekts* und wird bei den Methoden der jeweiligen Superklasse weitergeführt. Wird die Methode gefunden, werden die Objektreferenz und die Argumente aus dem alten Kellerrahmen entfernt. *Sie werden die ersten Elemente vom einem neuen Kellerrahmen.* Sie werden als lokale Variablen adressiert, wobei die Objektreferenz als lokale Variable 0 und das erste Argument als lokale Variable 1 usw. aufgefaßt werden. Der neue Kellerrahmen wird zum aktuellen Kellerrahmen, und die Programmausführung setzt mit dem ersten Befehl der Methode fort. Auch hier werden wieder die Zugriffsrechte überprüft. Ist die aufzurufende Methode protected, muß es eine Methode der aktuellen Klasse oder deren Superklasse sein, und der Klassentyp von objectref muß die aktuelle Klasse oder eine Unterklasse der aktuellen Klasse sein.

invokespecial K   Stack: ..., objectref, arg1, ... argn ⇒ ...

Methodenaufruf, wobei die aufzurufende Methode *nicht* von objectref abhängt. K ist ein 16-Bit-Konstantenpoolindex, der eine Methodenreferenz enthält. Der Methodenaufruf wird analog zu dem Befehl **invokevirtual** behandelt, wobei hier die Methodenimplementierung schon bekannt ist. Dieser Befehl wird verwendet, wenn die Methode <init>, eine private Methode oder eine Methode der Superklasse der aktuellen Klasse aufgerufen wird.

invokestatic K   Stack: ..., arg1, ... argn ⇒ ...

Methodenaufruf für **static**-Methoden, d.h. für Klassenmethoden. K ist ein 16-Bit-Konstantenpoolindex, der eine Methodenreferenz enthält. Der Methodenaufruf wird analog zu dem Befehl **invokevirtual** behandelt, wobei hier die in der Methodenreferenz angegebene Klasse die aufzurufende Methode enthält. Die Argumente werden aus dem alten Kellerrahmen entfernt. *Sie werden die ersten Elemente vom einem neuen Kellerrahmen.* Sie werden als lokale Variablen adressiert, wobei das erste Argument als lokale Variable 0 usw. aufgefaßt wird. Die Objektreferenz fehlt, da es sich um eine Klassenmethode handelt.

Neben Befehlen zum Methodenaufruf stellt die virtuelle Java-Maschine auch Befehle zum Verlassen einer Methode zur Verfügung:

return   Stack: ... ⇒ [empty]

Rückkehr aus einer Funktion ohne Ergebnis, d.h., der Ergebnistyp ist `void`. Der aktuelle Kellerrahmen wird gelöscht, und der alte Kellerrahmen des Aufrufers wird der aktuelle Kellerrahmen. Der Interpreter setzt die Ausführung an der Aufrufstelle fort.

ireturn   Stack: ..., value ⇒ [empty]

Rückkehr aus einer Funktion mit Integerergebnis, wobei auf dem Keller ein Integerwert erwartet wird. Dieser Wert wird auf den Keller des Aufrufers gelegt. Der aktuelle Kellerrahmen wird gelöscht, und der alte Kellerrahmen des Aufrufers wird der aktuelle Kellerrahmen. Der Interpreter setzt die Ausführung an der Aufrufstelle fort.

areturn   Stack: ..., objectref ⇒ [empty]

Wie **ireturn**, nur wird hier eine Objektreferenz auf dem Keller erwartet, und die Funktion liefert ein Referenztypergebnis.

11.9 Überprüfung der Klassenzugehörigkeit

Mit dem Befehl

instanceof K   Stack: ..., objectref $\Rightarrow$ ..., result

wird abgefragt, ob ein Objekt Instanz einer bestimmten Klasse ist. K ist ein 16-Bit-Konstantenpoolindex. Das dortige Element muß eine Klassenreferenz enthalten. Diese Referenz wird aufgelöst und ergibt einen Klassentyp T. Im Keller wird eine Objektreferenz erwartet. Sei der Klassentyp des Objekts S. Das Ergebnis der Abfrage ist **true**, falls S Instanz der Klasse T oder einer Subklasse von T ist; sonst ist das Ergebnis **false**.

11.10 Erzeugung des JVM-Codes

Die einzelnen Befehle werden mit den im Anhang angegebenen Konstruktoren aufgebaut. Der ganze Code wird als Liste von JVM-Befehlen erzeugt. Dazu werden die vordefinierten Funktionen **appback** und **conc** verwendet.

Beispiel

Der JVM-Befehl

if_icmpeq 5

wird folgendermaßen konstruiert:

CMD_if_icmpeq(5)

12 Übersetzerspezifikation

12.1 Bindungsanalyse (Identifikation)

Der Parser erzeugt aus dem Java-Programm einen *abstrakten Syntaxbaum*. Zunächst enthält dieser Baum nur die Informationen der Terminalsymbole, die vom Scanner geliefert werden (z.B. Identifierbezeichner, den Wert einer Integerzahl usw.). Durch die Attributierung wird der Baum um weitere Informationen ergänzt.

12.1.1 Ziele der Bindungsanalyse

Die Ziele der Bindungsanalyse bestehen darin,

– zu ermitteln, von welcher Art ein angewendeter Bezeichner ist,
– die Deklarationsinformation an der Anwendungsstelle verfügbar zu machen, d.h.,
  • Anwendungsstelle und Deklarationsstelle eines Bezeichners zu bestimmen und
  • Deklarationsinformation an der Anwendungsstelle zur Verfügung zu stellen, sowie
– die korrekte Anwendung eines Bezeichners zu prüfen und Fehler zu behandeln.

12.1.2 Bindungsanalyse für Java

Die Anwendungsstellen der Bezeichner sind in der abstrakten Syntax von Java durch UsedId bezeichnet. UsedId kommt u.a. in folgenden Produktionen vor:

```
(1)  Class           ( ClassDeclId UsedId ClassBody Status)
(2)  RefType         ( UsedId )
(3)  MethodCall      ( Receiver UsedId ExprList )
(4)  LocalOrFieldVar ( UsedId )
(5)  InstVar         ( Expr UsedId )
```

In (1) und (2) bezeichnet UsedId einen Klassennamen, in (3) einen Methodennamen und in (4) einen Parameter, eine lokale Variable oder eine Instanzvariable und in (5) eine Instanzvariable. Dies wollen wir in der Attributierung festhalten, d.h., für obige Anwendungsknoten wird ein Attribut Decl definiert, das auf den entsprechenden Klassen-, Methoden-, Parameter- oder Instanzvariablen-Deklarationsknoten im Syntaxbaum verweist. Um die entsprechende Stelle im Syntaxbaum zu finden, definieren wir lookup-Funktionen, die die Deklarationsstelle eines UsedId suchen. (Wir benötigen verschiedene lookup-Funktionen zum Suchen der verschiedenen Arten von Bezeichnern.) Für die Anwendungstellen im Baum definieren wir eine eigene Sorte UseNode

> UseNode = InstVar | LocalOrFieldVar | MethodCall | NewClass

Das Decl-Attribut kann dann mit Hilfe entsprechender lookup-Funktionen definiert werden (vgl. Aufgabe 5).

12.1.3 Aufgaben

Aufgabe 4 *(Gültigkeitsbereich)*

Was ist der Gültigkeitsbereich (scope) von folgenden Bezeichnern in Java:

– Instanzvariablen,
– Parameter und
– lokale Variablen?

Können sie in ihrem Gültigkeitsbereich verschattet werden?

Aufgabe 5 *(lookup-Funktionen)*

Sei folgendes Programmstück gegeben:

```
ATT Decl (UseNode@ node) Declaration@:
IF LocalOrFieldVar@ <ul> node:
    lookupLocalOrFieldVar (node)
| InstVar@ node:
    lookupInstVar (node)
...
ELSE
    errorMessage ("ATT Decl")

FCT lookupInstVar (InstVar@ iV) InstVarDecl@:
    LET idList == iV.second.first:        // idList.numsons = 1;
    LET id == idList.first:               // Name der Variablen;
    LET receiver == iV.first:
    LET class == receiver.lookupReceiver:
    lookupVar_Inst (class, id)

FCT lookupReceiver (Expr@ receiver) Class@:
    IF is [receiver, _This@]:
    // z.B. "this.vlm ()";
    receiver.enclClass
    ...
    ELSE
    errorMessage ("FCT lookupReceiver")
```

Zur Erläuterung obiger Definitionen müssen wir etwas ausholen:

– Die Produktionen

```
LocalOrFieldVar    ( UsedId )
InstVar            ( Expr  UsedId )
UsedId             ( IdentList  Int )
IdentList          * Ident
```

– geben die abstrakte Syntax für Punktausdrücke an. Die Punktausdrücke sind ein Problem für den LALR(1)-Parser von Java (vgl. [Gosling et al. 96, Chapter 19]). Bei Ausdrücken der Art a.b.c.d kann man ohne semantische Information nicht entscheiden, ob es sich z.b. bei a.b.c um einen Paketnamen (package name) oder um einzelne Instanzvariablennamen handelt. Deswegen werden solche Punktausdrücke einfach als Liste von Namen zusammengefaßt und erscheinen in der abstrakten Syntax als LocalOrFieldVar@-Knoten. Fängt ein Punktausdruck allerdings mit **this** oder **super** an, weiß der Parser, daß nachfolgende Identifier Instanzvariablen sein müssen. Solche Ausdrücke werden in der abstrakten Syntax durch InstVar@-Knoten abgebildet. Hierbei besteht IdentList von UsedId nur aus einem einzigen Identifier.

– In der Funktion lookupLocalOrFieldVar wird die Deklarationsstelle des (durch IdentList angegebenen) Bezeichners gesucht, der ein Parameter, eine lokale Variable oder eine Instanzvariable sein kann. Bei einem Parameter oder einer lokalen Variablen besteht die Identifikatorliste nur aus dem Namen der Variablen.

– In der Funktion lookupInstVar wird in der Klasse, die die vorgegebene Funktion lookupReceiver liefert, nach der Instanzvariablendeklaration gesucht. Die eigentliche Suche erledigt die Hilfsfunktion lookupVar_Inst, die in dieser Aufgabe implementiert werden sollte.

– Die vorgegebene Funktion lookupReceiver liefert zu einem Expr@-Knoten (vom entsprechenden Typ) die zugehörige Klasse, d.h. für **new** A() den Class@-Knoten für die Klasse A.

Implementieren Sie die oben verwendeten Funktionen lookupLocalOrFieldVar und lookupVar_Inst. In der ersten Funktion wird die Deklarationsstelle eines Bezeichners gesucht, der ein Parameter, eine lokale Variable oder eine Instanzvariable sein kann. In der zweiten Funktion wird in der angegebenen Klasse nach der Instanzvariablendeklaration gesucht. Wir nehmen vereinfachend an, daß in UsedId (IdentList Int) der IdentList-Teil immer nur aus einem Identifikator besteht.

12.2 Typdeklarationen und Typisierung

12.2.1 Typdeklarationen

Java ist keine dynamisch typisierte Sprache wie z.B. Smalltalk, sondern streng typisiert, d.h., jede Variable und jeder Ausdruck hat einen Typ, der zur Übersetzungszeit bekannt ist. Für Variablen wird der Typ in der Deklaration angegeben, für Ausdrücke ermittelt der Compiler den Typ. Als Typen kommen Basistypen (im Praktikum:

int, boolean, char) und Referenztypen vor. Objekte sind vom Referenztyp (darunter fällt auch der Typ String, da Strings implizit als Instanzen der Klasse String angesehen werden). Die abstrakte Syntax für *Typangaben* ist:

Type	(Typespec Int)
	// Typart und Dimension (bei Feldern > 0, sonst = 0)
Typespec	= RefType I BaseType
RefType	(UsedId)
BaseType	= Integer I Boolean I Character
Integer	()
Boolean	()
Character	()

Type gibt die Typart und die Dimension an. (Die Dimension ist bei Feldern größer 0, sonst gleich 0). Wir betrachten keine Felder; somit ist die Dimension bei uns immer 0 und wird bei der nachfolgenden Typisierung von Ausdrücken weggelassen. Bei RefType ist UsedId ein Klassenname.

12.2.2 Typisierung von Ausdrücken

Die meisten JVM-Befehle sind jeweils an einen bestimmten Typ gebunden. Daher ist es bei der Codeerzeugung erforderlich, den Typ eines bestimmten Sprachkonstruktes zu kennen, um den passenden Maschinenbefehl zu erzeugen. Außerdem kann durch Typisierung ein Teilaspekt der statischen Korrektheit des Programms sichergestellt werden. So kann z.B. der Ausdruck not 2 bereits zur Übersetzungszeit zurückgewiesen werden, da der boolesche Operator not nicht auf ganzen Zahlen definiert ist.

Für die Implementierung der Typisierung von Ausdrücken führt man zunächst eine Datenstruktur ein, die den Typ eines Sprachkonstrukts eindeutig beschreibt. Diese Datenstruktur wird als TypeAttr[16] bezeichnet und in MAX-Notation folgendermaßen definiert:

TypeAttr(Int)

Eine Typbeschreibung ist somit eine Integerzahl. Sie gibt an, um welche Typart es sich handelt. Hierbei legt man folgende Typarten fest: void, int, char, bool, null-Referenz und Referenztyp. Jede Klassen- und Interfacedeklaration sowie Arraytypangabe in einem Programm definiert einen Referenztyp. Die unterschiedlichen Typarten werden durch Nummern codiert. Die Nummern müssen eindeutig vergeben werden, da man sonst bei einer Nummer nicht die genaue Typart ermitteln kann. Die void-Typart hat die Nummer -1, die int-Typart die Nummer -2, die char-Typart die Nummer -3, die bool-Typart die Nummer -4, die **null**-Referenz die Nummer 0.

---

[16]Sollen Felder (Arrays) auch behandelt werden, würde man als zweite Komponente die Dimension angeben, d.h. TypeAttr(Int Int) wählen.

Die Nummern der vordefinierten Datentypen werden von den Funktionen **FCT** Void-Num(), **FCT** IntNum(), **FCT** CharNum(), **FCT** BoolNum() und **FCT** NullNum() geliefert. Als Referenztypen kommen bei uns nur Klassentypen vor. Diese Typen beschreibt man mit positiven Zahlen. Dazu numeriert man alle Klassen im abstrakten Syntaxbaum, bei Eins beginnend, aufsteigend durch. Die erste Klasse erhält die Nummer 1, die zweite die Nummer 2 usw. Das Attribut

> **ATT** getClassNum (Class@ c) Int

ermittelt zu jeder Klasse die zugehörige Typidentifikationsnummer. Da im Rahmen des Praktikums keine Arrays, **long**, **float**, **double** und keine Interfaces behandelt werden, beschänken wir uns bei der Typisierung auf die obigen Typarten. Für die Typisierung von Ausdrücken führen wir das Attribut getTypeAttr ein:

> **ATT** getTypeAttr (Expr@ node) TypeAttr:
>   **IF is** [node, _IntLiteral@]:
>   TypeAttr (IntNum ())
> | **is** [node, _BoolLiteral@]:
>   TypeAttr (BoolNum ())
> | ...

Dieses Attribut berechnet zu jedem Knoten der Sorte Expr@ den zugehörigen Typ. Die Beschreibung des Typs erfolgt durch die Datenstruktur TypeAttr. Wir müssen dabei alle unterschiedlichen Knotentypen der Sorte Expr@ betrachten. Folgende Knotentypen der Sorte Expr@ werden hierbei berücksichtigt:

(1) BoolLiteral(Bool)
    Der Typ einer booleschen Konstante ist TypeAttr(BoolNum()).
(2) IntLiteral(Int)
    Der Typ einer ganzzahligen Konstante ist TypeAttr(IntNum()).
(3) CharLiteral(Char)
    Der Typ einer char-Konstante ist TypeAttr(CharNum()).
(4) StringLiteral(String)
    Eine Stringkonstante wird als Instanz der Klasse String angesehen. Der Typ ist daher ein Referenztyp auf die Klasse String. Das Attribut getClassNum gibt die Typidentifikationsnummer der Klasse String an.
(5) Null()
    Der Typ einer **null**-Referenz ist TypeAttr(NullNum()).
(6) This()
    This ist eine Referenz auf das Objekt selbst. Das Objekt muß nicht immer eine Instanz der Klasse sein, innerhalb der der Ausdruck This erscheint. Im abstrakten Syntaxbaum ist das die umschließende Klasse, ausgehend vom aktuellen Baumknoten aufwärts. Das Objekt kann aber auch eine Instanz einer Unterklasse der aktuellen[17] Klasse sein. Da This dynamisch ausgelegt wird, ist es erst zur Laufzeit bekannt, auf welche Klasse sich This tatsächlich

bezieht. *Die Typbestimmung erfolgt jedoch zur Übersetzungszeit.* Daher wertet man bei der Ermittlung des Typs den Ausdruck This statisch aus. Als Klassenidentifikationsnummer gibt man die Nummer der aktuellen Klasse an.

Für die statische Typkorrektheit muß gelten, daß This nicht in statischen Methoden verwendet wird.

(7)   Super()

Super wird immer statisch ausgewertet und bezieht sich auf die Superklasse der aktuellen Klasse. Die aktuelle Klasse ist die Klasse, in der der Ausdruck **super** im Programmtext vorkommt. Der Typ des Ausdrucks Super enthält daher die Identifikationsnummer der Superklasse.

Für die statische Typkorrektheit muß überprüft werden, daß Super nicht in statischen Methoden verwendet wird.

(8)   LocalOrFieldVar(UsedId), InstVar(Expr UsedId)

Diese Knoten bedeuten Zugriffe auf Variablen (Instanzvariablen, lokale Variablen, Parameter). Alle Variablen haben im Syntaxbaum eine Deklarationsstelle. Diese kann durch das Attribut Decl ermittelt werden. An der zugehörigen Deklarationsstelle der Variablen gibt es einen Knoten der Sorte Type@, der den vordefinierten Typ oder die Klasse der Variablen angibt.

Für die statische Typkorrektheit muß der Punktausdruck in UsedId untersucht werden. Da wir keine Paketnamen realisieren, ist die Untersuchung etwas einfacher. Für alle Bezeichner in UsedId muß eine Deklarationsstelle gefunden werden; der erste Bezeichner in der Liste kann ein formaler Parameter, eine lokale Variable oder eine Instanzvariable sein; alle weiteren Elemente der Liste müssen Instanzvariablen sein. Außerdem müssen alle Bezeichner bis auf den letzten vom Referenztyp sein. Diese Überprüfung geschieht in der vorgegebenen Hilfsfunktion lookupQualPath. (Diese Funktion sucht die Deklarationsstelle eines qualifizierten Namens, also die Deklarationsstelle von d in a.b.c.d. Dafür muß zunächst die Deklarationsstelle von a gefunden werden, und a muß vom Referenztyp sein; dann wird in der Klasse von a nach der Instanzvariablen b gesucht usw.).

(9)   NegativeExpr(UnaryMinus Expr)

Dieser Knoten bedeutet, daß ein Ausdruck durch ein Minuszeichen negiert wird. Der Typ dieses Knotens ist daher TypeAttr(IntNum()).

Für die statische Typkorrektheit muß Expr[18] ein Integerausdruck sein.

(10) NotExpr(UnaryNot Expr)

Dieser Knoten bedeutet, daß ein Ausdruck durch die boolesche Operation not negiert wird. Der Typ dieses Knotens ist daher TypeAttr(BoolNum()).

Für die statische Typkorrektheit muß Expr ein boolescher Ausdruck sein.

---

[17]Die *aktuelle* Klasse ist die Klasse, in der der Ausdruck **this** im Programmtext vorkommt.
[18]Wir verwenden im folgenden immer den Sortennamen, um auf die Argumente zu verweisen.

(11) Binary(Expr Operator Expr)

Es gibt arithmetische und boolesche binäre Ausdrücke. Der Operator eines binären Ausdrucks legt die Art des binären Ausdrucks fest. Ist er ein Knoten der Sorte AddOp@ oder MulOp@, so handelt es sich um einen arithmetischen binären Ausdruck. Der Typ des Ausdrucks ist daher TypeAttr(IntNum()). Für die statische Typkorrektheit müssen beide Expr Integerausdrücke sein.

Falls der Knoten von der Sorte RelOp@ oder LogOp@ ist, handelt es sich um einen booleschen Ausdruck. Sein Typ ist TypeAttr(BoolNum()). Für die statische Typkorrektheit müssen bei RelOp@ beide Expr Integerausdrücke und bei LogOp@ beide Expr boolesche Ausdrücke sein.

(12) Instanceof(Expr Type)

Beim **instanceof**-Ausdruck wird überprüft, ob ein bestimmtes Objekt eine Instanz einer bestimmten Klasse ist. Das Objekt wird durch den Ausdruck Expr spezifiziert. Der Typ der Klasse ist durch Type[19] angegeben. Das Ergebnis dieses binären Ausdrucks ist immer ein boolescher Wert. Daher ist sein Typ TypeAttr(BoolNum()).

Für die statische Typkorrektheit muß Expr eine **null**-Referenz oder vom Referenztyp sein, die in Type angegebene UsedId muß eine benutzerdefinierte oder eine vorgegebene Klasse sein, und der Typ von Expr muß eine Unterklasse der UsedId-Klasse sein.

(13) Assign(Expr Expr)

Bei diesem Knoten wird einer Variablen ein Wert zugewiesen. Die Variable wird durch den ersten Ausdruck Expr spezifiziert. Der zugewiesene Wert ist der zweite Ausdruck Expr. Der Typ der Zuweisung ist der deklarierte Typ der Variablen.

Für die statische Typkorrektheit müssen die Typen der rechten und der linken Seite kompatibel sein, d.h., die Typen müssen gleich sein bzw. char darf int zugewiesen werden und bei Referenztypen darf der Typ der rechten Seite eine Unterklasse des Typs der linken Seite sein.

(14) MethodCall(Receiver UsedId ExprList)

Der Typ eines Methodenaufrufs ist identisch mit dem Rückgabetyp der Methode. Dieser kann an der Deklarationsstelle der Methode gefunden werden (ATT Decl).

Für die statische Typkorrektheit muß noch die Typkorrektheit der Receiver und UsedId geprüft werden, da es sich hier wieder um Punktausdrücke handeln kann. Außerdem muß die Anzahl der Parameter gleich sein, und die Typen der aktuellen Parameter (ExprList) müssen mit den formalen Parametern der Methodendeklaration kompatibel sein, d.h., die Typen müssen gleich sein bzw. char darf als aktueller Parameter für int verwendet werden und bei

---

[19]Hier kann als Type nur ein Referenztyp stehen; dies wird durch den Parser garantiert.

Referenztypen dürfen die aktuellen Parameter Unterklassen der formalen Parameter sein. Diese Überprüfung geschieht bei der Suche nach einer passenden Methode zu einem Methodenaufruf (siehe weiter unten, Funktion lookupMethod).

(15) NewClass(Type ExprList)

Hier ist der Typ des Ausdrucks identisch mit dem Typ der Klasse, von der ein Objekt erzeugt wird. Dazu muß man zunächst die Deklarationsstelle der Klasse finden (**ATT** Decl).

Für die statische Typkorrektheit muß die in Type angegebene UsedId eine benutzerdefinierte oder eine vorgegebene Klasse sein, in der außerdem ein passender Konstruktor definiert ist. (Die Überprüfung geschieht wie beim Methodenaufruf bei der Suche nach einem passenden Konstruktor, die Bedingungen für Parameter sind die gleichen).

12.2.3 Aufgaben

Aufgabe 6 *(Typattribut)*

Ergänzen Sie die Spezifikation des Attributs

    ATT getTypeAttr (Expr@ node) TypeAttr:

so, daß für obige Expr@-Knoten der Typ berechnet wird. Sie können dabei die vorgegebene Hilfsfunktion

    FCT getTypeAttr_1 (Type@ node) TypeAttr:

verwenden, die für Type@-Knoten das entsprechende Typattribut liefert, d.h. die Deklarationsinformation in unsere Typinformationsdatenstruktur umwandelt. Sie können davan ausgehen, daß das Attribut

    ATT Decl (UseNode@ node) Declaration@:

schon implementiert ist und zu einer Anwendungsstelle die jeweilige Deklarationsstelle angibt. (StringLiteral und Super behandeln wir später.)

Aufgabe 7 *(Kontextbedingungen)*

Die Definition einer Kontextbedingung hat die Form

    CND Pattern : Formula
      | Expression

wobei Formula ein Prädikat in MAX-Notation angibt und Expression einen String ergeben muß. Kontextbedingungen besagen folgendes: Für alle Knoten, die zu Pattern passen, muß Formula den Wert True haben; sonst wird Expression als Fehlermeldung ausgegeben. Geben Sie eine Kontextbedingung an, die überprüft, ob alle verwendeten Namen Methoden-, Variablen- und Klassennamen) deklariert sind.

Hinweis:

Diese Abfrage ist ganz einfach: Wenn das Decl-Attribut nil() ist, wurde keine Deklarationsstelle für den Namen gefunden. Etwas komplizierter ist es, eine vernünftige Fehlermeldung mit Zeilenangabe auszugeben.

Aufgabe 8 *(Typüberprüfung für Methoden)*

Definieren Sie folgende Funktionen:

> **FCT** TypeCheck_List (ParameterList@ parList, ExprList @ expList,
> Int n) Bool:
> **FCT** TypeCheck__ExprPaar (TypeAttr@ tA1, TypeAttr@ tA2) Bool:

In der ersten Funktion wird überprüft, ob eine Methode zu einem Methodenaufruf paßt, d.h., ob die Anzahl der Parameter gleich ist und die Typen der aktuellen Parameter (ExprList) mit den formalen Parametern (ParameterList) kompatibel sind. In der zweiten Funktion wird die Typabprüfung für ein Parameter-Argument-Paar durchgeführt. Diese Funktionen benötigen wir bei der Implementierung der Suche nach einer passenden Methode zu einem Methodenaufruf.

Aufgabe 9 *(Kontextbedingungen)*

Geben Sie eine Kontextbedingung an, die überprüft, ob Zuweisungen statisch typkorrekt sind. Verwenden Sie dabei die Funktion TypeCheck__ExprPaar aus der vorhergehenden Aufgabe.

Analog können Sie weitere Abprüfungen realisieren: Zunächst müssen die benötigten Hilfsfunktionen implementiert und anschließend die entsprechende Kontextbedingung spezifiziert werden.

Aufgabe 10 *(Klassendatei)*

Bei den nächsten Aufgaben werden wir uns mit der Java-Klassendatei und ihrem Aufbau befassen. Wiederholen Sie das entsprechende Kapitel.

12.3 MAX-Spezifikation der Klassendatei

Die MAX-Spezifikation für die in den vorherigen Abschnitten beschriebenen Teile der Klassendatei sieht folgendermaßen aus:

```
Program       * ClassFile

ClassFile     ( String              // magic
                Int                 // minor_version
                Int                 // major_version
                Constant_pool
```

```
                          Int                              // access_flags
                          Int                              // this_class
                          Int                              // super_class
                          Interfaces
                          Fields
                          Methods
                          Attributes)

Constant_pool * Cp_info

Cp_info        = CONSTANT_Class_info
               I  CONSTANT_Fieldref_info
               I  CONSTANT_Methodref_info
               I  CONSTANT_String_info
               I  CONSTANT_Integer_info
               I  CONSTANT_NameAndType_info
               I  CONSTANT_Utf8_info

CONSTANT_Class_info           ( Int)          // name_index

CONSTANT_Fieldref_info        ( Int Int )     // class_index,
                                              // name_and_type_index

CONSTANT_Methodref_info       ( Int Int )     // class_index,
                                              // name_and_type_index

CONSTANT_InterfaceMethodref_info  ( Int Int ) //class_index,
                                              // name_and_type_index

CONSTANT_String_info          ( Int )         // string_index

CONSTANT_Integer_info         ( Int )         // bytes

CONSTANT_NameAndType_info  ( Int Int )        // name_index, descriptor_index

CONSTANT_Utf8_info            ( Int String )  // length, bytes

Interfaces                    * Int           // class_index

Fields                        * Field_info

Field_info                    ( Int           // access_flags
                                Int           // name_index
                                Int           // descriptor_index
                                Attributes )

Methods                       *  Method_info

Method_info                   ( Int           // access_flags
                                Int           // name_index
                                Int           // descriptor_index
                                Attributes )
```

Attributes	*	Attributes_info

Attributes_info = Code_attribute

Code_attribute	(Int	// attribute_name_index
	Int	// attribute_length
	Int	// max_stack
	Int	// max_locals
	Int	// code_length
	Code	
	Exception_table	
	Attributes)	
Code	*	Instruction

12.3.1 Aufgaben

Aufgabe 11 *(Klassendatei-Dekodierer)*

Unter der bekannten WWW-Adresse können Sie einen Klassendatei-Dekodierer[20] laden, der die durch *javac* erzeugten *.class*-Dateien entschlüsselt und den Inhalt in lesbarem ASCII-Format ausgibt. Übersetzen Sie einige Java-Beispiele und entschlüsseln Sie die erzeugten Dateien mit dem Klassendatei-Dekodierer, so daß Ihnen klar wird, wie die Klassendateien aufgebaut sind. Drucken Sie eine kleine entschlüsselte Klassendatei aus und schreiben Sie zu den Konstantenpooleinträgen die entsprechenden MAX-Terme.

Aufgabe 12 *(Konstantenpoolerzeugung)*

Sie sollen die Konstantenpoolerzeugung realisieren. Für jede Klasse müssen allgemeine Informationen wie die Stringkonstanten, die die Namen der Attribute und den Namen des zu übersetzenden Quellprogramms beinhalten, in den Konstantenpool eingefügt werden. Diese Stringkonstanten sind unabhängig von der zu übersetzenden Klasse immer im Konstantenpool vorhanden. Weiterhin werden die Namen aller Klassen eingefügt, die im Java-Quellprogramm vorkommen. Um alle klassenspezifischen Informationen in den Konstantenpool aufzunehmen, muß der Rumpf der Klasse untersucht werden. Sie sollen die Einträge für *Konstanten, Instanzvariablenzugriffe* und *Instanzvariablendeklarationen* realisieren. Die Einträge für Methodendeklarationen, Methodenaufrufe und Objekterzeugung mit **new** realisieren wir später. Verwenden Sie dabei die vorgegebenen Hilfsfunktionen zum Aufbau und Zugriff auf den Konstantenpool. Geben Sie als Lösung der Aufgabe die Spezifikation einer Funktion

FCT createConstantPool (Class@ c) ConstantPool

---

[20]Dieser Dekodierer entstand im Rahmen des Systementwicklungsprojektes „Java-Compiler" von Roland Haratsch.

(mit entsprechenden Hilfsfunktionen) an. Als Eingabeparameter erhält diese Funktion einen Baumknoten der Sorte Class@, und als Ausgabe erzeugt sie den zur Klasse gehörenden Konstantenpool.

Aufgabe 13 *(Java-Compiler)*

Erweitern Sie den Vorführcompiler vom Server der TU München um Ihre Lösungen zur Bindungsanalyse (Decl-*Attribut* und lookup-*Funktionen*).

12.4 Ausdrücke und ihre Codeerzeugung

Wir betrachten hier eine eingeschränkte Auswahl von Ausdrücken, die immer einen Wert liefern. Neben Konstanten, arithmetischen und booleschen Ausdrücken enthält Java Objekterzeugungen, die Metavariablen **this**, **super** und **null**, Methodenaufrufe und Abfragen nach dem Typ eines Objekts.

12.4.1 Wert eines Ausdrucks

Der Wert eines Ausdrucks in JVM ist entweder eine Integerzahl, eine boolesche Größe, eine Charakter- oder Stringkonstante in JVM-Darstellung oder ein Verweis auf ein Objekt. Es folgen die Java-Ausdrücke und deren Werte:

Tabelle 6. Wert eines Ausdrucks

Ausdruck	Wert des Ausdrucks in JVM
Literal (int, boolean, char, String, **null**)	Wert der Konstanten in JVM-Darstellung
this, super	ein Verweis auf das aktuelle Objekt
angewandtes Auftreten: lokale Variable	Wert der lokalen Variablen
angewandtes Auftreten: Parameter	Wert des Parameters
angewandtes Auftreten: Instanzvariable	Wert der Instanzvariablen
unärer Ausdruck	Wert des unären Ausdrucks
binärer Ausdruck	Wert des binären Ausdrucks
Instanzüberprüfung	**true** oder **false**
Methodenaufruf	Wert der Methode für die aktuellen Parameter
Objekterzeugung	ein Verweis auf das neue Objekt

12.4.2 Codeerzeugung für Ausdrücke

Wir erzeugen JVM-Code für die Java-Ausdrücke und Statements. Diese Übersetzung in abstrakten Maschinencode und nicht in Maschinencode für einen konkreten Prozessor vereinfacht die Implementierung und ermöglicht die Plattformunabhängigkeit von Java.

Für arithmetische und boolesche Ausdrücke (BinaryExpr und UnaryExpr) gilt dabei:

- Alle Operationen werden auf dem Keller ausgeführt, d.h., die Operanden und das Ergebnis der Operationen werden auf den Keller gelegt.
- Im Gegensatz zu vielen anderen abstrakten und realen Maschinen unterstützt die virtuelle Java-Maschine keine Register.
- Die virtuelle Java-Maschine besitzt zwar Befehle, um boolesche Verknüpfungen oder Vergleiche durchzuführen und das Ergebnis der Operation auf dem Keller abzulegen. Wir realisieren boolesche Ausdrücke aber durch Sprünge. Dabei müssen die Ergebnisse explizit auf den Keller gebracht werden.

Der Zugriff auf Instanzvariablen und Methodenaufrufe erfolgt symbolisch, d.h., im Code für diese Ausdrücke steht ein Index in den Konstantenpool, an dessen Stelle die benötigten Informationen für die referenzierte Instanzvariable oder Methode stehen (Name, Signatur, Klasse). Erst zur Laufzeit werden diese symbolischen Referenzen aufgelöst und durch Speicheradressen ersetzt.

Da wir die Konstantenpooleinträge vorher erzeugen, können wir bei der Codeerzeugung davon ausgehen, daß die benötigten Einträge vorhanden sind. Für das Suchen des jeweiligen Eintrags stehen Hilfsfunktionen zur Verfügung (z.B. **FCT** getCpFieldRefIndex).

Manche JVM-Befehle sind jeweils an einen bestimmten Typ gebunden. Es gibt int-, boolean-, char- und Referenztypen. Jede Klassen- und Interfacedeklaration sowie Arraytypangabe in einem Programm definiert einen Referenztyp. Im Rahmen dieses Praktikums werden nur Klassentypen behandelt. Interfaces und Arrays finden keine Berücksichtigung. Beispiele für typabhängige Maschinenbefehle sind z.B. **iload**, **aload**, **istore**, **astore**, **if_icmp**<cond>, **if_acmp**<cond>, **iadd**. Für manche Maschinenbefehle gibt es nur Varianten, die sich auf den int- oder Referenztyp beziehen. Beispiele hierfür sind **ireturn** und **areturn**. Für die Typen char oder boolean gibt es hierbei keine Befehlsvarianten. Falls der Typ des Ausdrucks jedoch char oder boolean ist, verwendet man die int-Variante des Befehls. Wird z.B. ein Ausdruck vom Typ char als Funktionswert an den Aufrufer zurückgegeben, so verwendet man hierfür den Maschinenbefehl ireturn. Ausdrücke sind in unserer abstrakten Java-Syntax definiert als

```
Expr = Literal | This | Super | LocalOrFieldVar | InstVar
     | UnaryExpr | BinaryExpr | ExprStmt
```

Wir werden uns im folgenden detailliert mit den einzelnen Arten von Ausdrükken und ihrer Übersetzung beschäftigen (zu ExprStmt s. Abschnitt 12.5.3, S. 233).

Codeerzeugung für Literale

Die abstrakte Syntax für Literale ist in MAX-Notation gegeben als

Literal	= IntLiteral | BoolLiteral | CharLiteral | StringLiteral
	| Null
IntLiteral	(Int)
BoolLiteral	(Bool)
CharLiteral	(Char)
StringLiteral	(String)
Null	()

Bei Literalen wird der Wert des Literals auf den Keller gelegt. Im Gegensatz zu anderen abstrakten Maschinen besitzt der Befehlssatz der virtuelle Java-Maschine bei der Darstellung von Literalen eine ziemlich ausgetüftelte Vorgehensweise. Wir haben auf diese Tatsache in dem Abschnitt über ihren Befehlssatz bereits hingewiesen.

Für ein IntLiteral wird bei Zahlen im Bereich von -32767 bis 32767 der Wert selbst auf den Keller gelegt, bei anderen Integerzahlen wird die Konstante im Konstantenpool gespeichert und nur der Index auf den Keller gelegt. Für die Werte -1, 0, 1, 2, 3, 4 und 5 gibt es spezielle Befehle, um diese Werte auf den Keller zu legen, nämlich **iconst_m1, iconst_0, iconst_1, iconst_2, iconst_3, iconst_4** bzw. **iconst_5**. Liegt die Zahl ansonsten zwischen -127 und 127 bzw. zwischen -32767 und 32767, so wird diese Zahl i durch die Befehle **bipush** i bzw. **sipush** i auf den Keller gelegt. Für alle anderen Integerzahlen wird der jeweilige Index aus dem Konstantenpool auf den Keller gelegt. Der Index der Konstanten i im Konstantenpool cp kann mit der Funktion

FCT getCpIntegerIndex (ConstantPool cp, Int i) Int:

ermittelt werden. Ist der ermittelte Index index kleiner als 256, so wird der Wert mit dem Befehl **ldc** index und ansonsten mit dem Befehl **ldc_w** index auf den Keller gelegt. Sie brauchen sich jedoch nicht um all diese Fälle zu kümmern, verwenden Sie einfach die Hilfsfunktion

FCT instIntLiteral (Int i, ConstantPool cp) Instruction

die Sie auf dem WWW-Server finden und die den richtigen JVM-Befehl für beliebige Integerzahl i erzeugt. Boolesche Literale werden als Integerwerte aufgefaßt, wobei **True** als 1 und **False** als 0 dargestellt wird. (Verwenden Sie auch hier die Funktion instIntLiteral.)

Bei Character-Literalen wird mit dem Befehl bipush der ASCII-Code auf den Keller gebracht. Die dazugehörige ASCII-Nummer wird mit der Hilfsfunktion

FCT getASCIInum

ermittelt. Die String-Literale stehen im Konstantenpool. Den zugehörigen Index ermittelt man mit der Hilfsfunktion

FCT getCpStringIndex (ConstantPool cp, String str) Int

Falls der Index kleiner als 256 ist, verwendet man den Befehl **ldc**, sonst **ldc_w**. Für Null@-Knoten wird der Befehl **aconst_null** erzeugt.

Codeerzeugung für This und Super
Die abstrakte Syntax dieser beiden ausgezeichneten Konstanten ist

This()
Super()

Für die Ausdrücke This und Super wird jeweils der JVM-Code

aload_0

erzeugt (s. dazu Abschnitt 12.9.4, S. 245).

Codeerzeugung für den Zugriff auf Variablen
Der Parser kann nicht immer feststellen, ob es sich um eine lokale Variable, einen Parameter oder eine Instanzvariable handelt. Deswegen wird in der abstrakten Syntax zwischen

InstVar(Expr UsedId)

und

LocalOrFieldVar (UsedId)

unterschieden. Bei InstVar kann bereits der Parser feststellen, daß es sich um eine Instanzvariable handelt, z.B. im Ausdruck **this**.a.b; hierbei enthält Expr den Teil **this**.a und **UsedId** enthält den letzten Identifier b. Es wird zunächst Code für den Ausdruck Expr erzeugt und danach der Befehl **getfield** K, wobei K der Konstantenpoolindex des Feldreferenzeintrags für b ist.

Im Fall LocalOrFieldVar kann es sich um einen Zugriff auf eine lokale Variable, einen Parameter oder eine Instanzvariable handeln. In den ersten beiden Fällen besteht der Name aus nur einem Identifier, im dritten Fall kann der Name auch ein längerer Punktausdruck der Form a.b.c.d sein.

Zunächst wird die Deklarationsstelle der Variablen ermittelt (Attribut Decl). Handelt es sich um einen formalen Parameter oder eine lokale Variable, so muß zunächst die Nummer locnum des Speicherplatzes im Keller relativ zum Anfang des Kellerrahmens der Methode bestimmt werden. (Dies geschieht durch die Funktionen locParNum und locVarNum, die in Aufgabe 14 realisiert werden.) Ist der Parameter oder die lokale Variable ein Wert vom Typ *Integer, Char* oder *Boolean,* so wird der Befehl **iload** locnum erzeugt, und ansonsten der Befehl **aload** locnum.

Handelt es sich um eine Instanzvariable, so muß die in UsedId gespeicherte Liste der Identifikatoren folgendermaßen abgearbeitet werden:

Das erste Element der Liste UsedId kann entweder ein formaler Parameter, eine lokale Variable oder eine Instanzvariable sein:

– Handelt es sich um einen formalen Parameter oder eine lokale Variable, so muß zunächst die Nummer locnum des Speicherplatzes im Keller relativ zum Anfang des Kellerrahmens der Methode bestimmt werden. Der Parameter oder die lokale Variable muß vom Referenztyp sein, und es wird der Befehl **aload** locnum erzeugt.

– Bei einem Instanzvariablenzugriff muß zuerst das This-Objekt auf den Keller gelegt werden (JVM-Befehl: **aload_0**) und dann wird symbolisch auf die Instanzvariable mit **getfield** K zugegriffen, wobei K der Konstantenpoolindex auf den Feldreferenzeintrag für den Instanzvariablenzugriff ist. Dieser Index kann mit der Funktion

    FCT getCpFieldIndex (ConstantPool cp, InstVarDecl@ node) I

bestimmt werden.

Alle weiteren Elemente der Liste UsedId bis auf das letzte müssen Instanzvariablen und außerdem vom Referenztyp sein. Da die jeweilige Objektreferenz schon auf dem Keller liegt, muß für den Zugriff auf die Instanzvariable nur ein **getfield**-Befehl erzeugt werden.

Auch das letzte Element der Liste UsedId muß eine Instanzvariable sein, aber nicht unbedigt vom Referenztyp. Es wird die Deklarationsstelle ermittelt (Attribut Decl) und ein **getfield**-Befehl erzeugt.

Bemerkungen:

– Kommt der Punktausdruck auf der *linken* Seite der Zuweisung vor, wird für den letzten Identifier der **putfield**-Befehl erzeugt.

– Implementieren Sie eine Funktion

    FCT mkCodeQualPath (IdentList@ idList, Int i) Code,

die die oben beschriebene Codeerzeugung für IdentList von UsedId realisiert. Diese Funktion wird auch bei *Assign* und *Methodenaufruf* benötigt.

– Wir behandeln keine Klassenvariablen (**static**-Variablen), sie werden aber analog zu Instanzvariablen implementiert. Sie würden im abstrakten Syntaxbaum ebenfalls als InstVar@- oder LocalOrFieldVar@-Knoten erscheinen, aber zur Laufzeit wird keine Objektreferenz auf dem Keller benötigt, um auf sie zuzugreifen. Für die Codeerzeugung bedeutet dies, daß man nur für die Klassenvariable selbst Code (und eine symbolische Referenz im Konstantenpool) erzeugen muß; alle vorangegangenen Identifier in dem Punktausdruck werden schon zur Übersetzungszeit gebunden.

Codeerzeugung für binäre Ausdrücke

Binäre Ausdrücke werden durch die abstrakte Syntax

BinaryExpr	= Binary I Instanceof
Binary	(Expr Operator Expr)
Instanceof	(Expr Type)
Operator	= AddOp I MulOp I RelOp I LogOp
AddOp	= PlusOp I MinusOp
MulOp	= TimesOp I DivideOp I ModuloOp
RelOp	= EqualOp I NotEqualOp I LessOp I LessEquOp I GreaterOp
	I GreaterEquOp
LogOp	= AndOp I OrOp

PlusOp	()	MinusOp	()	TimesOp	()	DivideOp	()
ModuloOp	()						
EqualOp	()	NotEqualOp	()				
LessOp	()	LessEquOp	()	GreaterOp	()	GreaterEquOp	()
AndOp	()	OrOp	()				

beschrieben. Für einen binären Ausdruck Binary(expr1 op expr2) mit op ∈ { PlusOp, MinusOp, TimesOp, DivideOp, ModuloOp } wird folgender JVM-Code erzeugt:

```
<Code für expr1>
<Code für expr2>
Op
```

wobei Op entweder **iadd**, **isub**, **imul**, **idiv** oder **irem** ist, falls op PlusOp, MinusOp, TimesOp, DivideOp oder ModuloOp ist. Durch die obigen Codestücke für expr1 und expr2 werden die Operanden auf den Keller gelegt. Für relationale Operatoren (Re-lOp) wird folgender Bytecode erzeugt:

```
        <Code für expr1>
        <Code für expr2>
        <if label2>
        iconst_0
        goto label1
label2: iconst_1
label1: ...
```

wobei label1 und label2 Offsets darstellen und keine symbolische Marken. Das heißt, zunächst wird Code für das erste Argument des Operators und dann Code für das zweite Argument des Operators erzeugt. Welcher Sprungbefehl dann folgt, hängt vom relationalen Operator ab. Die if-Befehle für EqualOp, NotEqualOp, LessOp, LessEquOp, GreaterOp und GreaterEqOp sind **if_icmpeq**, **if_icmpne**, **if_icmplt**, **if_icmple**, **if_icmpgt** bzw. **if_icmpge** für Ausdrücke vom Typ *Integer*, *Boolean* und *Character*. Für Referenztypen gibt es nur Vergleiche auf Gleichheit oder Ungleichheit; die entsprechenden if-Befehle sind **if_acmpeq** und **if_acmpne**. Diese Befehle vergleichen die obersten beiden Elemente auf dem Keller und verzweigen, wenn der jeweilige Vergleich erfolgreich ist, zur Programmstelle gemäß dem angegebenen Offset. Die Ergebnisse des Vergleichs werden durch **iconst_0** und **iconst_1** explizit auf den Keller gelegt. (Man beachte, daß boolesche Werte durch Integerzahlen realisiert werden.)

Bei den booleschen binären Ausdrücken wird ähnlich vorgegangen. Die Auswertung bricht bei einem UND-Ausdruck bereits dann ab, wenn der Wert des ersten Arguments False liefert, und bei einem ODER-Ausdruck, wenn der Wert des ersten Arguments True liefert. Auch hier wird der Vergleich durch Sprünge realisiert und das Ergebnis explizit auf den Keller gelegt.

Das Übersetzungsschema für UND-Ausdrücke ist

```
          <Code für expr1>
          ifeq label2
          <Code für expr2>
          ifeq label2
          iconst_1
          goto label1
label2:   iconst_0
label1:   ...
```

Zunächst wird das erste Argument ausgewertet; ist das Ergebnis bereits False, so muß das zweite Argument nicht mehr ausgewertet werden, und man kann als Ergebnis den Wert 0 auf den Keller ablegen. Ansonsten wird das zweite Argument ausgewertet; wenn dieses den Wert False besitzt, wird ebenfalls der Wert 0 auf den Keller gelegt. Liefert das zweite Argument dagegen den Wert True, so wird 1 auf den Keller gelegt.

Für ODER-Ausdrücke erhält man

```
          <Code für expr1>
          ifne label2
          <Code für expr2>
          ifne label2
          iconst_0
          goto label1
label2:   iconst_1
label1:   ...
```

Hier wird analog zur Übersetzung von UND-Ausdrücken verfahren.

Zu beachten ist, daß die Labels auf der virtuellen Java-Maschine durch Offsets zu realisieren sind.

Codeerzeugung für unäre Ausdrücke

Abstrakte Syntax:

```
UnaryExpr      = NegativeExpr | NotExpr
NegativeExpr   ( UnaryMinus Expr )
NotExpr        ( UnaryNot Expr )
UnaryMinus     ()
UnaryNot       ()
```

Beim NegativeExpr (UnaryMinus expr) wird zunächst der Code für den Ausdruck expr erzeugt und anschließend der Befehl ineg, d.h., wir erhalten folgenden abstrakten Maschinencode:

```
<Code für expr>
ineg
```

Komplizierter muß die Negation von booleschen Werten ausgedrückt werden, da die virtuelle Java-Maschine keinen **not**-Befehl besitzt. Dieser wird wieder durch Sprünge realisiert.

```
        <Code für Expr>
        ifeq label2
        iconst_0
        goto label1
label2: iconst_1
label1: ...
```

Auch hier stellen die symbolischen Marken wieder Offsets im virtuellen Maschinencode dar.

Codeerzeugung für Instanzüberprüfung

Abstrakte Syntax:

```
Instanceof(Expr Type)
```

Das Übersetzungsschema für die Instanzüberprüfung Instanceof(expr, type) sieht folgendermaßen aus:

```
<Code für expr>
instanceof TypeIndex
```

wobei TypeIndex der Index des Konstantenpooleintrags für den Typ type ist.

Codeerzeugung für **new**

Abstrakte Syntax:

```
NewClass(Type ExprList)
```

Dieser Baumknoten bezeichnet die Erzeugung einer neuen Klasseninstanz. Der erste Teilbaum spezifiziert die Klasse, von der eine Instanz erzeugt werden soll. Der zweite Sohn enthält die Parameterliste, die beim Konstruktoraufruf übergeben wird.

Bei der Übersetzung muß zuerst ein Objekt der betreffenden Klasse erzeugt werden. Anschließend muß dieses Objekt durch den Aufruf eines Konstruktors initialisiert werden. Welcher Konstruktor in der betreffenden Klasse ausgeführt wird, hängt von der Parameterliste (zweiter Teilbaum) ab. Das Übersetzungsschema lautet:

```
new Classindex
dup
```

<Code für Aufrufparameter>
invokespecial ConstructorIndex

Da der **invokespecial**-Befehl die Objektreferenz vom Keller entfernt, muß sie vor dem Aufruf des Konstruktors dupliziert werden (**dup**-Befehl). Kommt allerdings der new@-Knoten als Statement vor, d.h., es soll gar kein Ergebnis geliefert werden, läßt man den **dup**-Befehl weg (s. dazu Abschnitt 12.5.3, S. 233)

12.5 Statements und ihre Codeerzeugung

Java unterstützt die Statements, die man auch in den meisten anderen objektorientierten und imperativen Programmiersprachen findet. Wir werden auch hier wieder nur eine Teilmenge der Statements von Java betrachten.

12.5.1 Statements

Die abstrakte Syntax von Statements ist definiert als

Block	* Statement
Statement	= LocalVarDecl I IfStmt I WhileStmt I Return I ExprStmt
ExprStmt	= Assign I MethodCall I NewClass
LocalVarDecl	(DeclId Type)
Assign	(Expr Expr)
IfStmt	(Expr Block Block)
WhileStmt	(Expr Block)
Return	(ReturnExpr)

Codeerzeugung für **new** wurde bereits bei den Ausdrücken behandelt; Codeerzeugung für den Methodenaufruf wird im eigenen Kapitel erläutert (s. Abschnitt 12.8, S. 238).

12.5.2 Code für Statements

Code für Blöcke
Abstrakte Syntax:

Block * Statement

Hier wird für jedes Statement in der Liste Code erzeugt. Zu beachten ist, daß der erzeugte Code eines Statements mit dem Code der restlichen Statements konkateniert werden muß.

Code für lokale Variablendeklarationen
Abstrakte Syntax:

LocalVarDecl (DeclId Type)

Für lokale Variablendeklarationen wird kein Code erzeugt. Es muß aber für die restlichen Statements, falls es solche gibt, Code erzeugt werden.

Code für Assign
Abstrakte Syntax:

Assign (Expr Expr)

Mit diesem Knoten wird einer Variablen ein Wert zugewiesen. Die Variable befindet sich im ersten Teilbaum, der zugewiesene Wert im zweiten Teilbaum. Beide Söhne sind Knoten der Sorte Expr@. Da nur einer Variablen ein Wert zugewiesen werden kann, muß der Expr@-Knoten, der die Variable spezifiziert, von der Sorte LocalOrFieldVar@ oder InstVar@ sein. Man kann die zugehörige Deklarationsstelle der Variablen durch das Attribut Decl ermitteln.

Betrachten wir die Codeerzeugung für Assign(expr1 expr2). Handelt es sich bei expr1 um einen formalen Parameter oder eine lokale Variable, so sieht das Übersetzungsschema folgendermaßen aus:

```
<Code für expr2>
<evtl. ein dup-Befehl>
<istore bzw. astore locnum>
```

Handelt es sich bei expr1 um eine Instanzvariable, so muß zunächst die Objektreferenz und dann der Wert auf den Keller gebracht werden. Das Übersetzungsschema sieht wie folgt aus:

```
<1. Teil des Codes für expr1>
<Code für expr2>
<evtl. ein dup_x1-Befehl>
<2. Teil des Codes für expr1: putfield-Befehl>
```

Der <1.Teil des Codes für expr1> enthält den Code für einen Punktausdruck bis zu dem vorletzten Identifier bzw. nur einen **aload_0**-Befehl, falls der Punktausdruck nur aus einem Identifier besteht. Der <2.Teil des Codes für expr1> besteht aus einem **putfield**-Befehl für den letzten (bzw. einzigen) Identifier (analog zu der Codeerzeugung für den Zugriff auf Variablen).

Die **dup**-Befehle müssen für den Fall erzeugt werden, daß ein Assign@-Knoten als Ausdruck vorkommt (s. dazu Abschnitt 12.5.3, S. 233).

Hinweis: Handelt es sich bei expr1 um eine Klassenvariable (**static**-Variable), wird keine Objektreferenz auf den Keller gebracht. Es wird der Wert von expr2 berechnet und mit einem **putstatic**-Befehl in die Variable gespeichert. Das Übersetzungsschema ist:

```
<Code für expr2>
<evtl. ein dup-Befehl>
<putstatic-Befehl>
```

Code für if-*Statements*

Abstrakte Syntax:

```
IfStmt    ( Expr Block Block )
```

Für IfStmt(expr block1 block2) wird folgender Bytecode erzeugt:

```
          <Code für expr>
          ifeq label1
          <Code für block1>
          goto label2
label1:   <Code für block2>
label2:   ...
```

Die angegebenen symbolischen Marken werden auf der JVM-Ebene durch Offsets realisiert.

Code für while-*Schleifen*

Abstrakte Syntax:

```
WhileStmt ( Expr Block )
```

Für WhileStmt (expr block) wird folgender Bytecode erzeugt:

```
          goto label1
label2:   <Code für block>
label1:   <Code für expr>
          ifne label2
```

Dadurch erzeugen wir (genauso wie javac) einen etwas kürzeren Code, als man ihn von normalen Übersetzungen von **while**-Schleifen kennt. Auch hier sind die Labels wieder durch Offsets zu realisieren.

Code für return-*Statements*

Abstrakte Syntax:

```
Return      ( ReturnExpr )
ReturnExpr  = Expr | Void
```

Hier muß zunächst Code für den ReturnExpr und dann abhängig vom Ergebnistyp ein **return**-Befehl erzeugt werden, d.h., man erhält den abstrakten JVM-Code

```
<Code für ReturnExpr>
<return>
```

wobei <return> aus einem **return**-Befehl besteht, falls ReturnExpr Void ist; aus einem **ireturn**-Befehl, falls das Ergebnis vom Typ *Integer, Boolean* oder *Character* ist; bzw. ein **areturn**-Befehl ist, falls eine Objektreferenz zurückgegeben wird.

12.5.3 Ausdrücke als Statements

Die abstrakte Syntax von ExpressionStatements ist definiert als

ExprStmt = Assign | MethodCall | NewClass

Diese Anweisungen können als Statements oder als Ausdrücke vorkommen. Im Kontext

Block   * Statement

sind sie als Statement, sonst als Expression zu behandeln. Dies muß bei der Code-erzeugung berücksichtigt werden. Das heißt, kommt ein Assign@-Knoten als Ausdruck vor, muß der Wert auf dem Keller dupliziert werden, bevor er in die Variable gespeichert wird. (Dafür verwenden wir die Befehle **dup** bzw. **dup_x1**.) Genauso muß evtl. das Ergebnis eines Methodenaufrufs (durch **pop**) wieder verworfen werden, wenn der Methodenaufruf als Statement vorkommt. Für die Abfrage nach dem Kontext steht die vorgegebene Funktion **FCT** isStatement(Node node)Bool zur Verfügung, die überprüft, ob der Knoten node Sohn eines Block@-Knotens ist.

12.5.4 Aufgaben

Aufgabe 14 *(Hilfsfunktionen)*

Definieren Sie zunächst zwei Funktionen

FCT locParNum (FormalParameter@ node) Int:

und

FCT locVarNum (LocalVarDecl@ node) Int:

die die Nummer des formalen Parameters bzw. der lokalen Variablen berechnen. Implementieren Sie dann unter Verwendung dieser beiden Funktionen die Übersetzung von Zugriffen auf Parameter und lokalen Variablen.

Aufgabe 15 *(Codeerzeugung für Ausdrücke und Statements)*

Definieren Sie eine Funktion

FCT mkCode (Node node) Code:

die für einen beliebigen Knoten node den JVM-Code erzeugt. Schreiben Sie dazu zunächst für jeden möglichen Ausdruck und für jedes mögliche Statement eine Funktion

FCT mk<name> (<name> node) Code:

die den Code für diesen Ausdruck bzw. dieses Statement berechnet, z.b. eine Funktion

FCT mkAssign (Assign@ node) Code:

für Zuweisungsknoten.

12.6 Methodendeklaration

In diesem Abschnitt wird auf die abstrakte Syntax der Methodendeklaration, auf ihre Übersetzung in die MAX-Struktur der Klassendatei sowie auf die dazugehörige Attributierung eingegangen.

12.6.1 Abstrakte Syntax

Die Produktionen für eine Methodendeklaration in der abstrakten Syntax sind:

Method	(DeclId ReturnType ParameterList ExceptionList Block)
	// Konstruktor: Ident: <init>;
	// ReturnType: RefType, Name der Klasse;
DeclId	(Modifiers Ident Int)
Modifiers	* Modifier
Modifier	= AccPrivate | AccProtected | AccPublic | AccStatic
	| AccAbstract
AccPrivate	()
AccProtected	()
AccPublic	()
AccStatic	()
AccAbstract	()
ReturnType	= Type | Void
Type	(Typespec Int)
Void	()
Typespec	= RefType | BaseType
RefType	(UsedId)
BaseType	= Integer | Boolean | Character
Integer	()
Boolean	()
Character	()
UsedId	(IdentList Int)
IdentList	* Ident
ParameterList	* FormalParameter
FormalParameter	(DeclId Type)
ExceptionList	* RefType
Block	* Statement

Durch die erste Produktion wird eine Methode mit dem Namen DeclId, dem Ergebnistyp ReturnType, der Parameterliste ParameterList, der Ausnahmeliste ExceptionList und dem Methodenrumpf Body deklariert. In Java wird unterschieden, ob es sich um einen Konstruktor oder um eine echte Methode handelt. In der abstrakten Syntax werden Konstruktoren und Methoden zusammengefaßt. Bei echten Methoden steht im abstrakten Syntaxbaum in DeclId der Name der Methode. Bei Konstruktoren ist der Konstruktorname implizit immer <init> und der Ergebnistyp immer RefType (der enthält den Namen der Klasse).

Sie dürfen bei Ihren nachfolgenden Betrachtungen davon ausgehen, daß die Liste der Ausnahmen ExceptionList leer ist.

12.6.2 Methodeneinträge in die Klassendatei

Methodeninformationen werden in folgender Form gespeichert:

```
method_info {
    u2 access_flags;
    u2 name_index;
    u2 descriptor_index;
    u2 attributes_count;
    attribute_info attributes[attributes_count];
}
```

Die einzigen erlaubten Attribute für Methoden sind das Code- und das Exception-Attribut. Wir beschränken uns hier auf das Code-Attribut, denn wir gehen in unseren Betrachtungen davon aus, daß keine Ausnahmen definiert worden sind. Das Code-Attribut hat die Form

```
Code_attribute {
    u2 attribute_name_index;
    u4 attribute_length;
    u2 max_stack;
    u2 max_locals;
    u4 code_length;
    u1 code[code_length];
    u2 exception_table_length;
    exception exception_table[exception_table_length];
    u2 attributes_count;
    attribute_info attributes[attributes_count];
}
```

bzw. in MAX-Notation

```
Code_attribute (   Int // attribute_name_index
                   Int // attribute_length
                   Int // max_stack
                   Int // max_locals
                   Int // code_length
                   Code
```

```
                    Exception_table
                    Attributes)

Attributes          *  Attributes_info


Attributes_info     = SourceFile_attribute
                    | ConstantValue_attribute
                    | Code_attribute
                    | Exceptions_attribute
                    | LineNumberTable_attribute
                    | LocalVariables_attribute

Exception_table     * ExTableEntry

ExTableEntry        (  Int  // start_pc
                       Int  // end_pc
                       Int  // handler_pc
                       Int  // catch_type )

Code                * Instruction
```

12.6.3 Attributierung für Method@-Knoten

Am Method@-Knoten muß sowohl der Bytecode für die Methode erzeugt werden als auch der jeweilige Eintrag ins Klassenfile vorgenommen werden. Wie bereits erwähnt, wird in Java zwischen Konstruktoren und Methoden unterschieden. Handelt es sich um einen Konstruktor, so wird immer ein Konstruktor der Superklasse als erste Anweisung des Methodenblocks aufgerufen. Das heißt, ist dieser Aufruf im Java-Programm nicht explizit angegeben (und somit auch im abstrakten Syntaxbaum nicht vorhanden), muß der Übersetzer automatisch Code einfügen. Eingefügt wird der implizite Aufruf des Default-Konstruktors der Superklasse, d.h. super().

Die Codeerzeugung für diesen Konstruktoraufruf sieht folgendermaßen aus. Der Empfänger wird durch die Anweisung **aload_0** auf den Keller gebracht. Der Konstruktoraufruf erfolgt durch den Befehl **invokespecial** K, wobei K der Index in den Konstantenpool für den Methodenreferenzeintrag des Default-Konstruktors der Superklasse ist. (Diese zusätzliche Methodenreferenz muß natürlich vorher in den Konstantenpool eingetragen werden.)

Der Methodenreferenzeintrag (mit weiteren Einträgen für die Klasse, den Methodennamen und den Methodentyp) kann mit der Funktion

FCT insertCpMethodRef_1 (Constant_pool cp, String className,
    String methName, String methSig) CpInsRet:

eingefügt werden, und der Index kann mit der Funktion

FCT getCpMethodRefIndex_1 (Constant_pool cp, String className,
    String methName, String methSig) Int:

gefunden werden, wobei der Methodenname methName und die Methodensignatur methSig für alle Default-Konstruktoren <init> und ()V sind. Der Klassenname class-Name ist der jeweilige Name der Superklasse.

Liegt eine normale Methodendeklaration vor, so wird nur der Code für den Block erzeugt.

Um den kompletten Eintrag in das Klassenfile zu erhalten, müssen auch die maximale Größe des Operandenkellers, die maximale Größe der lokalen Variablen und die Größe des erzeugten Codes für die Methode bestimmt werden.

Die jeweils erhaltenen Informationen werden dann im Klassenfile abgespeichert. In dem vorgegebenen Compiler ist dies größtenteils schon erledigt. Sehen Sie sich die Funktionen getMaxStack, getMaxLocal, codeLength, mkMethods, mkMethods-_1, mkCodeAttr und mkCode an.

12.7 Kellerrahmen von Java-Methodeninkarnationen

Abbildung 28 zeigt den zu einer Methodeninkarnation gehörigen Ausschnitt des (Benutzer-) Kellers. Der Kellerrahmen für die Methode enthält eine Zelle für den Empfänger und Platz für die Parameter, die lokalen Variablen, interne Informationen der virtuellen Java-Maschine und den Operandenkeller. Der Empfänger, die Parameter und die lokalen Variablen der Methode werden im Bytecode als lokale Variablen adressiert, wobei die Objektreferenz als lokale Variable 0 und das erste Argument als lokale Variable 1 usw. aufgefaßt werden. Auf die internen Informationen der virtuellen Java-Maschine hat der Benutzer keinen Zugriff. Der Operandenkeller dient der virtuellen Java-Maschine zur Speicherung der Operanden; die Bytecode-befehle holen ihre Operanden von dort ab und legen die Ergebnisse wieder dort hin.

Hinweis:

Bei Klassenmethoden (**static**-Methoden), die mit **invokestatic** aufgerufen werden, fehlt die Objektreferenz; somit verschiebt sich die Adressierung um 1 (das erste Argument wird als lokale Variable 0 adressiert usw.)

Kellerzelle	Adressierung
...	...
Empfängerobjekt	Lokale Variable 0
1. Argument	Lokale Variable 1
2. Argument	Lokale Variable 2
...	...
n-tes Argument	Lokale Variable n
1. Methodenvariable	Lokale Variable n + 1
2. Methodenvariable	Lokale Variable n + 2
...	
m-te Methodenvariable	Lokale Variable n + m
JVM interne Informationen	
Operandenkeller	
...	...

Keller wächst

Abb. 28. Kellerrahmen einer Methode mit *n* Parametern und *m* lokalen Variablen

12.8 Methodenaufruf

In diesem Abschnitt wird auf die abstrakte Syntax des Methodenaufrufs, auf die Übersetzung in JVM-Code sowie auf die dazugehörige Attributierung eingegangen.

12.8.1 Abstrakte Syntax

Die Produktionen für einen Methodenaufruf in der abstrakten Syntax sind:

```
MethodCall        ( Receiver UsedId ExprList )
Receiver          = Expr | NoReceiver
ExprList          * Expr
NoReceiver        ()

UsedId            ( IdentList Int )
IdentList         * Ident
```

MethodCall definiert einen Methodenaufruf, wobei ExprList die Liste der Argumentausdrücke ist. Die Komponenten Receiver und UsedId geben zusammen den
Empfänger und den Methodennamen an.

In der abstrakten Syntax werden Methoden- und Konstruktoraufrufe zusammengefaßt. Konstruktoraufrufe haben in Java die Form super(ArgumentList) oder
this(ArgumentList). In der abstrakten Syntax steht für sie ein MethodCall@-Knoten,
wobei Receiver entweder Super oder This ist und die in UsedId vorkommende Liste
IdentList (für den Methodennamen) leer ist. Die ArgumentList wird zu ExprList.

In echten Methodenaufrufen kann Receiver ein Ausdruck Expr sein oder den
Wert NoReceiver haben. Ist Receiver ein Ausdruck, dann enthält UsedId den Methodennamen. Hat Receiver den Wert NoReceiver, d.h., der Parser konnte kein
Empfängerobjekt extrahieren, so ist der Empfänger der Nachricht in der IdentList
von UsedId codiert. Wenn IdentList nur aus einem Identifier besteht, so ist dieser der
Methodenname, und der Empfänger ist implizit This; sonst geben die Identifier bis
zu dem vorletzten den Empfänger an, und der letzte ist der Methodenname.

12.8.2 Methodenreferenzeinträge im Konstantenpool

Der Eintrag in den *Konstantenpool* für den Methodenzugriff ist folgendermaßen
aufgebaut:

```
CONSTANT_Methodref_info {
    u1 tag;
    u2 class_index;
    u2 name_and_type_index;
}
```

Der class_index ist wiederum ein Index in den Konstantenpool, an dessen Stelle die
jeweilige Klasseninformation in folgender Form steht:

```
CONSTANT_Class_info {
u1 tag;
u2 name_index;
}
```

Der Wert von name_and_type_index ist ein Verweis in den Konstantenpool. Diese
Komponente im Konstantenpool constant_pool hat die Form

```
CONSTANT_NameAndType {
u1 tag;
```

```
u2 name_index;
u2 descriptor_index;
}
```

Der Index name_index bzw. descriptor_index verweist auf einen Eintrag im Konstantenpool der Form CONSTANT_Utf8_info (d.h. String in Unicodeformat), in dem der Methodenname bzw. die Signatur der Methode gespeichert ist. In der abstrakten Syntax lassen wir die tags weg. MAX-Definitionen für obige Konstantenpooleinträge sind:

```
CONSTANT_Methodref_info   (Int Int)
   // class_index, name_and_type_index

CONSTANT_Class_info   (Int)
   // name_index

CONSTANT_NameAndType_info   (Int Int)
   // name_index, descriptor_index

CONSTANT_Utf8_info   (Int String)
   // length, bytes
```

12.8.3 JVM-Code

Für den Methodenaufruf muß nur der folgende Teil auf den Keller gelegt werden.

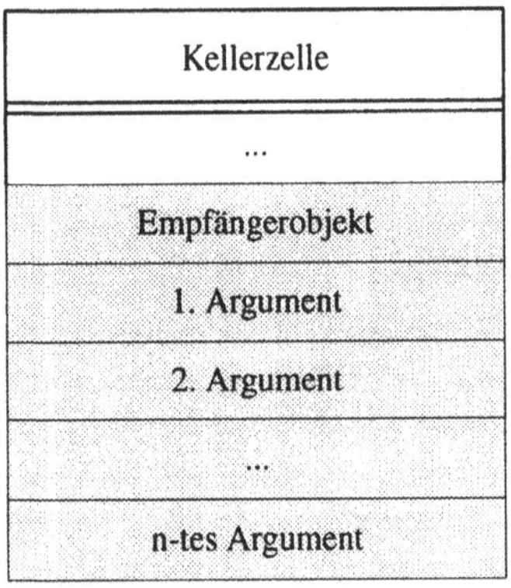

Kellerzelle
...
Empfängerobjekt
1. Argument
2. Argument
...
n-tes Argument

Abb. 29. Kellerrahmenaufbau beim Methodenaufruf

Für Methodenaufrufe wird folgender JVM-Code erzeugt:

```
<Code für den Empfänger>        // Aus Receiver oder aus IdentList von
                                // UsedId
<Code für den Ausdruck a1>      // Wert des ersten Arguments aus
                                // ExprList kellern
...
```

\<Code für den Ausdruck an\>	// Wert des n-ten Arguments aus
	// ExprList kellern
\<invokebefehl\> K	// Methode wird aufgerufen,
	// K ist Konstantenpoolindex.
\<evtl. ein **pop**-Befehl\>	// Falls Methodenaufruf als Statement
	// vorkommt und die Methode nicht als
	// void definiert ist

Ist der Empfänger ein Ausdruck (This, Super, ...) besteht der \<Code für den Empfänger\> aus dem Code für den jeweiligen Ausdruck. Ist der Empfänger in der IdentList von UsedId codiert, so wird Code bis zu dem vorletzten Identifier erzeugt (**FCT** mk-CodeQualPath). a1, a2, ..., an sind Ausdrücke (Expr). Die Codeerzeugung für Ausdrücke wurde bereits behandelt. \<invokebefehl\> ist der JVM-Befehl **invoke-special** für Konstruktoren, private Methoden und Super. Für die restlichen Methoden erzeugen wir den JVM-Befehl **invokevirtual**. K ist der Konstantenpoolindex für den Methodenreferenzeintrag für die aufgerufene Methode. Der **pop**-Befehl muß dann erzeugt werden, wenn das Ergebnis der Methode verworfen werden soll, d.h., wenn der Methodenaufruf als Statement vorkommt und die Methode ist nicht als void definiert ist (s. dazu Abschnitt 12.5.3, S. 233).

12.8.4 Attributierung für MethodCall@-Knoten

Am MethodCall@-Knoten muß sowohl der Methodenreferenzeintrag für die aufgerufene Methode in den Konstantenpool vorgenommen werden als auch der Code für den Methodenaufruf erzeugt werden.

Um den Methodenreferenzeintrag (mit weiteren Einträgen für die Klasse, den Methodennamen und den Methodentyp) zu erledigen, steht Ihnen die Funktion

FCT insertCpMethodRef (Constant_pool cp, Method@ m) CpInsRet:

zur Verfügung. Die Deklarationsstelle der aufgerufenen Methode (d.h. den Method@-Knoten) liefert Ihnen das Decl-Attribut, dessen Implementierung noch um eine lookUpMethod-Funktion ergänzt werden muß. Diese Funktion sucht die Deklarationsstelle der aufgerufenen Methode (bzw. des Konstruktors). Ist der Empfänger This oder Super, wird in der aktuellen Klasse bzw. in der Superklasse gesucht. Ist der Empfänger ein sonstiger Ausdruck, wird der Typ ermittelt (**ATT** getTypeAttr), der ein Referenztyp sein muß, und es wird in der dazugehörigen Klasse gesucht. Wir vereinfachen hier die Implementierung etwas und prüfen nicht ab, ob die gefundene Methode auch die spezifischste ist (vgl. die Java Language Specification). Bei der Codeerzeugung müssen noch folgende Aufgaben realisiert werden:

– Für den Befehl **invokevirtual** brauchen wir den Konstantenpoolindex für den Methodenreferenzeintrag der aufgerufenen Methode. Um aus dem Konstantenpool cp und dem Method@-Knoten node diesen Konstantenpoolindex zu bestimmen, steht folgende Funktion zur Verfügung:

FCT getCpMethodRefIndex_1 (Constant_pool cp, Method@ node) Int

– Außerdem muß die UsedId-Liste aufgespalten werden, so daß der Receiver-Ausdruck berechnet werden kann.

12.8.5 Aufgaben

Aufgabe 16 *(lookupMethod)*

Definieren Sie eine Funktion

    FCT lookupMethod (MethodCall@ mC) Method@:

die die Deklarationsstelle einer Methode (d.h. den Method@-Knoten) in dem abstrakten Syntaxbaum sucht. Verwenden Sie dabei die vorgegebenen Funktionen

    FCT lookupReceiver (Expr@ receiver) Class@
    FCT lookupQualPath (Node node, IdentList@ idList, Int i)ClassVarDeclaration@

Die erste Funktion sucht zu einem Empfänger die zugehörige Klasse. Die zweite Funktion sucht die Deklarationsstellen von Identifiern, die innerhalb eines qualifizierten Namens vorkommen. Denken Sie daran, daß beim MethodCall@-Knoten

    MethodCall (Receiver UsedId ExprList)

der Empfänger entweder in Receiver oder UsedId zu finden ist.

Aufgabe 17 *(Einträge in den Konstantenpool)*

Ergänzen Sie die createConstantPool_1-Funktion Ihres Compilers so, daß für Method@-Knoten der Methodenname und die Methodensignatur sowie evtl. die zusätzliche Methodenreferenz für den eingefügten Konstuktoraufruf vorgenommen werden. Für MethodCall@-Knoten sollen der Methodenreferenzeintrag und – *nicht vergessen* – die benötigten Einträge für den Empfänger, für die Identifikatoren in IdentList und für die Parameter (d.h. für Receiver, UsedId und ExprList) im Konstantenpool vorgenommen werden:

    FCT createConstantPool_1 (Constant_pool cp, Node node) Constant_pool:
    ...
    | Method@ <dl, rT, pL, eL, b> node: // hier ergänzen
    ...
    | MethodCall@ <r, ul, eL> node: // hier ergänzen

Aufgabe 18 *(Codeerzeugung für den Methodenaufruf)*

Da der Codeerzeugungsteil für den Method@-Knoten vorgegeben ist, müssen Sie die mkCode-Funktion nur um den Codeerzeugungsteil für den Methodenaufruf ergänzen:

FCT mkCode (Node node) Code:

. . .

| MethodCall@ node: // hier ergänzen

Schreiben Sie dazu zunächst eine Funktion

FCT mkMethodCall (MethodCall@ node) Code:

die den Code für den Methodenaufruf berechnet.

Aufgabe 19 *(Java-Compiler)*

Erweitern Sie Ihren bisherigen Java-Compiler um die Lösungen zu den obigen Aufgaben und erzeugen Sie den JVM-Code für einige Beispiele.

12.9 Vererbung

12.9.1 Vererbung in Java

Ein Merkmal von objektorientierten Programmiersprachen ist die *Vererbung*. Der Vererbungsmechanismus erlaubt es, eine neue Klasse als Erweiterung oder Einschränkung einer bereits existierenden Klasse zu definieren.

Eine Klassendefinition beschreibt die Daten (d.h. die Instanzvariablen) und das Verhalten (d.h. die Operationen) der Objekte, die als Instanzen dieser Klasse kreiert werden können. *Unterklassen* erben die Daten und Operationen der Superklasse und können neue Instanzvariablen und Operationen definieren bzw. die Implementierung einer Operation ändern. In manchen objektorientierten Sprachen können Unterklassen auch Operationen der Superklasse aufheben, so daß die Unterklassenobjekte diese Operationen nicht ausführen können. In Java ist dies nicht möglich; Unterklassen werden immer als Erweiterungen der Superklasse angesehen.

In einigen objektorientierten Programmiersprachen können Unterklassen mehrere Klassen als Superklasse haben; man spricht dann von *Mehrfachvererbung*. Die Sprachdefinition muß festlegen, welche Methode aufgerufen wird, wenn Methoden mit gleichem Namen und gleicher Funktionalität von verschiedenen Superklassen geerbt werden. Java unterstützt *Einfachvererbung*, d.h., es gibt maximal eine Superklasse, und *eingeschränkte Mehrfachvererbung*. Bei Mehrfachvererbung müssen die geerbten Klassen abstrakte Klassen sein. Wir werden uns hier, da wir keine abstrakten Klassen (interfaces) verwenden, auf die Einfachvererbung beschränken.

In Java können Unterklassen

- neue Instanzvariablen definieren,
- neue Methoden hinzufügen und
- Methodenrümpfe überschreiben, wobei die Funktionalität, d.h. die Anzahl und der Typ der Parameter und der Ergebnistyp, gleich bleibt.

12.9.2 Implementierung von Vererbung

Die konkrete Syntax für Klassen und Ausdrücke enthält die Produktionen:

```
classdeclaration          : ...
                          | CLASS IDENTIFIER super classbody
                          | modifiers CLASS IDENTIFIER super classbody
                          | ... ;

super                     : EXTENDS classtype ;

constructorbody :         ...
                          | '{' explicitconstructorinvocation '}'
                          | '{' explicitconstructorinvocation
                                      blockstatements '}'
                          ... ;

explicitconstructorinvocation : ...
                          | SUPER '(' ')' ';'
                          | SUPER '(' argumentlist ')' ';' ;
                              /* Erscheinen als MethodCall (Super (), ...) in
                                  der abstrakten Syntax */
statementexpression :     ...
                          | methodinvocation
                          | ... ;

methodinvocation          : ...
                          | SUPER '.' IDENTIFIER '(' ')'
                          | SUPER '.' IDENTIFIER '(' argumentlist ')' ;

fieldaccess               : ...
                          | SUPER '.' IDENTIFIER;
                              /* Erscheint als InstVar ( Super (), ...)
                                  in der abstrakten Syntax */
```

In der abstrakten Syntax wird die Vererbung widergespiegelt durch

```
Class          ( DeclId UsedId ClassBody Status)
MethodCall     ( Receiver UsedId ExprList)
                  // UsedId ist (<>, -1) bei Konstruktoraufruf,
                  // Receiver: This() | Super()
Receiver       = Expr | NoReceiver
NoReceiver     ()
Expr           = ... | Super | ...
Super          ()
InstVar        (Expr UsedId)
```

In der Klassendefinition beschreibt UsedId die Superklasse. Im allgemeinen können in Java Superklassennamen aus mehreren durch Punkte getrennten Bezeichnern bestehen. Da wir aber keine Pakete realisieren, besteht bei uns der Superklassenname nur aus einem Bezeichner. Ist keine Superklasse angegeben, so ist IdentList von UsedId leer.

12.9.3 Berücksichtigung der Vererbungshierarchie

In Java werden die Unterklassen immer als Erweiterungen der Superklasse angesehen. Unterklassenobjekte haben also eigene Exemplare der Instanzvariablen, die in der Vererbungshierarchie in den Superklassen definiert wurden, und dazu noch die eigenen Instanzvariablen. Um die Vererbunghierarchie in unserem Java-Compiler zu berücksichtigen, sind folgende Erweiterungen notwendig:

- Im Klassenfile muß die Angabe der Superklasse ergänzt werden.
- Die lookup-Funktionen müssen so ergänzt werden, daß nicht nur in der Klasse nach der Deklarationsstelle einer Instanzvariablen oder Methode gesucht wird, sondern in der ganzen Vererbungshierarchie.

12.9.4 Implementierung von super

Unterklassen können Methoden, die in einer Superklasse definiert wurden, überschreiben. Möchte man nun in der Unterklasse die überschriebene Methode der Superklasse verwenden, ist dies dadurch möglich, daß man super als Empfänger der Nachricht verwendet. Ganauso können Unterklassen Instanzvariablennamen, die in einer Superklasse definiert wurden, neu definieren. Das heißt, die Instanzvariable name aus der Superklasse ist dann in der Unterklasse verschattet und nur durch die Angabe super.name erreichbar.

Beispiel

```
class A {
    int v;

    public int m() {
        return 1;
    }
}

class B extends A{
    int v;

    public int m() {
        v = super.v;
        super.m();          // Hier wird die Methode m von der Klasse A aufgerufen
        return 2;
    }
}
```

Der Ausdruck Super wird *statisch gebunden*, d.h., an der Anwendungsstelle wird die Superklasse bzgl. der Klassenhierarchie ermittelt und die Suche nach dem Methoden- bzw. Instanzvariablennamen beginnt dort. Wird der Name in dieser Klasse nicht gefunden, wird in ihrer Superklasse weitergesucht. Wird der Name in der ganzen Vererbungshierarchie nicht gefunden, wird eine Fehlermeldung ausgegeben. Dies alles geschieht zur Übersetzungszeit.

Im JVM-Code wird für super.m() This als Empfänger der Nachricht angegeben und ein **invokespecial**-Befehl erzeugt, wobei der zugehörige Methodenreferenzeintrag als Klassenangabe den Namen der Superklasse enthalten muß.

Bei dem Instanzvariablenzugriff super.v wird This als Objektreferenz verwendet und ein **getfield**-Befehl zum Holen des Wertes der Instanzvariablen v der Superklasse erzeugt. Die zugehörige Instanzvariablenreferenz muß als Klassenangabe den Namen der Superklasse enthalten.Für die Zuweisungen

> v = **super**.v;
> **super**.m();

erzeugen wir die Befehlsfolge

> **aload_0**
> **aload_0**
> **getfield** #9   // A v I
> **putfield** #8   // B v I
>
> **aload_0**
> **invokespecial** #10   // A m ()I
> **pop**   // Methodenaufruf kommt als Statement vor;
>   // das Ergebnis wird verworfen.

und u.a. folgende Konstantenpooleinträge:

> 5   I tag = CONSTANT_Class, name_index = 24
> 6   I tag = CONSTANT_Class, name_index = 25
>
> 8   I tag = CONSTANT_Fieldref, class_index = 6, name_and_type_index = 11
> 9   I tag = CONSTANT_Fieldref, class_index = 5, name_and_type_index = 11
> 10 I tag = CONSTANT_Methodref, class_index = 5, name_and_type_index = 12
>
> 24 I tag = CONSTANT_Utf8, length = 1, bytes = A
> 25 I tag = CONSTANT_Utf8, length = 1, bytes = B

12.9.5 Aufgaben

Aufgabe 20 *(lookup-Funktionen erweitern)*

Erweitern Sie die lookup-Funktionen

> **FCT** lookupVar_Inst (Class@ c, Ident@ id) InstVarDecl@:
> **FCT** lookupMethod (MethodCall@ mC) Method@:

so, daß bei der Suche nach der Deklarationsstelle einer Instanzvariablen und einer Methode die Vererbungshierarchie berücksichtigt wird, d.h., daß die Instanzvariablen und Methoden der ganzen Vererbungshierarchie durchsucht werden. Verwenden Sie dabei das vorgegebene Attribut

ATT SuperClassDecl(Class@ class) Class@:

das die Deklarationsstelle von class angibt.

Aufgabe 21 *(Klassendatei ergänzen)*

Ergänzen Sie im Klassenfile den Eintrag der Superklasse.

Aufgabe 22 *(Code für den* Super@ *-Knoten)*

Erzeugen Sie für Super@-Knoten den Befehl aload_0.

Aufgabe 23 *(Super als Empfänger einer Methode)*

Ergänzen Sie die Codeerzeugung für den Methodenaufruf so, daß für Super als Empfänger der **invokespecial**-Befehl erzeugt wird. Wenn Sie die obigen Aufgaben richtig realisiert haben, enthält das Decl-Attribut die Methodendeklaration in der Superklasse und Sie erhalten den zugehörigen Konstantenpoolindex der Methoden-referenz mit

getCpMethodRefIndex(cp, methodcallnode.Decl)

Aufgabe 24 *(Java-Compiler)*

Erweitern Sie Ihren bisherigen Java-Compiler um die Lösungen zu den obigen Aufgaben und erzeugen Sie den Bytecode für einige Beispiele.

12.10 Ausgabeschnittstelle

12.10.1 Java-Klassen für print-Ausgaben

Die Schnittstelle zu Java-Bibliotheken wird im folgenden erläutert. Wir realisieren **print**-Ausgaben für die Typen String, boolean, char und int, aber keine gepufferte Ausgabe, d.h., die **print**-Aufrufe im Java-Programm haben nur einen Parameter. Die **print**-Routinen aus der Java-Bibliothek, die wir verwenden, sind in der Datei classes spezifiziert:

```
public class Object {
   Object(){}
}

public final class System extends Object {
    public static PrintStream out;
}

public final class String extends Object{
    public String () {}
    public String (String value) {}
}
```

```
public class PrintStream extends FilterOutputStream {
    public void print (String s) {}
    public void print (boolean b) {}
    public void print (char c) {}
    public void print (int i) {}
    public void println () {}
    public void println (String s) {}
    public void println (boolean b) {}
    public void println (char c) {}
    public void println (int i) {}
}

public class FilterOutputStream extends OutputStream {}

public abstract class OutputStream extends Object {}
```

Diese classes-Datei wird im main-Programm zu dem Benutzerprogramm hinzugenommen (d.h. geparst und zum abstrakten Syntaxbaum hinzugefügt). Auf diese Art kann man beliebige Bibliotheksroutinen dazunehmen. Im Parser muß allerdings der Klassenname um den jeweiligen Paketnamen ergänzt werden (um die richtigen Klassenreferenzen im Konstantenpool erzeugen zu können), d.h.

```
Object
System
String
PrintStream
FilterOutputStream
OutputStream
```

werden zu

```
java/lang/Object
java/lang/System
java/lang/String
java/io/PrintStream
java/io/FilterOutputStream
java/io/OutputStream
```

In der konkreten Syntax darf als Klassenname natürlich nur ein Identifier stehen. Wegen der Bibliotheksroutinen ist der Klassenname in der abstrakten Syntax als Liste definiert:

```
Class           (    ClassDeclId UsedId ClassBody Status)
ClassDeclId     (    Modifiers IdentList Int)
IdentList       *    Ident
```

Wie in Java üblich, werden die Bibliotheksroutinen und -variablen im Java-Programm ohne den Paketnamen verwendet. Dies muß bei der Suche nach der Deklarationsstelle berücksichtigt werden, z.B. muß bei Behandlung von

```
System.out.print(„Aufruf mm() ergibt einen ");
```

die Klasse „System" gefunden werden, obwohl im ClassDeclId als Name

java/lang/System

angegeben wird. Dies ist in den vorgegebenen Hilfsfunktionen berücksichtigt, als Klassenname wird immer der letzte Name aus IdentList verwendet, z.B.

FCT s_ClassId (Class@ node) Ident@:
    node.first.clDi2Id
FCT clDi2Id (ClassDeclId@ node) Ident@:
    node.second.last

Somit erhält man mit dem Selektor s_ClassId den verwendeten Klassennamen.

12.10.2 Code für print-Ausgaben

Für die Java-Zeilen

    System.out.print(„Aufruf mm() ergibt einen ");
    b = new C() ;
    System.out.println(b.m());
    System.out.println(b.x);

wird folgender Code erzeugt:

```
 0   getstatic 10        // java/lang/System out Ljava/io/PrintStream;
 3   ldc 1               // „Aufruf mm() ergibt einen "
 5   invokevirtual 16    // java/io/PrintStream
                         // print (Ljava/lang/String;)V
 8   aload_0
 9   new 6               // C
12   dup
13   invokespecial 13    // C <init> ()V
16   putfield 11         // D b LB;
19   getstatic 10        // java/lang/System out Ljava/io/PrintStream;
22   aload_0
23   getfield 11         // D b LB;
26   invokevirtual 18    // B m ()I
29   invokevirtual 17    // java/io/PrintStream println (I)V
32   getstatic 10        // java/lang/System out Ljava/io/PrintStream;
35·  aload_0
36   getfield 11         // D b LB;
39   getfield 12         // B x I
42   invokevirtual 17    // java/io/PrintStream println (I)
```

Das heißt, erst kommt der Empfänger (die **static** Instanzvariable out) auf den Keller, danach der Parameter; anschließend erfolgt der Aufruf der **print**-Routine mit **invokevirtual**. Durch **invokevirtual** wird die passende **print**-Routine dynamisch ausgewählt und dann ausgeführt.

Im Prinzip ist dies der Code für einen üblichen Methodenaufruf. Eventuell müssen Sie (falls noch nicht geschehen) Stringkonstanten (Knotentyp StringLiteral@) in den Konstantenpool eintragen und Code erzeugen, um einen String auf den Keller zu bringen. Für die Konstantenpoolzugriffe stehen Ihnen die Funktionen

FCT insertCpString (Constant_pool cp, String str) CpInsRet:
FCT getCpStringIndex (Constant_pool cp, String str) Int:

zur Verfügung. Der String wird mit dem Befehl **ldc** k oder **ldc_w** K auf den Keller gebracht, wobei k bzw. K der Index der Stringkonstante im Konstantenpool ist. (Durch **ldc** wird ein neues Stringobjekt erzeugt und eine Referenz darauf auf den Keller gebracht.)

Sicherlich müssen Sie die Codeerzeugung für den Instanzvariablenzugriff erweitern. Da wir in benutzerdefinierten Programmen keine **static** Variablen haben, haben wir bisher immer den Befehl **getfield** benutzt, um den Wert der Instanzvariablen auf den Keller zu bringen. Wegen der Instanzvariablen out müssen Sie nun an diesen Stellen (d.h. bei InstVar@-Knoten und bei der Codeerzeugung für Punktausdrücke) eine Abfrage einbauen und entweder den Befehl **getfield** oder **getstatic** erzeugen.

12.10.3 Aufgaben

Aufgabe 25 *(print-Ausgaben)*

Ergänzen Sie den Instanzvariablenzugriff (um die Erzeugung des **getstatic**-Befehls) wie oben beschrieben.

Aufgabe 26 *(Java-Compiler)*

Erweitern Sie Ihren bisherigen Java-Compiler um die neuen Lösungen und um sonstige evtl. noch ausstehende Komponenten (wie z.B. die Stringkonstantenbehandlung).

Aufgabe 27 *(Dokumentation des Java-Compilers)*

Dokumentieren Sie Ihre Implementierung des Java-Übersetzers. Diese Dokumentation sollte auf ca. 10 Seiten im wesentlichen folgendes enthalten:

- eine kurze Erläuterung der Eingabesprache Java,
- eine kurze Erläuterung der JVM,
- ein paar Worte zum Spezifikations- und Generierungsvorgang mit MAX sowie einen Absatz *Tips und Hinweise für MAX-Anfänger*,
- eine Beschreibung des Übersetzungsvorgangs, d.h. zunächst einen globalen Überblick über die Vorgehensweise Java → JVM und dann eine *kurze* Erläuterung der verwendeten Attribute und Funktionen (gehen Sie speziell auf die Behandlung der Punktausdrücke ein),
- eine Beschreibung der Kontextbedingungen Ihres Compilers.

Sie sollten dabei nicht einfach die Arbeitsblätter abschreiben, sondern in eigenen Worten erklären, wie Ihr Compiler realisiert ist. Die Dokumentation ist als Überblick für eine Person gedacht, die Ihre Java-Compilerspezifikation erhält und auf irgendeine Weise verändern soll. Daher sind auch vernünftige Kommentare und eine klare Aufteilung der Spezifikation in zusammengehörige Teile (wie z.B. Typisierung, Bindungsanalyse, Konstantenpoolverwaltung, JVM-Codeerzeugung, Kontextbedingungen) sehr wichtig.

Aufgabe 28 *(Finale: Dokumentation des Praktikums)*

Die Dokumentation des Übersetzerbaupraktikums soll folgendes enthalten:
- die Dokumentation Ihres vollständigen Java-Compilers,
- einen Abdruck der vollständigen Quellen Ihres Übersetzers und
- die Java-Quellen sowie den erzeugten JVM-Code für sämtliche Beispiele.

Anhang A Klassenfile und Bytecode

Übersetzen wir unser Java-Programm mit der erweiterten Klasse

```
class IntExpr extends ConstExpr {
   // Instanzvariablen
   int i;

   // Methoden
   public IntExpr(int c) {
      i = c;
   }

   public Type typeOfExpr() {
      return(new IntType());
   }

   public IntExpr setValue(int c) {
      i = c;
      return(this);
   }

   public int value() {
      return(i);
   }
}
```

und dem Hauptprogramm

```
class Main{
   public static void main(String argv[]){
      new IntExpr(3).setValue(5);
   }
}
```

so erhalten wir zwei Klassendateien Main.class und IntExpr.class. Mit Hilfe unseres Dekodierers enthalten wir für Main.class die Entschlüsselung

```
magic = 0x CAFEBABE
minor_version = 3
major_version = 45
constant_pool_count = 27
constant_pool =
{
1| tag = CONSTANT_Class, name_index = 19
2| tag = CONSTANT_Class, name_index = 10
3| tag = CONSTANT_Class, name_index = 20
4| tag = CONSTANT_Methodref, class_index = 3, name_and_type_index = 7
5| tag = CONSTANT_Methodref, class_index = 3, name_and_type_index = 8
6| tag = CONSTANT_Methodref, class_index = 1, name_and_type_index = 9
7| tag = CONSTANT_NameAndType, name_index = 25, descriptor_index = 24
8| tag = CONSTANT_NameAndType, name_index = 23, descriptor_index = 11
```

```
9| tag = CONSTANT_NameAndType, name_index = 23, descriptor_index = 26
10| tag = CONSTANT_Utf8, length = 4, bytes = Main
11| tag = CONSTANT_Utf8, length = 4, bytes = (I)V
12| tag = CONSTANT_Utf8, length = 13, bytes = ConstantValue
13| tag = CONSTANT_Utf8, length = 12, bytes = intexpr.java
14| tag = CONSTANT_Utf8, length = 10, bytes = Exceptions
15| tag = CONSTANT_Utf8, length = 15, bytes = LineNumberTable
16| tag = CONSTANT_Utf8, length = 10, bytes = SourceFile
17| tag = CONSTANT_Utf8, length = 14, bytes = LocalVariables
18| tag = CONSTANT_Utf8, length = 4, bytes = Code
19| tag = CONSTANT_Utf8, length = 16, bytes = java/lang/Object
20| tag = CONSTANT_Utf8, length = 7, bytes = IntExpr
21| tag = CONSTANT_Utf8, length = 4, bytes = main
22| tag = CONSTANT_Utf8, length = 22, bytes = ([Ljava/lang/String;)V
23| tag = CONSTANT_Utf8, length = 6, bytes = <init>
24| tag = CONSTANT_Utf8, length = 12, bytes = (I)LIntExpr;
25| tag = CONSTANT_Utf8, length = 8, bytes = setValue
26| tag = CONSTANT_Utf8, length = 3, bytes = ()V
}
access_flags = 0
this_class = #2  // Main
super_class = #1  // java/lang/Object
interfaces_count = 0
interfaces = {}
fields_count = 0
fields = {}
methods_count = 2
methods [0] =
{
access_flags = 9  // ACC_PUBLIC ACC_STATIC
name_index = #21  // main
descriptor_index = #22  // ([Ljava/lang/String;)V
attributes_count = 1
attributes [0] =
{
attribute_name_index = #18  // Code
attribute_length = 42
max_stack = 3, max_locals = 1
code_length = 14
code =
{
  0  new #3 // IntExpr
  3  dup
  4  iconst_3
  5  invokespecial #5 // IntExpr <init> (I)V
  8  iconst_5
  9  invokevirtual #4 // IntExpr setValue (I)LIntExpr;
  12 pop
  13 return
}
exception_table_length = 0
exception_table = {}
attributes_count = 1
```

```
attributes [0] =
{
attribute_name_index = #15  // LineNumberTable
attribute_length = 10
line_number_table_length = 2
line_number_table =
{
start_pc = 0, line_number = 32
start_pc = 13, line_number = 31
}
}
}
}
methods [1] =
{
access_flags = 0
name_index = #23  // <init>
descriptor_index = #26  // ()V
attributes_count = 1
attributes [0] =
{
attribute_name_index = #18  // Code
attribute_length = 29
max_stack = 1, max_locals = 1
code_length = 5
code =
{
   0  aload_0
   1  invokespecial #6  // java/lang/Object <init> ()V
   4  return
}
exception_table_length = 0
exception_table = {}
attributes_count = 1
attributes [0] =
{
attribute_name_index = #15  // LineNumberTable
attribute_length = 6
line_number_table_length = 1
line_number_table =
{
start_pc = 0, line_number = 30
}
}
}
}
attributes_count = 1
attributes [0] =
{
attribute_name_index = #16  // SourceFile
attribute_length = 2
sourcefile_index = #13  // intexpr.java
}
```

Der Dekodierer von Sun läßt die Entschlüsselung des Konstantenpools weg; so sieht die Ausgabe von javap für Main folgendermaßen aus:

```
class Main extends java.lang.Object {
    public static void main(java.lang.String []);
        /* Stack=3, Locals=1, Args_size=1 */
    Main();
        /* Stack=1, Locals=1, Args_size=1 */

Method void main(java.lang.String [])
    0 new  #3                      <Class IntExpr>
    3 dup
    4 iconst_3
    5 invokenonvirtual  #5         <Method IntExpr.<init>(I)V>
    8 iconst_5
    9 invokevirtual  #4            <Method IntExpr.setValue(I)LIntExpr;>
   12 pop
   13 return

Method Main()
    0 aload_0
    1 invokenonvirtual  #6         <Method java.lang.Object.<init>()V>
    4 return
}
```

javap verwendet den früheren Namen des Befehls **invokenonvirtual**; ab Sun JDK Version 1.0.2 heißt dieser Befehl **invokespecial**. Die Ausgabe von javap für IntExpr sieht folgendermaßen aus:

```
class IntExpr extends ConstExpr {
    int i;
    public IntExpr(int);
        /* Stack=2, Locals=2, Args_size=2 */
    public Type typeOfExpr();
        /* Stack=2, Locals=1, Args_size=1 */
    public IntExpr setValue(int);
        /* Stack=2, Locals=2, Args_size=2 */
    public int value();
        /* Stack=1, Locals=1, Args_size=1 */

Method IntExpr(int)
    0 aload_0
    1 invokenonvirtual  #7         <Method ConstExpr.<init>()V>
    4 aload_0
    5 iload_1
    6 putfield  #5                 <Field IntExpr.i I>
    9 return

Method Type typeOfExpr()
    0 new  #1 <Class IntType>
    3 dup
    4 invokenonvirtual  #6 <Method IntType.<init>()V>
```

```
  7 areturn

Method IntExpr setValue(int)
  0 aload_0
  1 iload_1
  2 putfield  #5 <Field IntExpr.i I>
  5 aload_0
  6 areturn

Method int value()
  0 aload_0
  1 getfield  #5 <Field IntExpr.i I>
  4 ireturn
}
```

Anhang B Java-Syntax

In diesem Unterabschnitt wird die konkrete Java-Syntax definiert. Es wird dabei die Spezifikation fast der gesamten Java-Syntax präsentiert, um für die nachfolgenden Projekte einen gemeinsamen Ausgangspunkt zu erreichen. Im Praktikum wird nur eine begrenzte Menge davon benutzt.

Konkrete Java-Syntax
Die konkrete Java-Syntax besteht aus den Terminalsymbolen und den Produktionen.

Terminalsymbole
Die Terminalsymbole von Java und ihre entsprechenden Token sind wie folgt definiert:

Terminalsymbol	Token
abstract	ABSTRACT
boolean	BOOLEAN
break	BREAK
case	CASE
catch	CATCH
char	CHAR
class	CLASS
continue	CONTINUE
default	DEFAULT
do	DO
else	ELSE
extends	EXTENDS
finally	FINALLY
for	FOR
if	IF
instanceof	INSTANCEOF
int	INT
new	NEW
private	PRIVATE

protected	PROTECTED
public	PUBLIC
return	RETURN
static	STATIC
super	SUPER
switch	SWITCH
this	THIS
throw	THROW
throws	THROWS
try	TRY
void	VOID
while	WHILE

[1-9][0-9]*[lL]?	INTLITERAL
0[xX][0-9a-fA-F]+[lL]?	INTLITERAL
0[0-7]*[lL]?	INTLITERAL
true	BOOLLITERAL
false	BOOLLITERAL
null	JNULL
""	CHARLITERAL
\"	STRINGLITERAL
[a-zA-Z$_][a-zA-Z0-9$_]*	IDENTIFIER

[(){}[\];,.]	yytext[0]

[=><!~?:]	yytext[0]

==	EQUAL
<=	LESSEQUAL
>=	GREATEREQUAL
!=	NOTEQUAL
||	LOGICALOR
&&	LOGICALAND
++	INCREMENT
--	DECREMENT

[+\-*/&|^%]	yytext[0]

<<	SHIFTLEFT
>>	SIGNEDSHIFTRIGHT
>>>	UNSIGNEDSHIFTRIGHT
+=	PLUSEQUAL
-=	MINUSEQUAL
*=	TIMESEQUAL
/=	DIVIDEEQUAL
&=	ANDEQUAL
|=	OREQUAL
^=	XOREQUAL
%=	MODULOEQUAL
<<=	SHIFTLEFTEQUAL
>>=	SIGNEDSHIFTRIGHTEQUAL
>>>=	UNSIGNEDSHIFTRIGHTEQUAL

Produktionen

Die Produktionen der Grammatik für Java sehen folgendermaßen aus:

```
compilationunit             : /* empty */
                            | packagedeclaration
                            | importdeclarations
                            | packagedeclaration importdeclarations
                            | typedeclarations
                            | packagedeclaration typedeclarations
                            | importdeclarations typedeclarations
                            | packagedeclaration importdeclarations
                                typedeclarations ;

packagedeclaration          : PACKAGE name ';' ;
importdeclarations          : importdeclaration
                            | importdeclarations importdeclaration ;
typedeclarations            : typedeclaration
                            | typedeclarations typedeclaration ;
name                        : qualifiedname
                            | simplename ;
importdeclaration           : singletypeimportdeclaration
                            | typeimportondemanddeclaration ;
typedeclaration             : classdeclaration
                            | interfacedeclaration ;
qualifiedname               : name '.' IDENTIFIER ;
simplename                  : IDENTIFIER ;
singletypeimportdeclaration : IMPORT name ';' ;
typeimportondemanddeclaration : IMPORT name '.' '*' ';' ;
classdeclaration            : CLASS IDENTIFIER classbody
                            | modifiers CLASS IDENTIFIER classbody
                            | CLASS IDENTIFIER super classbody
                            | modifiers CLASS IDENTIFIER super classbody
                            | CLASS IDENTIFIER interfaces classbody
                            | modifiers CLASS IDENTIFIER interfaces classbody
                            | CLASS IDENTIFIER super interfaces classbody
                            | modifiers CLASS IDENTIFIER super interfaces
                                classbody ;
interfacedeclaration        : INTERFACE IDENTIFIER interfacebody
                            | modifiers INTERFACE IDENTIFIER interfacebody
                            | INTERFACE IDENTIFIER extendsinterfaces
                                interfacebody
                            | modifiers INTERFACE IDENTIFIER extendsinterfaces
                                interfacebody ;
classbody                   : '{' '}'
                            | '{' classbodydeclarations '}' ;
modifiers                   : modifier
                            | modifiers modifier ;
super                       : EXTENDS classtype ;
interfaces                  : IMPLEMENTS interfacetypelist ;
interfacebody               : '{' '}'
                            | '{' interfacememberdeclarations '}' ;
extendsinterfaces           : EXTENDS interfacetype
                            | extendsinterfaces ',' interfacetype ;
```

classbodydeclarations	: classbodydeclaration
	I classbodydeclarations classbodydeclaration ;
modifier	: PUBLIC
	I PROTECTED
	I PRIVATE
	I STATIC
	I ABSTRACT
	I FINAL
	I NATIVE
	I SYNCHRONIZED
	I TRANSIENT
	I VOLATILE ;
classtype	: classorinterfacetype ;
interfacetypelist	: interfacetype
	I interfacetypelist ',' interfacetype ;
interfacememberdeclarations	: interfacememberdeclaration
	I interfacememberdeclarations
	interfacememberdeclaration ;
interfacetype	: classorinterfacetype ;
classbodydeclaration	: classmemberdeclaration
	I staticinitializer
	I constructordeclaration ;
classorinterfacetype	: name ;
interfacememberdeclaration	: constantdeclaration
	I abstractmethoddeclaration ;
classmemberdeclaration	: fielddeclaration
	I methoddeclaration ;
staticinitializer	: STATIC block ;
constructordeclaration	: constructordeclarator constructorbody
	I modifiers constructordeclarator constructorbody
	I constructordeclarator throws constructorbody
	I modifiers constructordeclarator throws
	constructorbody ;
constantdeclaration	: fielddeclaration ;
abstractmethoddeclaration	: methodheader ';' ;
fielddeclaration	: type variabledeclarators ';'
	I modifiers type variabledeclarators ';' ;
methoddeclaration	: methodheader methodbody ;
block	: '{' '}'
	I '{' blockstatements '}' ;
constructordeclarator	: simplename '(' ')'
	I simplename '(' formalparameterlist ')';
constructorbody	: '{' '}'
	I '{' explicitconstructorinvocation '}'
	I '{' blockstatements '}'
	I '{' explicitconstructorinvocation blockstatements '}' ;
throws	: THROWS classtypelist ;
methodheader	: type methoddeclarator
	I modifiers type methoddeclarator
	I type methoddeclarator throws
	I modifiers type methoddeclarator throws
	I VOID methoddeclarator
	I modifiers VOID methoddeclarator

```
                                   | VOID methoddeclarator throws
                                   | modifiers VOID methoddeclarator throws ;
type                               : primitivetype
                                   | referencetype ;
variabledeclarators                : variabledeclarator
                                   | variabledeclarators ',' variabledeclarator ;
methodbody                         : block
                                   | ';' ;
blockstatements                    : blockstatement
                                   | blockstatements blockstatement ;
formalparameterlist                : formalparameter
                                   | formalparameterlist ',' formalparameter ;
explicitconstructorinvocation : THIS '(' ')' ';'
                                   | THIS '(' argumentlist ')' ';'
                                   | SUPER '(' ')' ';'
                                   | SUPER '(' argumentlist ')' ';' ;
classtypelist                      : classtype
                                   | classtypelist ',' classtype ;
methoddeclarator                   : IDENTIFIER '(' ')'
                                   | IDENTIFIER '(' formalparameterlist ')'
                                   | methoddeclarator '[' ']' ;
primitivetype                      : BOOLEAN
                                   | numerictype ;
referencetype                      : classorinterfacetype
                                   | arraytype ;
variabledeclarator                 : variabledeclaratorid
                                   | variabledeclaratorid '=' variableinitializer ;
blockstatement                     : localvariabledeclarationstatement
                                   | statement ;
formalparameter                    : type variabledeclaratorid ;
argumentlist                       : expression
                                   | argumentlist ',' expression ;
numerictype                        : integraltype
                                   | floatingpointtype ;
arraytype                          : primitivetype '[' ']'
                                   | name       '[' ']'
                                   | arraytype    '[' ']' ;
variabledeclaratorid               : IDENTIFIER
                                   | variabledeclaratorid '[' ']' ;
variableinitializer                : expression
                                   | arrayinitializer ;
localvariabledeclarationstatement : localvariabledeclaration ';' ;
statement                          : statementwithouttrailingsubstatement
                                   | labeledstatement
                                   | ifthenstatement
                                   | ifthenelsestatement
                                   | whilestatement
                                   | forstatement ;
expression                         : assignmentexpression ;
integraltype                       : BYTE
                                   | SHORT
                                   | INT
                                   | LONG
```

```
                              |  CHAR ;
floatingpointtype             :  FLOAT
                              |  DOUBLE ;
arrayinitializer              :  '{' '}'
                              |  '{' variableinitializers '}'
                              |  '{' ',' '}'
                              |  '{' variableinitializers ',' '}' ;
localvariabledeclaration      :  type variabledeclarators ;
statementwithouttrailingsubstatement : block
                              |  emptystatement
                              |  expressionstatement
                              |  switchstatement
                              |  dostatement
                              |  breakstatement
                              |  continuestatement
                              |  returnstatement
                              |  synchronizedstatement
                              |  throwstatement
                              |  trystatement ;
labeledstatement              :  IDENTIFIER ':' statement ;
ifthenstatement               :  IF '(' expression ')' statement ;
ifthenelsestatement           :  IF '(' expression ')' statementnoshortif
                                   ELSE statement ;
whilestatement                :  WHILE '(' expression ')' statement ;
forstatement                  :  FOR '(' ';' ';' ')' statement
                              |  FOR '(' ';' expression ';' ')' statement
                              |  FOR '(' ';' ';' forupdate ')' statement
                              |  FOR '(' ';' expression ';' forupdate ')' statement
                              |  FOR '(' forinit ';' ';' ')' statement
                              |  FOR '(' forinit ';' expression ';' ')' statement
                              |  FOR '(' forinit ';' ';' forupdate ')' statement
                              |  FOR '(' forinit ';' expression ';' forupdate ')'
                                   statement ;
assignmentexpression          :  conditionalexpression
                              |  assignment ;
variableinitializers          :  variableinitializer
                              |  variableinitializers ',' variableinitializer ;
emptystatement                :  ';' ;
expressionstatement           :  statementexpression ';' ;
switchstatement               :  SWITCH '(' expression ')' switchblock ;
dostatement                   :  DO statement WHILE '(' expression ')' ';' ;
breakstatement                :  BREAK ';'
                              |  BREAK IDENTIFIER ';' ;
continuestatement             :  CONTINUE ';'
                              |  CONTINUE IDENTIFIER ';' ;
returnstatement               :  RETURN ';'
                              |  RETURN expression ';' ;
synchronizedstatement         :  SYNCHRONIZED '(' expression ')' block ;
throwstatement                :  THROW expression ';' ;
trystatement                  :  TRY block finally
                              |  TRY block catches
                              |  TRY block catches finally ;
statementnoshortif            :  statementwithouttrailingsubstatement
```

	|	labeledstatementnoshortif
	|	ifthenelsestatementnoshortif
	|	whilestatementnoshortif
	|	forstatementnoshortif ;
forupdate	:	statementexpressionlist ;
forinit	:	statementexpressionlist | localvariabledeclaration ;
conditionalexpression	:	conditionalorexpression
	|	conditionalorexpression '?' expression ':'
		conditionalexpression ;
assignment	:	lefthandside assignmentoperator
		assignmentexpression ;
statementexpression	:	assignment
	|	preincrementexpression
	|	predecrementexpression
	|	postincrementexpression
	|	postdecrementexpression
	|	methodinvocation
	|	classinstancecreationexpression ;
switchblock	:	'{' '}'
	|	'{' switchblockstatementgroups '}'
	|	'{' switchlabels '}'
	|	'{' switchblockstatementgroups switchlabels '}' ;
finally	:	FINALLY block ;
catches	:	catchclause
	|	catches catchclause ;
labeledstatementnoshortif	:	IDENTIFIER ':' statementnoshortif ;
ifthenelsestatementnoshortif:		IF '(' expression ')' statementnoshortif
		ELSE statementnoshortif ;
whilestatementnoshortif	:	WHILE '(' expression ')' statementnoshortif ;
forstatementnoshortif	:	FOR '(' ';' ';' ')' statementnoshortif
	|	FOR '(' ';' expression ';' ')' statementnoshortif
	|	FOR '(' ';' ';' forupdate ')' statementnoshortif
	|	FOR '(' ';' expression ';' forupdate ')' statementnoshortif
	|	FOR '(' forinit ';' ';' ')' statementnoshortif
	|	FOR '(' forinit ';' expression ';' ')' statementnoshortif
	|	FOR '(' forinit ';' ';' forupdate ')' statementnoshortif
	|	FOR '(' forinit ';' expression ';' forupdate ')'
		statementnoshortif ;
statementexpressionlist	:	statementexpression
	|	statementexpressionlist ',' statementexpression ;
conditionalorexpression	:	conditionalandexpression
	|	conditionalorexpression LOGICALOR
		conditionalandexpression;
lefthandside	:	name
	|	fieldaccess
	|	arrayaccess ;
assignmentoperator	:	'='
	|	TIMESEQUAL
	|	DIVIDEEQUAL
	|	MODULOEQUAL
	|	PLUSEQUAL
	|	MINUSEQUAL
	|	SHIFTLEFTEQUAL

```
                                     |  SIGNEDSHIFTRIGHTEQUAL
                                     |  UNSIGNEDSHIFTRIGHTEQUAL
                                     |  ANDEQUAL
                                     |  XOREQUAL
                                     |  OREQUAL ;
preincrementexpression       :  INCREMENT unaryexpression ;
predecrementexpression       :  DECREMENT unaryexpression ;
postincrementexpression      :  postfixexpression INCREMENT ;
postdecrementexpression      :  postfixexpression DECREMENT ;
methodinvocation             :  name '(' ')'
                                     |  name '(' argumentlist ')'
                                     |  primary '.' IDENTIFIER '(' ')'
                                     |  primary '.' IDENTIFIER '(' argumentlist ')'
                                     |  SUPER '.' IDENTIFIER '(' ')'
                                     |  SUPER '.' IDENTIFIER '(' argumentlist ')' ;
classinstancecreationexpression : NEW classtype '(' ')'
                                     |  NEW classtype '(' argumentlist ')' ;
switchblockstatementgroups : switchblockstatementgroup
                                     |  switchblockstatementgroups
                                          switchblockstatementgroup ;
switchlabels                 :  switchlabel
                                     |  switchlabels switchlabel ;
catchclause                  :  CATCH '(' formalparameter ')' block ;
conditionalandexpression     :  inclusiveorexpression
                                     |  conditionalandexpression LOGICALAND
                                          inclusiveorexpression ;
fieldaccess                  :  primary '.' IDENTIFIER
                                     |  SUPER '.' IDENTIFIER ;
arrayaccess                  :  name '[' expression ']'
                                     |  primarynonewarray '[' expression ']'
unaryexpression              :  preincrementexpression
                                     |  predecrementexpression
                                     |  '+' unaryexpression
                                     |  '-' unaryexpression
                                     |  unaryexpressionnotplusminus ;
postfixexpression            :  primary
                                     |  name
                                     |  postincrementexpression
                                     |  postdecrementexpression ;
primary                      :  primarynonewarray
                                     |  arraycreationexpression ;
switchblockstatementgroup :  switchlabels blockstatements ;
switchlabel                  :  CASE constantexpression ':'
                                     |  DEFAULT ':' ;
inclusiveorexpression        :  exclusiveorexpression
                                     |  inclusiveorexpression 'I' exclusiveorexpression ;
primarynonewarray            :  literal
                                     |  THIS
                                     |  '(' expression ')'
                                     |  classinstancecreationexpression
                                     |  fieldaccess
                                     |  methodinvocation
                                     |  arrayaccess ;
```

```
unaryexpressionnotplusminus : postfixexpression
                            | '~' unaryexpression
                            | '!' unaryexpression
                            | castexpression ;
arraycreationexpression     : NEW primitivetype dimexprs
                            | NEW primitivetype dimexprs dims
                            | NEW classorinterfacetype dimexprs
                            | NEW classorinterfacetype dimexprs dims ;
constantexpression          : expression ;
exclusiveorexpression       : andexpression
                            | exclusiveorexpression '^' andexpression ;
literal                     : INTLITERAL
                            | FLOATLITERAL
                            | BOOLLITERAL
                            | CHARLITERAL
                            | STRINGLITERAL
                            | JNULL ;
castexpression              : '(' primitivetype ')' unaryexpression
                            | '(' primitivetype dims ')' unaryexpression
                            | '(' expression ')' unaryexpressionnotplusminus
                            | '(' name dims ')' unaryexpressionnotplusminus ;
dimexprs                    : dimexpr
                            | dimexprs dimexpr ;
dims                        : '[' ']'
                            | dims '[' ']' ;
andexpression               : equalityexpression
                            | andexpression '&' equalityexpression ;
dimexpr                     : '[' expression ']' ;
equalityexpression          : relationalexpression
                            | equalityexpression EQUAL relationalexpression
                            | equalityexpression NOTEQUAL relationalexpression ;
relationalexpression        : shiftexpression
                            | relationalexpression '<' shiftexpression
                            | relationalexpression '>' shiftexpression
                            | relationalexpression LESSEQUAL shiftexpression
                            | relationalexpression GREATEREQUAL
                                shiftexpression
                            | relationalexpression INSTANCEOF referencetype ;
shiftexpression             : additiveexpression
                            | shiftexpression SHIFTLEFT additiveexpression
                            | shiftexpression SIGNEDSHIFTRIGHT
                                additiveexpression
                            | shiftexpression UNSIGNEDSHIFTRIGHT
                                additiveexpression ;
additiveexpression          : multiplicativeexpression
                            | additiveexpression '+' multiplicativeexpression
                            | additiveexpression '-' multiplicativeexpression ;
multiplicativeexpression    : unaryexpression
                            | multiplicativeexpression '*' unaryexpression
                            | multiplicativeexpression '/' unaryexpression
                            | multiplicativeexpression '%' unaryexpression ;
```

Abstrakte Java-Syntax

Die abstrakte Java-Syntax in MAX-Notation ist wie folgt definiert:

```
Sourcefile          *  Class
Class               (  ClassDeclId UsedId ClassBody Status)
Status              =  Import I UserDef
Import              ()
UserDef             ()
ClassDeclId         (  Modifiers IdentList Int )
DeclId              (  Modifiers Ident Int )
Modifiers           *  Modifier
Modifier            =  Private I Protected I Public I Static I Abstract
Private             ()
Protected           ()
Public              ()
Static              ()
Abstract            ()

Type                (  Typespec Int )
Typespec            =  RefType I BaseType
RefType             (  UsedId )

UsedId              (  IdentList Int )
IdentList           *  Ident

BaseType            =  Integer I Boolean I Character
Integer             ()
Boolean             ()
Character           ()

ClassBody           *  FieldDecl
FieldDecl           =  InstVarDecl I Method

InstVarDecl         (  DeclId Type )

Method              (  DeclId ReturnType ParameterList ExceptionList Block )
                          // Konstruktor: Ident: <init>;
                          // ReturnType: RefType, Name der Klasse;
ReturnType          =  Type I Void
Void                ()

ParameterList       *  FormalParameter
FormalParameter     (  DeclId Type )
ExceptionList       *  RefType

Block               *  Statement
Statement           =  LocalVarDecl I IfStmt I WhileStmt I Return I ExprStmt
LocalVarDecl        (  DeclId Type )
ExprStmt            =  Assign I MethodCall I NewClass I NewArray
Assign              (  Expr Expr )
                          // Besser: Assign ( Expr1 Expr )
                          // Expr1 = LocalOrFieldVar I InstVar I ArrayAccess
Expr                =  Literal I This I Super I LocalOrFieldVar I InstVar I
```

```
                           ArrayAccess I UnaryExpr I BinaryExpr I ExprStmt
This                     ()
Super                    ()

MethodCall               (  Receiver UsedId ExprList )
                              // UsedId ist (<>, -1) bei Konstruktoraufruf,
                              // Receiver: This() I Super()
Receiver                 = Expr I NoReceiver
NoReceiver               ()
ExprList                 *  Expr

NewClass                 (  Type ExprList )
New Array                (  Type ExprList )
Literal                  = IntLiteral I BoolLiteral I CharLiteral I StringLiteral I Null
IntLiteral               (  Int )
BoolLiteral              (  Bool )
CharLiteral              (  Char )
StringLiteral            (  String )
Null                     ()
LocalOrFieldVar          (  UsedId )
InstVar                  (  Expr UsedId )
```

// ++, --, bitweise Negation nicht unterstuetzt.

```
UnaryExpr                = NegativeExpr I NotExpr I CastExpr
NegativeExpr             (  UnaryMinus Expr )
NotExpr                  (  UnaryNot Expr )
CastExpr                 (  Type Expr )
UnaryMinus               ()
UnaryNot                 ()
```

// Keine bitweisen logischen Operatoren, shift-Operatoren;
// Bedingte Ausdruecke (e ? a : b) muessen durch if ersetzt werden.

```
BinaryExpr               = Binary I Instanceof
Binary                   (  Expr Operator Expr )
Instanceof               (  Expr Type )
Operator                 = AddOp I MulOp I RelOp I LogOp
AddOp                    = PlusOp I MinusOp
MulOp                    = TimesOp I DivideOp I ModuloOp

RelOp                    = EqualOp I NotEqualOp I LessOp I LessEquOp I GreaterOp
IGreaterEquOp
LogOp                    = AndOp I OrOp
PlusOp                   ()
MinusOp                  ()
TimesOp                  ()
DivideOp                 ()
ModuloOp                 ()
EqualOp                  ()
NotEqualOp               ()
LessOp                   ()
LessEquOp                ()
```

```
GreaterOp          ()
GreaterEquOp       ()
AndOp              ()
OrOp               ()

ArrayAccess        ( Expr Expr )

IfStmt             ( Expr Block Block )
WhileStmt          ( Expr Block )
Return             ( ReturnExpr )
ReturnExpr         = Expr | Void
```

Die abstrakte Syntax der Klassendatei

Die MAX-Spezifikation für die Klassendatei sieht folgendermaßen aus:

```
Program        * ClassFile

ClassFile      ( String              // magic
                 Int                 // minor_version
                 Int                 // major_version
                 Constant_pool
                 Int                 // access_flags
                 Int                 // this_class
                 Int                 // super_class
                 Interfaces
                 Fields
                 Methods
                 Attributes)

Constant_pool * Cp_info

Cp_info        = CONSTANT_Class_info
               | CONSTANT_Fieldref_info
               | CONSTANT_Methodref_info
               | CONSTANT_InterfaceMethodref_info
               | CONSTANT_String_info
               | CONSTANT_Integer_info
               | CONSTANT_Float_info
               | CONSTANT_Long_info
               | CONSTANT_Double_info
               | CONSTANT_NameAndType_info
               | CONSTANT_Utf8_info
```

CONSTANT_Class_info (Int)   // name_index

CONSTANT_Fieldref_info(Int Int)   // class_index, name_and_type_index

CONSTANT_Methodref_info(Int Int)   // class_index, name_and_type_index

CONSTANT_InterfaceMethodref_info (Int Int)   // class_index, name_and_type_index

CONSTANT_String_info(Int)   // string_index

CONSTANT_Integer_info (Int)   // bytes

CONSTANT_Float_info (Int)   // bytes

CONSTANT_Long_info (Int Int)   // high_bytes, low_bytes

CONSTANT_Double_info (Int Int)   // high_bytes, low_bytes

CONSTANT_NameAndType_info (Int Int)   // name_index, descriptor_index

CONSTANT_Utf8_info(Int String)   // length, bytes

Interfaces   * Int   // class_index

Fields   * Field_info

Field_info   (Int   // access_flags
                           Int   // name_index
                           Int   // descriptor_index
                           Attributes)

Methods   * Method_info

Method_info   (Int   // access_flags
                           Int   // name_index
                           Int   // descriptor_index
                           Attributes)

Attributes   * Attributes_info

Attributes_info   = Code_attribute

Attributes_info   = SourceFile_attribute
                        | ConstantValue_attribute
                        | Code_attribute
                        | Exceptions_attribute
                        | LineNumberTable_attribute
                        | LocalVariables_attribute

SourceFile_attribute   (Int   // attribute_name_index
                           Int   // attribute_length
                           Int   // sourcefile_index
)

ConstantValue_attribute (Int   // attribute_name_index
                           Int   // attribute_length
                           Int   // constantvalue_index
)

Exceptions_attribute   (Int   // attribute_name_index
                           Int   // attribute_length
                           Exception_index_table)

Exception_index_table	* Int	
LineNumberTable_attribute	(Int	// attribute_name_index
	Int	// attribute_length
	Line_number_table)	
Line_number_table	* Line_number_table_entry	
Line_number_table_entry	(Int	// start_pc
	Int	// line_number
	)	
LocalVariables_attribute	(Int	// attribute_name_index
	Int	// attribute_length
	Local_variable_table)	
Local_variable_table	* Local_variable_table_entry	
Local_variable_table_entry	(Int	// start_pc
	Int	// length
	Int	// name_index
	Int	// descriptor_index
	Int	// index
	)	
Code_attribute	(Int	// attribute_name_index
	Int	// attribute_length
	Int	// max_stack
	Int	// max_locals
	Int	// code_length
	Code	
	Exception_table	
	Attributes)	

Der abstrakte Befehlsvorrat der virtuellen Java-Maschine

Befehle der JVM werden durch Elemente des Typs Instruction gespeichert. Dieser umfaßt alle beschriebenen Befehle (jeweils mit Präfix CMD_ versehen). Listen der Sorte Code enthalten JVM-Programme oder Teile davon. Die Befehle lassen sich abstrakt als MAX-Spezifikation beschreiben:

Code	* Instruction
Instruction	= Cmd_aaload I Cmd_aastore I Cmd_aconst_null I Cmd_aload
	I Cmd_aload_0 I Cmd_aload_1 I Cmd_aload_2 I Cmd_aload_3
	I Cmd_anewarray I Cmd_areturn I Cmd_arraylength
	I Cmd_astore I Cmd_astore_0 I Cmd_astore_1 I Cmd_astore_2
	I Cmd_astore_3
	I Cmd_baload I Cmd_bastore I Cmd_bipush
	I Cmd_caload I Cmd_castore I Cmd_checkcast
	I Cmd_dup I Cmd_dup_x1 I Cmd_dup_x2
	I Cmd_getfield I Cmd_getstatic I Cmd_goto
	I Cmd_i2b I Cmd_i2c I Cmd_i2s I Cmd_iadd I Cmd_iaload
	I Cmd_iand I Cmd_iastore I Cmd_iconst_m1 I Cmd_iconst_0

```
| Cmd_iconst_1 | Cmd_iconst_2 | Cmd_iconst_3
| Cmd_iconst_4 | Cmd_iconst_5 | Cmd_idiv | Cmd_if_acmpeq
| Cmd_if_acmpne | Cmd_if_icmpeq | Cmd_if_icmpne
| Cmd_if_icmplt | Cmd_if_icmpge | Cmd_if_icmpgt
| Cmd_if_icmple | Cmd_ifeq | Cmd_ifne | Cmd_iflt
| Cmd_ifge | Cmd_ifgt | Cmd_ifle | Cmd_ifnonnull
| Cmd_ifnull | Cmd_iinc | Cmd_iload | Cmd_iload_0
| Cmd_iload_1 | Cmd_iload_2 | Cmd_iload_3 | Cmd_imul
| Cmd_ineg | Cmd_instanceof | Cmd_invokespecial
| Cmd_invokestatic | Cmd_invokevirtual | Cmd_ior
| Cmd_irem | Cmd_ireturn | Cmd_istore | Cmd_istore_0
| Cmd_istore_1 | Cmd_istore_2 | Cmd_istore_3 | Cmd_isub
| Cmd_ixor
| Cmd_ldc | Cmd_ldc_w
| Cmd_multianewarray
| Cmd_new | Cmd_newarray | Cmd_nop
| Cmd_pop | Cmd_putfield | Cmd_putstatic
| Cmd_return
| Cmd_sipush | Cmd_swap
```

Cmd_aaload ()	Cmd_aastore ()	Cmd_aconst_null ()
Cmd_aload (Int)		
Cmd_aload_0 ()	Cmd_aload_1 ()	Cmd_aload_2 ()
Cmd_aload_3 ()		
Cmd_anewarray (Int)	Cmd_areturn ()	Cmd_arraylength ()
Cmd_astore (Int)	Cmd_astore_0 ()	Cmd_astore_1 ()
Cmd_astore_2 ()		
Cmd_astore_3 ()		
Cmd_baload ()	Cmd_bastore ()	Cmd_bipush (Int)
Cmd_caload ()	Cmd_castore ()	Cmd_checkcast (Int)
Cmd_dup ()	Cmd_dup_x1 ()	Cmd_dup_x2 ()
Cmd_getfield (Int)	Cmd_getstatic (Int)	Cmd_goto (Int)
Cmd_i2b ()	Cmd_i2c ()	Cmd_i2s ()
Cmd_iadd ()	Cmd_iaload ()	
Cmd_iand ()	Cmd_iastore ()	
Cmd_iconst_m1 ()	Cmd_iconst_0 ()	Cmd_iconst_1 ()
Cmd_iconst_2 ()		
Cmd_iconst_3 ()	Cmd_iconst_4 ()	Cmd_iconst_5 ()
Cmd_idiv ()		
Cmd_if_acmpeq (Int)	Cmd_if_acmpne (Int)	
Cmd_if_icmpeq (Int)	Cmd_if_icmpne (Int)	Cmd_if_icmplt (Int)
Cmd_if_icmpge (Int)	Cmd_if_icmpgt (Int)	Cmd_if_icmple (Int)
Cmd_ifeq (Int)	Cmd_ifne (Int)	Cmd_iflt (Int)
Cmd_ifge (Int)		
Cmd_ifgt (Int)	Cmd_ifle (Int)	Cmd_ifnonnull (Int)
Cmd_ifnull (Int)		
Cmd_iinc (Int Int)	Cmd_iload (Int)	
Cmd_iload_0 ()	Cmd_iload_1 ()	Cmd_iload_2 ()
Cmd_iload_3 ()		
Cmd_imul ()	Cmd_ineg ()	Cmd_instanceof (Int)
Cmd_invokespecial (Int)	Cmd_invokestatic (Int)	Cmd_invokevirtual (Int)
Cmd_ior ()	Cmd_irem ()	Cmd_ireturn ()
Cmd_istore (Int)		

Cmd_istore_0 ()   Cmd_istore_1 ()   Cmd_istore_2 ()
Cmd_istore_3 ()
Cmd_isub ()   Cmd_ixor ()
Cmd_ldc (Int)   Cmd_ldc_w (Int)
Cmd_multianewarray (Int Int)
Cmd_new (Int)   Cmd_newarray (Int)
Cmd_nop ()
Cmd_pop ()
Cmd_putfield (Int)   Cmd_putstatic (Int)
Cmd_return ()
Cmd_sipush (Int)   Cmd_swap ()

Literatur

[Agesen, Hölzle 95] O. Agesen, U. Hölzle: *Type Feedback vs. Concrete Type Inference: A Comparison of Optimization Techniques for Object-Oriented Languages.* – In: Proceedings of the 1995 ACM SIGPLAN Conference on Object-Oriented Programming Systems, Languages & Applications (OOPSLA '95). SIGPLAN Notices **30**(10), pp. 91–107, 1995

[Agesen 95] O. Agesen: *The Cartesian Product Algorithm: Simple and Precise Type Inference of Parametric polymorphism.* – In: W. Olthoff (ed): Proceedings of European Conference on Object-Oriented Programming (ECOOP '95). LNCS 952, Springer, Berlin Heidelberg New York, pp. 2–26, 1995

[Aho et al. 88] A. V. Aho, R. Sethi, J. D. Ullman: *Compilerbau: Teil 1, Teil2.* Addison-Wesley, Reading, MA, 1988

[Amiel et al. 94] E. Amiel, O. Gruber, E. Simon: *Optimizing Multi-Method Dispatch Using Compressed Dispatch Tables.* – In: Proceedings of the 1994 ACM SIGPLAN Conference on Object-Oriented Programming Systems, Languages & Applications (OOPSLA '94). SIGPLAN Notices **29**(10), pp. 244–258, 1994

[Bank et al. 96] J. A. Bank, B. Liskov, A. C. Myers: *Parameterized Types and Java.* Memorandum MIT-LCS-TM-553, Laboratory for Computer Science, Massachusetts Institute of Technology, 1996

[Blair et al. 89] G. S. Blair, J. J. Gallagher, J. Malik: *Genericity vs. Inheritance vs. Delegation vs. Conformance.* – In: Journal of Object-Oriented Programming **2**(3), pp. 11–17, 1989

[Booch 94] G. Booch: *Object-Oriented Analysis and Design with Applications*, 2nd edn. The Benjamin/Cummings Publishing Company, Redwood City, California, 1994

[Boyland, Castagna 96] J. Boyland and G. Castagna: *Type-Safe Compilation of Covariant Specialization: A Practical Case.* – In: Pierre Cointe (ed): Proceedings of European Conference on Object-Oriented Programming (ECOOP '96). LNCS 1098, Springer, Berlin Heidelberg New York, pp. 3–25, 1996

[Bruce 96] K. B. Bruce: *Typing in object-oriented languages: Achieving expressiveness and safety.* Submitted to ACM Computing Surveys, pp. 1–55, 1996

[Cardelli, Wegner 85] L. Cardelli, P. Wegner: *On Understanding Types, Data Abstraction, and Polymorphism.* – In: ACM Computing Surveys, **17**(4), pp. 471–522, 1985

[Castagna 95] G. Castagna: *Covariance and contravariance: conflict without a cause.* – In: ACM Transactions on Programming Languages and Systems (TOPLAS) **17**(3), pp. 431–447, 1995

[Caudill, Brock 86] P. J. Caudill, A. Wirfs-Brock: *A Third Generation Smalltalk-80™ Implementation.* – In: Proceedings of the 1986 ACM SIGPLAN Conference on Object-Oriented Programming Systems, Languages & Applications (OOPSLA '86). SIGPLAN Notices **21**(11), pp. 119–130, 1986

[Chambers 92] C. Chambers: *The Design and Implementation of the SELF Compiler, an Optimizing Compiler for Object-Oriented Programming Languages.* Ph.D. Thesis, Stanford University, 1992

[Chambers 93] C. Chambers: *The Cecil Language: Specification & Rationale.* Technical Report UW-CSE-93-03-05, Department of Computer Science and Engineering, University of Washington, 1993

[Chambers 95] C. Chambers: *Efficient Implementation of Object-Oriented Programming Languages.* Tutorial Notes, The 9th European Conference on Object-Oriented Programming (ECOOP '95), Aarhus, Denmark, 1995

[Chambers 96] C. Chambers: *Synergies Between Object-Oriented Programming Language Design and Implementation Research.* Invited talk at ISOTAS '96 Conference, Japan, 1996

[Chambers, Leavens 95] C. Chambers, G. T. Leavens: *Typechecking and Modules for Multimethods.* – In: ACM Transactions on Programming Languages and Systems (TOPLAS) 17(6), pp. 805–843,1995

[Chambers, Leavens 97] C. Chambers, G. T. Leavens: *BeCecil, A Core Object-Oriented Language with Block Structure and Multimethods: Semantics and Typing.* – In: Proceedings of the Fourth International Workshops on Foundations of Object-Oriented Languages (FOOL 4), in affiliation with the 24th Annual ACM SIGPLAN-SIGACT Symposium on Principles of Programming Languages (POPL '97), pp. 1–49, 1997

[Chambers, Ungar 89] C. Chambers, D. Ungar: *Customization: Optimizing Compiler Technology for SELF, a Dynamically-Typed Object-Oriented Programming Language.* – In: Proceedings of the 1989 ACM SIGPLAN Conference on Programming Language Design and Implementation (PLDI '89). SIGPLAN Notices 24(7), pp. 146–160, 1989

[Chambers, Ungar 91a] C. Chambers, D. Ungar: *Making Pure Object-Oriented Languages Practical.* – In: Proceedings of the 1991 ACM SIGPLAN Conference on Object-Oriented Programming Systems, Languages & Applications (OOPSLA '91). SIGPLAN Notices 26(11), pp. 1–15, 1991

[Chambers, Ungar 91b] C. Chambers, D. Ungar: *Iterative Type Analysis and Extended Message Splitting: Optimizing Dynamically-Typed Object-Oriented Programs.* – In: LISP AND SYMBOLIC COMPUTATION: An International Journal, 4(3), pp. 283–310, 1991

[Chambers et al. 91a] C. Chambers, D. Ungar, E. Lee: *An Efficient Implementation of SELF, a Dynamically-Typed Object-Oriented Language Based on Prototypes.* – In: LISP AND SYMBOLIC COMPUTATION: An International Journal, 4(3), pp. 243–282, 1991

[Chambers et al. 91b] C. Chambers, D. Ungar, B.-W. Chang, U. Hölzle: *Parents are Shared Parts of Objects: Inheritance and Encapsulation in SELF.* – In: LISP AND SYMBOLIC COMPUTATION: An International Journal, 4(3), pp. 207–222, 1991

[Chambers et al. 96] C. Chambers, J. Dean, D. Grove: *Whole-Program Optimization of Object-Oriented Languages.* Report UW-CSE-96-06-02, Department of Computer Science and Engineering, University of Washington, 1996

[Coplien 92] J. O. Coplien. *Advanced C++ Programming Styles and Idioms.* Addison-Wesley, Reading, MA, 1992

[Dean et al. 95] J. Dean, C. Chambers, D. Grove: *Selective Specialization for Object-Oriented Languages.* – In: Proceedings of the ACM SIGPLAN '95 Conference on Programming Language Design and Implementation (PLDI '95). SIGPLAN Notices 30(6), pp. 93–102, 1995

[Dean et al. 96] J. Dean, G. DeFouw, D. Grove, V. Litvinov, C. Chambers: *Vortex: An Optimizing Compiler for Object-Oriented Languages.* – In: Proceedings of the 1996 ACM SIGPLAN Conference on Object-Oriented Programming Systems, Languages & Applications (OOPSLA '96). SIGPLAN Notices 31(10), pp. 83–100, 1996

[Deutsch, Schiffman 84] L. P. Deutsch, A. M. Schiffman: *Efficient Implementation of the Smalltalk-80 System.* – In: Proceedings of the Eleventh Annual ACM SIGPLAN-SIGACT Symposium on Principles of Programming Languages (POPL '84), pp. 297–302, 1984

[Dixon et al. 89] R. Dixon, T. McKee, P. Schweizer, M. Vaughan: *A Fast Method Dispatcher for Compiled Languages with Multiple Inheritance.* – In: Proceedings of the 1989 ACM SIGPLAN Conference on Object-Oriented Programming Systems, Languages & Applications (OOPSLA '89). SIGPLAN Notices 24(10), pp. 211–214, 1989

[Driesen, Hölzle 95] K. Driesen, U. Hölzle: *Minimizing Row Displacement Dispatch Tables.* – In: Proceedings of the 1995 ACM SIGPLAN Conference on Object-Oriented Programming Systems, Languages & Applications (OOPSLA '95). SIGPLAN Notices 30(10), pp. 141–155, 1995

[Ellis, Stroustrup 90] M. A. Ellis, B. Stroustrup: *The annotated C++ Reference Manual.* Addison-Wesley, Reading, MA, 1990

[Ghelli 91] G. Ghelli: *A Static Type System for Message Passing.* – In: Proceedings of the 1991 ACM SIGPLAN Conference on Object-Oriented Programming Systems, Languages & Applications (OOPSLA '91). SIGPLAN Notices **26**(11), pp. 129–145, 1991

[Goldberg, Robson 83] A. Goldberg, D. Robson: *Smalltalk-80: The Language and its Implementation.* Addison-Wesley, Reading, MA, 1983

[Gomes et al. 96] B Gomes, D. Stoutamire, S. Omohundro, B. Vaysman, H. Klawitter, J. Feldman: *A Language Manual for Sather 1.1 and pSather 1.1.* http://www.icsi.berkeley.edu/~sather/, 1996

[Goos 96] G. Goos: *Sather-K, The Language.* Technischer Bericht, 4/96, Fakultät für Informatik, Universität Karlsruhe, 1996

[Gosling et al. 96] J. Gosling, B. Joy, G. Steele: *The Java™ Language Specification.* Addison-Wesley, Reading, MA, 1996

[Graver, Johnson 90] J. O. Graver, R. E. Johnson: *A Type System for Smalltalk.* – In: Proceedings of the Seventeenth Annual ACM Symposium on Principles of Programming Languages (POPL '90), pp. 136–150, 1990

[Grove 95] D. Grove: *The Impact of Interprocedural Class Analysis on Optimization.* – In: Proceedings of CASCON '95, pp. 1–9, 1995

[Grove et al. 95] D. Grove, J. Dean, Ch. Garrett, C. Chambers: *Profile-Guided Receiver Class Prediction.* – In: Proceedings of the 1995 ACM SIGPLAN Conference on Object-Oriented Programming Systems, Languages & Applications (OOPSLA '95). SIGPLAN Notices **30**(10), pp. 108–123, 1995

[Haddad, George 95] H. M. (Al) Haddad, K. M. George: *A survey of method binding and implementation selection in object-oriented programming languages.* – In: Journal of Object-Oriented Programming **8**(6), pp. 28–41, 1995

[Höllerer, Eickel 95, 96] R. Höllerer, J. Eickel: *Arbeitsblätter zum Praktikum des Übersetzerbaus.* Institut für Informatik, TU München, Sommersemester 1995 u. 1996

[Hölzle et al. 91] U. Hölzle, C. Chambers, D. Ungar: *Optimizing Dynamically-Typed Object-Oriented Languages With Polymorphic Inline Caches.* – In: P. America (ed): Proceedings of European Conference on Object-Oriented Programming (ECOOP '91). LNCS 512, Springer, Berlin Heidelberg New York, pp. 21–38, 1991

[Hölzle, Ungar 94] U. Hölzle, D. Ungar: *Optimizing Dynamically-Dispatched Calls with Run-Time Type Feedback.* – In: Proceedings of the 1994 ACM SIGPLAN Conference on Programming Language Design and Implementation (PLDI '94). SIGPLAN Notices **29**(6), pp. 326–336, 1994

[Huber 97] A. Huber: *Erweiterung des MAX-Systems um Constraint-Behandlung.* Diplomarbeit, Institut für Informatik, TU München, 1997

[Huber, Werner 96] A. Huber, B. Werner: *Implementierung von BOPL in MAX.* Fortgeschrittenenpraktikum, Institut für Informatik, TU München, 1996

[Huber et al. 95] A. Huber, C. Lang, P. Müller, B. Werner: Hilfskrafttätigkeiten im Rahmen des Übersetzerbaupraktikums. Institut für Informatik, TU München, Sommersemester 1995

[Jones, Lins 96] R. Jones, R. Lins: *Garbage Collection: Algorithms for Automatic Dynamic memory management.* John Wiley & Sons, Chichester, 1996

[Kim, Lochovsky 89] W. Kim, F. H. Lochovsky (eds): *Object-Oriented Concepts, Databases, and Applications.* ACM PRESS, Addison-Wesley, Reading, MA, 1989

[Lim, Stolcke 91] Ch.-Ch. Lim, A. Stolcke: *Sather Language Design and Performance Evaluation.* Technical Report tr-91-034, International Computer Science Institute, University of California at Berkeley, 1991

[Lindholm, Yellin 96] T. Lindholm, F. Yellin: *The Java™ Virtual Machine Specification.* Addison-Wesley, Reading, MA, 1996

[Meyer 86] B. Meyer: *Genericity versus Inheritance.* – In: Proceedings of the 1986 ACM SIGPLAN Conference on Object-Oriented Programming Systems, Languages & Applications (OOPSLA '86). SIGPLAN Notices **21**(11), pp. 391–405, 1986

[Meyer 88] B. Meyer: *Object-Oriented Software Construction.* Prentice Hall, Englewood Cliffs, NJ, 1988

[Meyer 92] B. Meyer: *Eiffel: The Language*, Prentice Hall, Englewood Cliffs, NJ, 1992

[Necula 97] G. C. Necula: *Proof-Carrying Code*. – In: Proceedings of the 24th Annual ACM SIG-PLAN-SIGACT Symposium on Principles of Programming Languages (POPL '97), pp. 106–119, 1997

[Odersky, Wadler 97] M. Odersky, P. Wadler: *Pizza into Java: Translating Theory into Practice*. – In: Proceedings of the 24th Annual ACM SIGPLAN-SIGACT Symposium on Principles of Programming Languages (POPL '97), pp. 146–159, 1997

[Oxhøj et al. 92] N. Oxhøj, J. Palsberg, M. I. Schwartzbach: *Making Type Inference Practical*. – In: Ole Lehrmann Madsen (ed): Proceedings of European Conference on Object-Oriented Programming (ECOOP '92). LNCS 615, Springer, Berlin Heidelberg New York, pp. 329–349, 1992

[Stoutamire, Omohundro 96] D. Stoutamire, S. Omohundro: *The Sather 1.1 Specification*. Technical Report tr-96-012, International Computer Science Institute, University of Berkeley, 1996

[Palsberg, Schwartzbach 91] J. Palsberg, M. I. Schwartzbach: *Object-Oriented Type Inference*. – In: Proceedings of the 1991 ACM SIGPLAN Conference on Object-Oriented Programming Systems, Languages & Applications (OOPSLA '91). SIGPLAN Notices **26**(11), pp. 146–161, 1991

[Palsberg, Schwartzbach 94] J. Palsberg, M. I. Schwartzbach: *Object-Oriented Type Systems*. John Wiley & Sons, Chichester, 1994

[Pande, Ryder 94] H. Pande, B. Ryder: *Static Type Determination for C++*. – In: Proceedings of the Sixth USENIX C++ Technical Conference, pp. 85–97, April, 1994

[Philippsen 96] M. Philippsen (ed): *Java Seminarbeiträge*. Technischer Bericht 24/96, Universität Karlsruhe, Fakultät für Informatik, 1996

[Plevyak, Chien 94] J. Plevyak, A. A. Chien: *Precise Concrete Type Inference for Object-Oriented Languages*. – In: Proceedings of the 1994 ACM SIGPLAN Conference on Object-Oriented Programming Systems, Languages & Applications (OOPSLA '94). SIGPLAN Notices **29**(10), pp. 324–340, 1994

[Poetzsch-Heffter, Eisenbarth 93] A. Poetzsch-Heffter, Th. Eisenbarth: *The MAX System. A Tutorial Introduction*. Technischer Bericht TUM-I9307, Institut für Informatik, TU München, 1993

[Pugh, Weddel 90] W. Pugh, G. Weddell: *Two-directional record layout for multiple inheritance*. – In: Proceedings of the 1990 ACM SIGPLAN Conference on Programming Design and Implementation (PLDI '90). SIGPLAN Notices **25**(6), pp. 85–91, 1990

[Schwartzbach 95] M. I. Schwartzbach: *Polymorphic Type Inference*. BRICS Lecture Series LS-95-3, BRICS, Department of Computer Science, University of Aarhus, 1995

[SRC] DEC SRC Modula-3 Implementation. Digital Equipment Corporation Systems Research Center, http://www.research.digital.com/SRC/modula-3/html/home.html

[Stroustrup 91] B. Stroustrup: *The C++ Programming Environment*, Addison-Wesley, Reading, MA, 1991

[Szypersky et al. 93] C. Szypersky, S. Omohundro, S. Murer: *Engineering a Programming Language: The Type and Class System of Sather*. Technical Report tr-93-064, International Computer Science Institute, University of Berkeley, 1993

[Ungar et al. 91] D. Ungar, C. Chambers, B.-W. Chang, U. Hölzle: *Organizing Programs Without Classes*. – In: LISP AND SYMBOLIC COMPUTATION: An International Journal, **4**(3), pp. 223–242, 1991

[Ungar et al. 92] D. Ungar, R. B. Smith, C. Chambers, U. Hölzle: *Object, Message, and Performance: How they coexist in SELF*. – In: Computer, 25(10), S. 53–64, 1992

[Ungar, Smith 91] D. Ungar, R. B. Smith: *SELF: The Power of Simplicity*. – In: LISP AND SYMBOLIC COMPUTATION: An International Journal, **4**(3), pp. 187–206, 1991

[Wilhelm, Maurer 97] R. Wilhelm, D. Maurer: *Übersetzerbau: Theorie, Konstruktion, Generierung*. 2. Aufl., Springer, Berlin Heidelberg New York, 1997

[Wilson 96] P. R. Wilson: *Uniprocessor Garbage Collection Techniques*. Submitted to ACM Computing Surveys, pp. 1–67, 1996

[Wirsing 90] M. Wirsing: *Compilerbau I*. Vorlesung, Fakultät für Mathematik und Informatik, Universität Passau, WS 1990/91

Sachverzeichnis